奥野省蔵

中華思想の正体と碁盤の目の謎を解く

おかめ八《はち》目《もく》

文芸社

目次

はじめに

南禅寺の三門近くまで散策の足を進めると、「湯どうふ」という紺地に白で染め抜いた老舗《しにせ》の暖簾《のれん》が目に入った。それは、十二月の寒い日の夕刻を過ぎた頃だった。いかにも京都らしい佇《たたず》まいの家屋、石畳みの細長い入り口から、「おこしやす」の声を背に受けて、奥へ入ると座敷が用意されていた。京の街並み。閑静な東山の裾どころ。時は冬。となれば、日本の食文化を代表する南禅寺の「湯どうふ」が、歴史へ誘い、枯淡《こたん》の食彩を伝えてくれる。

南禅寺は、京の街中から少し離れた所にある。そこは、よくいわれる京都は「碁盤の目」状の街の、「目」の中に入っていない。周知の通り、京都は八世紀末に古代中国の都市に倣って建てられた都である。その建都技法は「風水」といわれる地相学で、長安（現在の西安）に取り入れられていたものだ。京の都は、西安に模して建てられてから千二百年余になるのである。

しかし、京都の街中を歩いていて「碁盤の目」のそれ、「風水」のそれと見定めることはなかなかにできない。専門的にはよくわからないが、風水地相学の基本は、日照時間の短い冬季に北からの寒風を防ぎ、南に偏った陽光を取り入れる地勢を生かしたものである。この技法は、日本や中国に限ったことではなく、北半球の国々での冬季の日照条件を満たし、夏季は南風を受ける自然の恵みを享受している。生活空間を自然の動きに則して定めている点で理にかなっているのである。

この風水地相学の理《ことわり》に加え、なぜか京都(や西安)は東西と南北のヨコとタテの直線で区切られた街並みである。以上のことは、全体を鳥瞰《ちょうかん》できる地図を読まなければ判然としない。よく言の葉に乗せられる、「森を見て木を見ず、木を見て森を見ず」というに尽きる。全体(森)と部分(木)を等身大で観察するには、全体を見るために部分から遠く離れ出なければならず、部分(木)を見るには全体(森)の中に入らなければならない。全体と部分を整合的に見るには、「出たり入ったり」を繰り返す時間と労力が必要となるわけである。その上、なぜ京都の街並みを「碁盤の目」状といい、「網の目」のそれといわないのか。網の目の「め」は、網で魚などを捕るとき、小魚なら抜けて通ってしまう「目」である。「碁盤の目」はタテとヨコの線分でできる「交点」を示し、魚やその他動物の捕獲を目的とした「網の目」と同義に使われる表現ではない。

碁盤とはそもそも何か。囲碁というゲームがあるが、ゲーム(遊び)と都造りの技法に何の関係があるというのだろうか。つまり、西安や京都は「風水」技法のみに非ず、数々の技法や思想が渾然一体となって古代中国の文明を今日に伝えているのではないか。

諸資料を渉猟《しょうりょう》するとわかることだが、囲碁は中国オリジナルのゲームであると推察される以外、詳細ルーツは不明である。その上、他の三大古代文明(インド、メソポタミア、エジプト)の系譜に連なる多様な文化文明の諸国多しといえども、類似のゲームは見出せない。将棋にはチェス、麻雀にはブリッジあるいはポーカー、双六《すごろく》などはどの国でも太古の昔からあったようだ。これら諸ゲームの共通点は偶然性に頼る「運不運」が多分に関与している。これに対し、囲碁のそれには偶然性が極度に排除されている。サイコロの「出た目の勝負」のゲームとは一味も二味も違うのが、囲碁の今一つの際立った特徴である。

ゲーム目的の碁盤を模し、娯楽を趣旨として一国の首都が建てられるはずはなかろう。囲碁は碁盤と黒白の石を使う。タテとヨコそれぞれ十九本の線分でできる三百六十一の交点を黒と白に分けて一対一の対局でゲームは二進法的に行われる。そして、石そのものには将棋の駒やトランプのカードのような機能はないのである。このゲームの元始は奈辺《なへん》にあったか。建都に取り入れられた「碁盤の目」には行政目的があったのではないか。この謎について、いまだ解かれていないようである。建都の設計概念の一つとして「風水」の技法が用いられたことは、西安や京都で極めて具体的に示されているが、絡み纏《もつ》れた糸のように「碁盤の目」の意味は不可解な謎に満ちていて、神秘的ですらある。その神秘と謎の解明に挑んでみようというのが本書の狙いである。

中華漢民族は、世界史上、二十一世紀の今日に至るまで、種を繋げ、その重厚な存在感を失ったことがない。考えられることは、「碁盤の目」の謎は漢民族の価値観に秘められているのではないか、ということである。その謎解きは、中華思想と東洋の神秘に挑む歴史探訪にあり、推理することにあると思われる。

中国史の奥行きと深さ、そして悠久性は、ヨーロッパ諸国のそれが遠く及ぶところではない。そのヨーロッパで名探偵の誇り高いシャーロック・ホームズ君やエルキュール・ポアロ氏にご出馬願っても、この謎と神秘を解くことはできまい、と笑察する。

これより読者と共に歩を進める十九路線と三百六十一交点への歴史探訪と推理によって得られる結論が、悠久の歴史の中に深く埋没した「碁盤の目」が放つ倫理思想かもしれず、また巧まざる古代から現代に伝わる科学技術の源泉であったかもしれない。日本人の著者としては、「おかめ八目」の視点からする分析であり、推理である。

では、歴史探訪と推理の世界へ、そろりと参ろうか。

著者

プロローグ

（一）

大変革や革新的な変化のことを示す「ビッグバン」というヨコ文字を目にしたり、耳にしたりする。このビッグバンというのは宇宙誕生となった大爆発のことだが、一般的には大改革を比喩的に表現したものと受け取られている。ある時、「何か」が大爆発（ビッグバン）した。この爆発がモメンタム（弾み）となって宇宙天体が創造され、太陽が生まれ、地球上の生きとし生けるモノのすべてが誕生した、と考えられている。天文学上、これはビッグバン説と呼ばれ、信じるか信じないかはともかく、有力な学説とされている。

その上、この学説は旧約聖書（創世記）の記述によく似ている。「創世記」から少し引用してみよう。この記述部分は、六日間で天地を創造した神の第一日目の仕事である。「始めに神は天と地を創造された。地は形なく、闇が混沌の海の面にあり、神の霊がその海面を覆っていた。神は言った『光あれ』と。すると光があった……」

これを読んで、にわかに旧約聖書に記された創世の時が、直ちにビッグバンの時だったと解釈するのは、いかにも唐突であろう。そのような解釈は「春秋の筆法」というものだ。しかし「光あれ」という神の一声を一撃と考え、この一撃で大爆発、つまりビッグバンが誘発されたと考えるのであれば、少しは理解できる。

神は「何に」一撃を加えたのか。聖書はそれを明らかにしていないし、先の学説もこの「何か」を明快に説いていない。聖書は、象徴的に、時には寓話的に記述している。このために、解釈の幅は広くなる。

学説によると、このビッグバンは現在も宇宙天体を膨張させているというから、何とも想像し難い話である。

これがビッグバン説のほんの触りの部分で、大方の理解として受け取られているようだ。しかし、聖書が宇宙創世のありさまを正確に記録していた、ということは極めて理解し難い。

古代中国人の宇宙自然に対する考え方の中に、生命の誕生が神の一撃（ビッグバン）にあった、とする解釈はない。ただし、生老病死の苦しみや、犯罪、貧富の差、戦争やテロ、そして私利私欲の賄《わい》賂《ろ》などの原因は、宇宙（星月）天体の運行にある、という考え方は今でもある。天体の動きが馬上天下の時を告げ、国内外争乱の予兆を伝えると考えたのは、洋の東西を問わない。星の流れに身を占ったわけである。

ヒトは、宇宙の片隅のまたその片隅で、小さくもかわいく生を得ている動物である。人間が、天体の構造と運行に支配されていることは誰も否定できまい。だから、人間社会（ヒト集団）が、宇宙の原理に従い、同様な構造と波調で成り立っていると考えるようになるのも無理からぬことだろう。それが、暦の作成という宇宙自然のメカニズムを感知する本能を誘ったのである。

こうした考え方に基づいて、西洋では「マクロコスモスとミクロコスモス論」、東洋では「天人相関（感応）論」として説かれ、現代に引き継がれている。共に仰ぎ見る太陽や月、そして夜空にまばたく数々の星が、ヒトの心に語りかけているからである。ミクロコスモスというのは小宇宙、つまり人体を示し、マクロコスモスとは大宇宙、つまり天体を意味する。

このような天体に対するヒトの思い入れが、やがて星占いを生む。ここに占星術、そして天文学が育つ土壌があった。

（二）

太陽の恵みを球体の大地に伝える大気、生命はこれによって支えられる。太陽を神、大気は精霊と呼ぶにふさわしい。それは光と影をタクトにして、時に荒々しく、時に優しく、山川草木と大海を躍動させる。そして、渾然一体のシンフォニーを奏でる。ここに降雨ありとすれば彼方《かなた》に日照あり、そこに山海あらば彼方に渓谷平原あり、かくも自然は見事なハーモニー（調和）を演出している。この調和も無限の星々からなる天体の動向の中で整えられる。人（ヒト）は、その調和の中で生命を得ているのである。

この自然の姿に、ヒト自らの姿を重ねたのが「天地人の相関論」である。聖書（キリスト教）では「神は神に似せて人を創り賜うた」とある。天体に異変があれば、ヒトやその社会にも異変が起こる。ヒトの世に問題があるのは、天に異変があるからだ。天か人か、いずれかを動かし、正常に位置づけることができれば問題は解決する。このように考えたことが、古代天文学の萌芽《ほうが》であった。

占星術と呼ばれる技法が暦を生み、その暦が世のためヒトのために利用されるようになったのは、ヒトが記録することを覚える以前のことである。暦は、生活する上での必須の条件であった。この技法を生み出すために、記録することが必要になった。

四季に応じて、天体(星の運行)を描き留めることで一年の周期を知る。古《いにしえ》の人は、恒星や惑星それに絡む衛星を地上での出来事と照合し、天と地との関係、天と人の関係を解明しようとした。この関係を解読するには、経験と論理の組み合わせがなされなければならない。誰にでもできる仕事ではなかった。

天と地と人との関係を解明する必要に迫られたのは、誰に頼ればよいのか、頼る者のない立場にいる人物である。人物というのは、数多くの人々に頼られた者であり、立場は指導者のそれである。神の一声にも似た決断が、指導者を斯くあらしめ斯くあるために、下されなければならない。天の一声を伝える相手は、大地に働きかけて農作物を求め、森林平野に獲物を追い、大海と湖沼河川に魚介を求める民々(庶衆)である。

(二)

天とヒトの間に地があり、あるいは天と地の間にヒトが在る。天地人のいずれが欠けても生命は語れないが、天とヒトの仲を取り持つのは「地」つまり平面である。

紙面上であれ、頭脳の中であれ、平面を描くイメージ(想像力)がなければ、日々の生活は方向感覚のないものとなる。これは、日常的に経験していることだ。ただし、平面は平面であって空間ではない。

古代の占星は、天体の変化に気づいたことから始まった。星座（恒星）は、常に同じ形を保っているが、その中で絶えず動く星のあることに気づく。動く星というのは惑星のことである。星座（恒星）の中を、あるいは星座の間を惑星が動く。この天体に見られる変化と、地上の出来事、天変と地異を結び付けて、現状分析や将来予測のための情報源と考えるようになっていった。天変のデータ（情報）と地異のそれを記録していくうちに、天と地の間に関係があると考えるようになったのだ。いわゆる、経験から得られる法則の発見である。地といっても、狭い地域にとどまらず、広い地域が対応してくる。ある星座で天変が起こると、それが国全体に影響する異変か、あるいはある地域に限定されたものか、区別しなければならないようになる。つまり、ある星座で変化が起こったとき、ある地方に限って洪水とか一揆《いっき》が起こったとする。この星座は、その地方と関連づけられ、地理的に相関するのではないか、と判断するようになってしまうのである。

惑星の動きを天からのメッセージとして受け止め、経験値に則して解読する。この解読作業を通じて、理詰めで説明できないものは経験的（データ収集）に判断を下し、庶衆への一声とするわけだ。

このようにして、天と地から得られたデータから地上での変化を解釈し、予知することが行われるようになる。今日的な表現をすれば、リスク管理のための情報を、恒星と惑星の動きの中から入手しようとしていたことになる。

旱魃《かんばつ》には貯水池を、氾濫や洪水には堤防を築く大事業が農耕社会でのリスク管理の具体策である。これには、大規模な協同作業が不可欠となる。この作業は烏合《うごう》の衆《しゅう》ではできない。優れた指導力と綿密な計画性が要求される仕事である。庶衆の中から、その才覚に恵まれた者が選ばれ、全権が委任される。それだけではない。農民と遊牧民が、物々交換を通じて共存できている間はよい。しかし、遊牧民がいつ略奪者に変貌するか保証の限りではない。農耕地帯の外辺では、異民族の遊牧民が農作物を狙っているのである。

こうした遊牧民の略奪行為のリスクに対し、生命と財産を守るために、戦闘力（軍隊）を備える必要が生じてくる。これもリスク管理だ。このリスク管理には、体力と知力に優れ、兵理に明るく、戦い上手な人物が必要となる。

戦い上手で、河川の治水や旱魃時の用水(貯水)、食糧の備蓄にも才覚のある者が、庶衆にとって最も頼りになる人物である。こうして、庶衆の待ち望む絶対君主的人物が姿を現す。君主は、庶衆を一元的（上意下達）に指導できるように、中央集権化（専制）の方向へと政治の舵取りをする。そのために、君主は自らはもとより、専門家を育て、データの収集や分析に当たらせるのである。そして、君主の意向を反映した事務方の仕事を組織的に実行する集団ができる。これが、官僚と呼ばれる集団である。

占星術師という名の官僚が政治に関与し、発言力を得て実権を握るようになっていく。官僚は、恣《し》意《い》的に占星術を利用して、勝手読みをし、君主の一声を左右することもできる。占星術は、国家の最高機密であり、政争にも利用されるのである。

占星術は、一般庶衆とは遠く離れた君主という名の指導者と、その配下にある一握りのエリート集団による為政のテクニック（手段）であった。その目的は、思考能力に長けた集団が、極秘で未来予測をすることだ。明日の国政のために何をすればよいか。そのために、今日は何をしておかねばならぬか。昨日発言した庶衆への一声（時令）が、今日と明日をどのように特定するのか。それが、筋の通った企てとして治められているかどうか。

占星術は、頼る者のない指導者（君主）の自らが背負った責務として執り行われた。そのことで得られる富は大きい。経緯を踏まえた上での秘策を練るために、エリート集団はケタ外れの努力をしたに違いない。

このように、占星術は庶衆を支配し統治するための君主の「秘策」となっていった。天の異変と地の変事を相関させ、これを天下万民の生活に応えるための情報源と考えたのが時の君主であった。

（四）

二十世紀初頭、獣骨が不自然な場所から、しかし整然と、しかも多数発掘された。今から百年も昔の話だが、これら獣骨には不思議な紋様《もんよう》が刻まれていた。そして、この紋様が意味を伝え意思を疎通する記号である、と判明したのである。紋様は分析され、解読された。そして、その結果判明したことは、紀元前十七世紀頃（今から三千七百年昔）の中国に「殷《いん》」王朝という国があって、高度な文明を持っていたことであった。

王朝としての「殷」国は、紀元前十一世紀頃（今から三千百年昔）に滅亡していることも明らかとなって、その実像が白日の下にさらされつつある。そして、今日の中国はもとより、日本でも国語の一部として使われている漢字が、殷王朝時代の記号（文字）に、その源を発していると認められたのである。記号を甲骨文字と名付け、意味を伝える形式になっている部分を甲骨文と呼んで、さらに研究が進められている。

発掘された甲骨文から判明したことの一つに、殷人（古代漢民族）が太陽崇拝を生活の基本、つまり価値観としていたことが挙げられる。この文字解釈については、故貝塚茂樹博士の研究成果に耳を傾ける必要があるだろう。博士の説によると、殷王朝では、太陽が「地中に」十個あり、それが毎日一個ずつ交代で天空に現れ、十日で一巡すると信じられていた、というのである。十個の太陽が一回りする十日間を「旬」と呼んでいたという。

この十個の太陽は、甲《こう》、乙《おつ》、丙《へい》、丁《てい》、戊《ぼ》、己《き》、庚《こう》、辛《しん》、壬《じん》、癸《き》と名づけられ、総称して十干、これに月を十二支として対応相関させていた。この十干を、祖先（君主血族）の生誕日に照応させていたことも明らかになった。これは、十干に応じて太陽神の精霊を受けるという信仰があったからだ、と博士は指摘している。

太陽が、こともあろうに平坦な地面の下（地中深く）に十個もあり、それが毎日交代で天空に姿を現し、十日で一巡すると考えたのが、四千年以上も昔の漢民族である。十個の太陽が、「旬」という記号で表されていたことは、今日の日本人が十日を区切って上旬、中旬、下旬といい、その季節の食彩を「旬」のモノと呼んでいる。これは、紛れもなく殷代に使われた記号の「旬」なのである。殷代の甲骨文字は漢字の原点を定め、数詞であると同時に思想を伝える記号であり、現在も日本語と日本人の生活思考の中に生きている記数法によるものであった。

この太陽の運行案内（馭者《ぎょしゃ》）の役を務める存在として崇拝されていたのが、君主と呼ばれる指導者であった。こうして、殷代の太陽崇拝は、君主を尊ずることに限りなく近くなる。太陽神と君主とが渾然一体となり、「君主は神なり」というところまで思考が煮詰められていく。頭を下げて拝むのは、太陽に対しても君主に対しても、同じ行為である。むしろ、モノ言わぬ太陽より現実的な利得を与えてくれる君主の方が、太陽神の代行者として信奉《しんぽう》を集めたことだろう。

（五）

「殷」王朝は、それより先代の王朝国家「夏《か》」を征服することで建国されたと中国史は伝えている。甲骨「文字」より以前の「夏」時代にも甲骨文字が使われていたのか。「文字」にしても「地図」にしても、それが情報を伝え意思疎通の手段として使用されていたのであれば、「記録」することが行われていたことになる。地図は、文字としての機能を備えているからである。

「夏」王朝（前二〇七〇―一六〇〇年）は、その名を「禹《う》」と称する人物が建国したと伝承されている。そして、「禹」という人物の物語は、次のように語り継がれている。

禹の父の名は「鯀《こん》」といった。鯀は、君主の「舜《しゅん》」に命ぜられて、洪水を治める仕事に専念していたが、失敗してしまった。失意の鯀は黄河に身を投げたが、竜宮殿に迷い込んでしまう。そして、その竜宮殿で河川の流れる筋を解いた「河図《かと》」を見つける。鯀は、この河図を密かに持ち帰り、息子の禹に渡し、治水を託した。河川の道筋を解いた河図を手に入れた禹は、河川道に従って治水工事を計り、大洪水を治める仕事にかかる。禹の治水事業は、見事に成功し、河川からは再び大地が甦り、農耕ができるようになった。そこで禹は、これを九つの州に区分し、地図を作ってそれぞれの土地に応じた貢ぎ物（税）を納めさせる制度を定め「夏」建国の礎とした、とある。これを「禹貢《うこう》」制度という。「禹貢」は中国最古の地誌となっているが、この制度には一匹の「亀」が絡んでいた。後述する神の啓示としての「魔方陣《まほうじん》」がそれである。

時代が下って春秋戦国の世に入る。戦国の群雄が、互いに覇を競っていた時代に地図がなかった、などということはあり得ない。群雄はもとよりその支配下にある軍師の存在は、彼我の戦力を計って地の利を占める能力の如何《いかん》に与《あずか》って大きい。合従連衡《がっしょうれんこう》や権謀術策《けんぼうじゅつさく》も、天の時、地の利、人の和を統合的に判断すればこその策である。

地図を読み、版図《はんと》（戸籍人口と地図）を広げて戦国の世を統一したのが「秦《しん》」の国王・政であった。この秦国も「驕《おご》れる者久しからず」の轍《てつ》を踏む。自作農民を出自とする劉邦《りゅうほう》という名の英傑が、秦帝国を討ち滅ぼし、戦国の世以来の地誌情報（地図）をすべて奪取したのである。このようにして、秦の遺産権益を取り込んで「漢《かん》」が歴史の檜舞台に躍り出てくる。

（八）

囲碁にルールがあり、定石といわれる形がある。それと同じように、読図《どくず》にもルールと形がある。読図のルールは、基本的には方位、縮尺、図式、等高線などのほかに、地図の伝える情報が多岐にわたっているために、天気図、海図、道路図などそれぞれにルールがあり、さまざまである。

さらに重要なことは、地図は地球（三次元）の大地を平面（二次元）に写し変えてあるから、読図にはこの次元の差を埋める解像力が必要になる点だ。

地図の作成過程で、間違っても省略できないのが測量、つまり実測である。この実測から地図帳（アトラス）として完成されるまで、数千年の歴史を必要としている。作図の歴史は、地図が政治はもとより経済、軍事、外交、そして生活と密着していたことから始まる。地図の作成は、情報源という意味からすれば「文字の誕生」前夜の作業であった。このことは、特に「漢字」において指摘できる。漢字は、「山」とか「川」を事例に引用しなくとも、その字形が意味を表し、情報を伝える表意文字（イデオグラム）だからである。この点、音譜のように記号を連ねて音読し、音を基本に意味と情報を伝える西欧の表音文字（フォノグラム）と根本的に異なる。


漢民族の「殷」王朝には甲骨文字や文があったわけだから、地図はそれ以前、つまり今から三千五百年以前にあった、ということになる。

文字で「記録する」という仕事より、はるか彼方の昔に「地図を作る」仕事が行われていたと考えるのに、古文書や碑文などの資料を検討する必要はないだろう。

（七）

占星術師に要求された庶衆への一声は、天変がもたらす庶民社会への影響についてである。星の動きを観察して国の行く末を占うまでは良しとしよう。問題は、星座と惑星の絡みから地上での異変を予測した結果である。生々しい現実を無視して、天変地異の相関（因果）関係を理詰めで説明することはできない。話の筋を通すという論理的で理性的な働きかけができなくなったとき、占星術師は説得力を失う。単なるコジツケにすぎなくなるからだ。

天変地異が、過去の事例から解読できないとき、あるいは筋の通った論説の根拠を失ったとき、エリートであれ誰であれ、理由づけなどに拘泥せず直感的に判断を下そうとする。これは、サイコロを振るのと同じである。すなわち、偶然性に賭けた手段に訴える。このようにして黒白の結果を待たなければならないのが、占星や卜占《ぼくせん》の限界である。

しかし、それでは占星術師の仕事は務まらない。天変が客観的事実だと考えるのであれば、何がなんでもその天変に相関した地異を見出さなければならない。無理な理屈をコネても、天変と地異は「相互に感応する」ということにして、コトの次第を説明しなければならない。当然のことながら、この説明には占星術師の直感的、個人的解釈（ドグマ）つまり主観が入る。解釈の幅は広く、奥行きは深い。天変への解釈が、過去の記録による一行の文言（記述）から長時間の思弁が生まれ、詭弁《きべん》を弄《ろう》する内容となっても不思議はない。もともと占星術師は、抽象的な思考と巧みな弁舌に長けた才能の持ち主である。

これらの人たちは、今日では自然の摂理（メカニズム）にすぎない天体の動きを天変と解釈し、地異の説明を強引にも観念的に仕立て上げた。そして、エリートとなった。客観から主観に判断の基準が移り、実務的用途に供されることになった。「陰陽五行説」（後述）は、この主と客の狭間《はざま》にあって、鮮やかな思弁によってコトの次第を説明し、共通の理解に昇華させる「トラの巻」として、久しく中国思想の命脈を保つのである。

さまざまな解釈に耐えられる「トラの巻」は、単に政治目的だけでなく、経済生活や軍事活動に拡大解釈されていくことも避けられないことだった。一朝ことあらば、軍人のもとで「作戦要務令」となり、利益を目論《もくろ》む商工人の間では「損益勘定書」となり、農民は君主の一声を不要として「自給自足」に走る。帝王学「トラの巻」が、戦略・戦術論に、流通や農林畜産のノウハウに変貌する。つまり、社会の身分制度や上下関係が変化すれば、下々を説得する「帝王学」としての国家機密の術数（テクニック）は天下にさらされてしまうことになる。

帝王学であった占星術が、彩《つや》やかにも「陰陽五行説」のドグマと同化し不滅の哲学となっていくのは、時も下って紀元前四世紀に入ってからのことだ。

ヒトは誰であれ、今日のように文字や言葉が使われている社会に、突如として生まれ出てきたことになっている。だが、われわれの祖先のまたその祖先の人々が、声を出し合い、声を繋げて言の葉としたこと。幾星霜《いくせいそう》の時代を経る過程で言葉が生まれ、文字が育ったこと。そして、記録することを覚え、知識が積まれていく過程で、論を呼び、学を築いたことを忘れてはなるまい。文字がなく、経験や知識の乏しい時代、言い換えれば光（経験と知識）の乏しい時代では色彩が豊かでなかった。黎明《れいめい》期《き》の人間社会は、今より光が少なく、色調の大部分が「白と黒」だった、と考えてよいだろう。そのような時代では、人々は自然や目に見えない力を神と考えて、素朴に、しかも実直に、後の世代に語り伝えるのが精一杯の生活実態であった。今日神話と見なされている物語は、昔は現実の問題として生活の中に生きていた、と認識する必要がある。

（八）

どれほど昔のことだったか、記憶は定かではないが、ハリウッドで『マルコ・ポーロの冒険』という白黒映画が制作され、日本でも上映された。主演はゲーリー・クーパーで、もちろんマルコ・ポーロ役である。マルコ・ポーロ（一二五四―一三二四年）という人物は、中国元朝に客賓として迎えられ半生（十六、七年間）を中国で送り、後にその著作『東方見聞録』で日本を黄金の国として世界に紹介したイタリア人であることもよく知られている。

映画は娯楽作品だが、欧米人の一般的な中国観が出ていると思われるので、映画の中に見られたエピソードを参考に供しておこう。

中国元朝の皇帝フビライに好感をもって受け入れられたマルコは、顧問的役割を担いフビライの期待を背負う。元朝が、モンゴル帝国の宗主国で世界史上最大の版図を誇り、日本に数十万の元兵海軍を指し向け、世界史上初の大渡洋作戦を展開し、侵攻に及んだ頃の話である。

大都（今の北京）を首都に世界制覇の頂点を極めた元朝は、女官（宮中下女）の補充が必要になって募集することになる。しかし、わずか数名の採用枠に数十名の応募者が集まり、元朝官僚は選抜に手を焼いていた。これを耳にしたフビライは、マルコを呼び「お前ならどうする」と下問し、「選抜せよ」と命じる。指示を受けたマルコは、一計を案じて次のような策を取った。

マルコは、応募者一人一人に同じ質問を与え、その答えによって全応募者を分類した。質問というのは「カメの歯は何本あるか?」という奇妙なものである。応募者は、答えによって大概三つに分かれた。一つは「全くわからない」。二つは「数十本から数百本まで」。そして残りが「カメには歯はない」とする三つのグループである。

マルコは、皇帝に恭しく経過を報告し、進言する。「カメの歯が何本あるか見当もつかない。全くわからない」と答えた数名の中から選別するのがよろしかろう、と。皇帝は、その選抜方法に驚き、「なぜ、全くわからないと答えた者の中から選ぶのか」と事由を問う。マルコは、もっともらしい顔をして次のように説明した。

「殿下、カメには歯はございません。それを知っている応募者は、知識に明るく何事にも首を突っ込んで知りたがる好奇心の持ち主かと思われます。かような者は女子といえども、何かと機密の多い宮廷内には不向きかと。また、歯なしのカメに何本だの何百本だのと答えた応募者は、口から出まかせの無責任な者以外の何者でもございますまい。まずは除外すべきかと。さてそこで、残ったのは、まさに正直者。さしたる知識はなく好奇心も旺盛でなく、口から出まかせを申すほど無責任な者ではないと見なしてよろしかろう。この者たちの中から、容姿端麗なる者を選抜されてはいかがかと存じます」とマルコは結論を出した。

これを聞いたフビライ皇帝は、「いかにも。そちの言う通りじゃ。至便な選び方である」と応じ、次のコメントを付してマルコの進言を受け入れる。「そちの生まれ育った西方の野蛮な国では、歴史を持たぬからそのような一片の知識を使った簡便な選抜方法を思いつくのであろう。わが国は、三千年余の歴史文化がある。何事も過去の事例に則して政《まつりごと》を執らねばならぬ。時間がかかるのじゃ。女官採用のことは、そちの申す手順で十分であろう」

マルコは、巧まずして皇帝の自尊心を満足させ、顧問としての存在感を示したわけである。

映画は娯楽性に富んだ内容であったが、若者のアイデアに高齢者の経験則を絡めた問題解決のことが描かれていた、と解釈してよいだろう。

この映画の問題は、といっても娯楽作品だが、フビライが「わが国の歴史文化」と言ったのは今や四千年の歴史を持つ中国とその民族（漢族）のことである。ご本人のフビライは、秦の始皇帝の築いた万里の長城よりはるか北方のモンゴル民族で、農耕文化の漢民族に対する遊牧民の代表格ジンギス・カーンの孫にあたる。つまり、漢民族の出自ではない。映画は、モンゴル族も漢族も同一視して中国人として扱っているのである。しかも、大衆娯楽作品ともなれば史実はともかく、一般に受け入れられる作品を制作して観客を集めることが第一の目的であろう。それが商業主義というものだ。モンゴルも漢も、女真族《じょしんぞく》も契丹族《きったんぞく》も十把《じっぱ》ひとからげで中華民族ということですましているのだ。このような誤解は、欧米人のみならず日本人にも多い。北東アジアの民族群を一つにして中国民族とした方が、話は簡単で大衆に受けるのだ。しかし、中国大陸で四千年の歴史記録を誇るのは漢民族である。

寝ころがって読める通俗小説とか、ミカンを食べながらテレビの娯楽番組を楽しむ方がリラックスできるだろう。そこで作品を提供する側は、その「気楽で楽しい」方向で番組や演劇、著作などを提供することに腐心するのである。そのあげく、誤解を重ねてのっぴきならぬ国際関係ができてしまい、「文明の衝突」とやらに流れ、変じていく点には用心しなければならない。正しい情報知識の裏づけもなく、国際問題化した事象を感情的に鵜呑《うの》みにしてしまうと、事実誤認のままの情報が独り歩きの「勝手読み」をして、あたかも事実のように扱われてしまう危険があるからである。

ところで中華民族のことだが、漢民族にとって契丹族、女真あるいは満州族、そして蒙古《モンゴル》族は、異民族以外の何者でもなかった。今でもその形骸は見られる。契丹族、女真族は、漢民族といかなる相違が見られるか、概括してみる必要があろう。

漢民族は、自らを天の下、世界の中央に在って、その歴史と文化が百花のように繚乱《りょうらん》と咲き誇っていると自負する集団である。一般的には、これを中華思想といい、エリート意識が強く、プライドの高いのが特徴と思われている。それは、民族の形成が豊穣《ほうじょう》な大自然に恵まれた環境にあって、文字を生み、記録することを始めた史上希有《けう》な文明を育んだプライドがあるからだ、ともいえるだろう。このことは、周辺の他民族（日本を含む）に多大な影響を与えた史実が雄弁に物語っている。

漢民族のエリートは、この漢族を取り巻く四方（周辺）の民族を、東西南北に分けて夷戎狄蛮《いじゅうてきばん》として区別した。いずれも、漢民族から見れば未開の異民族という意味だが、四方との組み合わせで東夷《とうい》、西戎《せいじゅう》、北狄《ほくてき》、南蛮《なんばん》と呼んでこれらを蔑《さげず》んだ。夷戎狄蛮は、東西南北の代名詞と考えればよい。

その東西南北の原点となる中枢地域は、黄河を擁した洛陽の南方に広がる、日照と降水に恵まれた地味豊かで広大な華北平原である。この大平原を「中原《ちゅうげん》」という。つまり、囲碁でいう「天元《てんげん》」である。中原を征する者は全国土を支配するといわれたが、それは漢民族の勢力争いの天元であって、これを手中に収めた者が、漢民族の指導者であり天子となった。まさに「天元に指向せよ」とはそのことである。しかし、この天子の統治する百花繚乱の地が中華であり、その外周辺のみを夷戎狄蛮として区別したのであろうか。

中国史の骨格は、漢民族間の勢力争いに分け入って、「中原」の支配権を狙う周辺の異民族（モンゴルや女真族、それに契丹族）や遠くヨーロッパ（イギリス等）などからの外来異民族が往来し、統治支配権の争奪を繰り返した点に際立った特徴がある。

そこでまず、東方の夷だが、それは女真族（満州族ともいう）と呼ばれる民族を指す。この民族の発祥は、シベリアのエニセイ川からレナ川、アムール川流域からサハリン半島に広がる地域で、総称してツングース族と呼ばれている。そのツングース族の中から頭角を現したのが、女真族と呼ばれる民族であった。

この民族の生業《なりわい》は、「森林河川」での狩猟、漁労、それにトナカイの飼育と馬を使っての遊牧であり、農耕への依存は希薄であった。

このツングース系に地理的に対応するのがタングート族（チベット系）で、漢民族から見れば北西辺境の西戎であり北狄である。生業は、「高原」での遊牧と商業で、中央アジアと中国の政治・経済、つまりアラビアやペルシャと脈絡する回廊に在って、インドの影響を強く受けながらも、独自の宗教観を育てダライ・ラマを生んだことはよく知られている。

これに、北狄の諸部族が加わる。北狄は、バイカル湖の南方に広がる「草原」地帯で先史時代から草原での遊牧・狩猟を営んでいた部族群である。「森林」の女真族（ツングース）とも「高原」の遊牧・商業を生業とするタングート族とも異なる民族である。古くから弓矢を使用することを覚え、草原での遊牧を生業とするかたわら、出没する鹿などの動きの速い野生動物を捕らえて食用とし、ひとつ間違えば自らが生命を落とすことになる野獣をも生活の糧にしていた。遊牧用のヒツジはもとより、これら諸動物を狩り、皮をはぎ衣服とし、主に肉を食用としていた諸部族である。この諸部族の中からモンゴル族が勢力を得て、後にジンギス・カーンを生んでいる。

さらに契丹族だが、この民族はモンゴル族と女真族の中間に居住する遊牧・狩猟・農耕に勤《いそ》しむ民族で、四世紀頃より存在が際立ってくる。契丹族が、独自の存在感に目覚めて民族として統一されたのは十世紀頃で、耶律《やりつ》と名乗る一族から安保機《あぼき》という人物が出て、中国流の国号を使って「遼《キタイ》」と呼ばれるようになった。このキタイが「キャセイ」（キャセイ航空）の名称となって今日に至っている。

以上が、モンゴル、女真(満州)、契丹諸族の概略である。これらは、中国大陸を舞台にその歴史を彩った諸民族だが、漢民族に比べ少数民族である。その他、中国には幾多の少数民族群が分布しているが、ここでは以上にとどめる。

森陰に身を潜めて、時には馬を駆って、獲物を狙う女真族は狩人の姿そのものであった。また、地平線の彼方を越えて草原に遊牧するモンゴル族は巧みに馬を操り、馬上より射弓する技を持つ疾風の姿かたちであった。この狩人の一族と馬を巧みに使う一族、そしてこの両者を兼ね農耕地にも足を置く契丹族は、ただひたすらに大地に向かい農耕畜産に勤しむ漢民族とは、生活様式はもとより価値観も大きく異なっていたのである。

中国史略年表

原始社会	約 70 万年前～ 4 千年前
夏	紀元前21世紀～紀元前16世紀（前2070年建国）
殷	紀元前16世紀～紀元前11世紀（前1600年建国）
西周	紀元前11世紀～紀元前771年（前1046年建国）
春秋時代	紀元前 770 年～紀元前 476 年
戦国時代	紀元前 475 年～紀元前 221 年
秦（始皇帝）	紀元前 221 年～紀元前 207 年
前漢（劉邦）	紀元前 206 年～紀元世 24 年
後漢	25 年～ 220 年
三国時代(魏・呉・蜀)	220 年～ 265 年
西晋	265 年～ 316 年
東晋	317 年～ 420 年
南北時代	420 年～ 589 年
隋	581 年～ 618 年
唐	618 年～ 907 年
五代十国時代	907 年～ 960 年
遼（契丹族）	916 年～ 1125 年（209 年間）
宋	960 年～ 1279 年
金（女真族）	1115 年～ 1234 年（119 年間）
元（モンゴル族）	1271 年～ 1368 年（97 年間）
明	1368 年～ 1644 年
清（満洲族）	1644 年～ 1911 年（267 年間）
中華民国	1912 年～ 1949 年
中華人民共和国	1949 年～

I　神々との対話

古い時代では、文字は一つの社会にあって一部の人たちの占有物であった。一部の人たちというのは、言語（話し言葉）で意思疎通する一般の人々の間での言葉を離れて、「ヒトのようにはモノ言わぬ」神々と対話しなければならない人たちのことである。ではどうして、この人たちは神々との対話を求めたのか。

この人たちも、その他一般の人々も神と崇めたのは天空であった。天空が人々の生活に必須の日照を送り、降水をもたらしてくれる。これに気づいた人々は、自然に生かされていることの実感から、天空に神の存在を認知し、先々のコトについて神々からの指示を得たいと願った。神々の言葉というのは、ヒトの想像を絶するさまざまな自然現象のことである。モノ言わぬ神々は、その現象をメッセージとして人々に語りかけている、と一部の人たちは考えた。そして、これらの現象をどのように解釈したらよいか、と思案したのである。

その解釈の手引きになるのは、過去に起こった自然現象が人々の生活に何をもたらしたかを記憶しているか、あるいは記録であった。それによって、現在起きている自然現象を解釈し、次に何が起こるかを予測する知性が働いたのである。つまり、経験から未来を読もうとした。いわば、自然に対するヒトの本能的な働きかけであった。

昔に限ったことではないが、本来ヒトにはさまざまな能力が備わっている。記憶力、理解力、観察力、想像力、表現力などなどさまざまな能力を整合して、進歩した考え方やモノを創造する並外れた能力を発揮する人たちもいる。天才とまではいかないものの、この人たちには生活上の不安や疑問に悩む普通のヒト（人並み）に対して、必ずしも正解でなくても、それらの問題の解決の指針を示すことが期待されていただろう。問題に振り回されて右往左往する庶衆は、能力に恵まれた人たち（エリート）の言動や指示を頼りにする。それが、一般人（人並み）というものだ。ともあれ、並のヒトは感性と情念の、これに知性と理性の働きの助けを借りて、懸命に健気《けなげ》に生きる生物である。

このエリートが頼りとする資質は、記憶力などの点で人並みを少しばかり超えた能力である。しかし、その能力にも限界がある。そこでエリートといえども自然現象を解明し、エリートたるための「何か」を考案しなければならない必要に迫られる。一般の人々は、言葉や行動でエリートに「頼る」意思表示ができる。しかし、エリートにはそのように頼れる相手はいない。エリートの「頼る」べき相手は、エリートの中でも経験豊かな長老か、あるいは目下の諸現象を考察し問題を解決するためにする努力以外にない。その上、問題を解決するために何がしかの判断を下さなければならない。能力に限界があるのだから、究極的に頼ることになる「モノ」は直感的判断である。この直感力が働かなければ、判断（決断）を得るためにクジを引くとか、サイコロを振るとか、偶然性に頼らなければならない。

しかし、それではエリートの存在感が損なわれ、その立場を追われることになる。クジやサイコロは一般人にとっても日常的なことで、エリートに頼る作為ではない。誰にでもできることだ。そこで、エリートは一般の人々（庶衆）が共有する神々への信仰を巧みに利用し、問題の解決を図ろうと考える。エリートのこの思考方法は、決して不自然ではない。エリートは、秘かに、人々の信仰の対象となっている神々の託宣を得て、この「託宣」を一般人に示すことに思いを致す。それが、庶衆の賛同を得る客観的な基準となり説得力もあるからである。

そのためには、神々との対話が必要であり、その対話の結果を庶衆に指し示すことで目的は達せられる。では、エリートはいかなる方法で神々と対話するのか。

例えば、神々が英語で人類に語りかけるのであれば、英語などを母国語としない人々にとってはチンプンカンプンな話だ。地上のいかなる民族や人種にも理解できる言語でなければならない。神は、音譜や録音ディスクにではなく、ヒトの心に語りかけるからである。

中国大陸では、「標準語」はあるものの、地方語（話し言葉）が多数使われていて、言葉による意思疎通すら困難な場合がある。北京や香港で制作された映画なども地方で上映される場合、漢字による字幕が付く。漢字によってのみ十三億の民は一体化しているといっても過言ではない。神の言葉が文字に投写されれば、話し言葉が違っていても理解が可能なのである。

漢字が、民族間の意思疎通に利用されているのは、中国だけではなく周辺の国々に及んでいる。日本人は漢字を取り入れ、独自の文化と融合させて日本語を完成させたのである。

しかし、その漢字の発祥は、神々との対話にあって、庶衆とは無縁であった。漢字に限らず、文字はヒトとヒトとの意思疎通の手段ではなく、神々とヒトとの対話を記録することが目的であった。だから、庶衆と文字は全く無縁であった。

文字は、頼る者のない孤独な支配者や指導者が、自然の法則を頼りにし、それを記録する一つの方法として生み出した創意工夫の産物であった。エリートの富と権威を保つために、一般大衆の生活に秩序と掟《おきて》（法）を定めて、天然自然の秩序をヒト社会に取り込もうとしたのも無理からぬことである。神々は、自然と背中合わせに座居している存在で、ある程度繰り返し反復するメカニズムあるいはシステムである。地球上の生きとし生けるものすべてが、この犯し難い自然則に従ってこその生命なのである。もう一歩踏み込んで言えば、遺伝子の組み換えもクローン技術もミサイルも化学兵器も、すべてこの自然則なくしては成り立たない。この真理を伝え、民族間の意思疎通の手段として「文字」が生まれたのである。

漢字の値打ち

殷《いん》（前一七〇〇―前一一〇〇年）から、中国の歴史は周代《しゅうだい》（前一一〇〇―前八〇〇年）に入る。この周代では、文字に関する学問を「小学《しょうがく》」といった。その概略は、『漢書』（芸文志）にまとめられていて、その中に目録を参考にした教科書があり、書記官が国王や貴族の子弟に漢字を教えたことが記されている。

これに次いで古いのが、世界史上初めて漢族の頂点に立ち、民族を統一に導いた秦《しん》の始皇帝（政《せい》）の右腕とも左腕とも呼ばれた宰相（丞相《じょうしょう》）の李斯《りし》（前二〇八年没）の手による『倉頡篇《そうけつへん》』という教科書である。李斯は、始皇帝の偉業である中国全土の統一に合わせ、全国津々浦々を「文字」によって統一するために、「小篆《しょうてん》」という書体を作った。この小篆は、李斯の配下の能吏《のうり》によってさらに拡充補完されたが、この手習い修字用とも称すべき教科書が完成をみたのは、秦国を滅ぼした劉邦の時代、つまり漢帝国の時代（前一〇〇年頃）に入ってからのことである。

このような教科書を作った目的は、全国から文字の書体と意味を読み取れる人材を集めるために、国家試験を行うためであった。これより七百年ほど後の隋《ずい》・唐《とう》の時代に確立された「科挙《かきょ》」制度の先駆的役割を担っていたのである。漢字の書き取りテストを行い、成績の良い者を国家の中央で採用し、書記などの役人、つまり官僚として登用するためであった。受験資格は、広く民間に及び、受験準備のために「書館《しょかん》」ができて、役人を目指す十七歳以上の男子は「小篆」文字の勉強に励んだようだ。「書館」というのは、今日《こんにち》でいう街の塾のことである。

もとより、国家（中央当局）の狙いは明らかだ。有能で実務の処理に秀でた役人を養成し、これらの者を全国に派遣し、中央当局の意向を十分に反映させることが、秦帝国、とりわけ始皇帝と李斯の思惑だったからである。文字の統一は、そのための手段であった。


始皇帝は「馬上天下を取った」、しかし「馬上天下を治める」ことはなかった。まさに、大政治家であり、希有《けう》な戦略的天才であった。保守的な思想を踏襲せず、革新的な施策を次々と打ち出したが、何といってもその偉業は史上初の中央集権国家を樹立したことに尽きるだろう。

始皇帝の目論《もくろ》んだ国家体制は、中央に行政・軍事・監察の分権体制を整え、それぞれに丞相《じょうしょう》・太《たい》尉《い》・御史大夫《ぎょしたいふ》の役職を配して政府を固めたほか、全国を中央政府の直轄地とし、「郡」に分け、さらに郡をいくつかの「県」に分けて、官吏（役人）を送り込むことで完成された。「郡」というのは防衛と治安維持と地方行政のための組織である。「県」というのは、中央政府の行政を浸透させ、始皇帝の意向を諸民レベルまで、直接反映させるための官吏体制のことだ。そのために、郡には「守」（行政長官）・「尉」（軍事長官）・「監」（監察長官）を設け、県には「令」（県長）・「尉」を置いて、文武両面から人材（役人）を送り込んだ。丞相・太尉・御史大夫の要職はもとより、郡県の守・令の任免権は、始皇帝自らがこれを掌中に収め、地位の世襲は許さなかった。

このようにして全国に役所が配置されると、縦《たて》の行政は中央から、横《よこ》の行政調整には郡県を間に、文書が行き交うことになる。文書といっても、当時はまだ紙はなく、専ら竹と木に記述された。つまり、竹簡・木簡であった。だから文書の処理には、多大な量の竹・木簡をさばかなければならない問題を残していた。
もとより、文字の統一がなければ、中央集権国家は機能しない。よろしく国家を管理するためには、諸国民の間での意思疎通の手段に基準を与え、価値観の一致（アイデンティティー）を育むような施策を執り行うことが、為政の要諦である。

始皇帝が統一した秦帝国は、ほぼ現在のヨーロッパに相当する広大な領域を擁していた。この全領域を、共通した文字と文書で統治しなければならない。ここでいう文字とは、戦国乱世の時代に秦国が使っていた「大篆《だいてん》」と呼ばれる文字をもとに創案された「小篆《しょうてん》」という名の「漢字」のことであり、「漢文」である。漢字という呼称は、始皇帝（秦）時代後の劉邦《りゅうほう》（漢）の治世に入ってから、その輪郭が整ったことに由来する。

殷王朝時代の甲骨文字と文は、時代が下るにつれ一部の特権階級（王族と上級官僚）から中・下級官僚へ、そして民間へと広がる過程で研磨されていった。それは、始皇帝が李斯《りし》に命じ、全国標準として通用し得る書体の作成が完成することで受け継がれ、今日《こんにち》まで命脈を持ち続けているのである。この書体を媒介にして、始皇帝による始皇帝のための、法治国家（法をすべてに優先させる）が成立する。

それでは、どうして始皇帝は「法」による建国に思い至ったのか。

革新的というより画期的な、というべき政治体制を整えるには、意識改革が必要である。孔子の教説による儒学的価値観や保守的な思想は、否定されなければならなかった。つまり、孔子の思想哲学（礼儀や仁徳）は、始皇帝が中央集権国家を建てるために引き継ぐべきそれではなかったのである。儒学に軸足を置いていては、戦国乱世以来、多様化した「モノの考え方」を始皇帝の統治下に、画一的に変節させることはできない。李斯の着眼点もそこにあった。「小篆」から発する文字は、殷王朝以来の文字と、各地域で不統一に使われていた文字、それに秦国固有の文字（大篆）を統合斉一《せいいつ》化することによって作成されるべし、としたのである。

始皇帝の全国統一前夜の戦国乱世では、社会不安から人心は荒廃し、食生活はともかく、財産と生命は保証の限りではない。このような乱世に処する方法について、数多くの考え方や処世術が説かれるようになる。「世の中、斯《か》くあるべし」と説くオピニオンリーダーの出てくる環境が生まれていたのである。それぞれに自説を持ったリーダーたちが、全国に現れ、乱世に終止符を打つためにする辻説法の努力は命がけであったろう。しかし、勇気あるリーダーたちは十指を超えるほどになり、これを総称して「諸子百家《しょしひゃっか》」といっている。中国古代の社会思想の広がりを表現したものだが、とりわけ「儒家・道家・法家・墨家」と呼ばれる四大学派が主流をなしていた。

始皇帝が国家の営為に四大学派のうち「法家」の思想哲学を摂《と》ったことの趣旨は何か。これは、李《り》斯《し》の能力に与《あずか》って大きい。その李斯が、師事していた人物は「荀子《じゅんし》」（生没年不詳）であった。荀子は儒家に属し、儒教を学ぶ者の一人であったが、「人間性悪説」を唱えたことで著名な人物である。実名を「況《きょう》」と言い、「荀子」は尊称であり書名でもある。人間は生まれながらに性悪だから、「アメとムチ」で訓練し、形式化した礼（つまり法）に従わせなければならない、という点を重視したのが、この人「荀子」なのだ。しかし、この人は性善説の立場をとった孟子《もうし》とともに、もともと儒家に学んでいたのだから、徹底した法家の代表格と見なすには無理があろう。

荀子は、アメとムチという教育的な思考を打ち出していることから、性悪は矯正できる、との考えが念頭にあったに違いない。これに対し、李斯は兄弟子の韓非《かんぴ》とともに、「ムチ」のみで性悪を絶対服従させる「法」による統治を徹底させる思想の持ち主であった。この李斯の考え方に、始皇帝はゴーサインを出した。

始皇帝ともどもに李斯が生きた乱世という時代もさることながら、始皇帝にまつわる出生の不可解な点に注目してみる必要があるようだ。

始皇帝の周辺

秦の始皇帝は、その名を「政《せい》」といった。幼くして父（荘襄王《そうじょうおう》）を失い、十三歳（前二四六年）の若さで秦国の王位に即《つ》いた。このときの王位は、全国に散居する他国の王と同じ程度の地位で、数多い王の一人にすぎなかった。その政が三十九歳のとき、全国統一の偉業を成し遂げ、自らを始皇帝と呼称した。これは全国の並居る王侯貴族たちより上に座し、王の中の王、つまり史上初めての「皇帝」の地位を占めることを意味していた。

五十歳の若さでこの世を去った政（始皇帝）の出自は、史上威々たる偉業とは裏腹に、陰険でおどろおどろしい側面を持っていた。短命に終わったものの、政ほど陰陽の激しい生涯を送った史上の人物もまれであろう。

政の父は、幼少の頃、子楚《しそ》といった。その子楚が、敵国「趙《ちょう》」の人質となっていたのを「奇貨おくべし」と考えた呂不韋《りょふい》という男が救《たす》け出した。呂不韋は、その功により「秦」国の丞相《じょうしょう》に任ぜられ、権勢を得ている。

呂不韋の前歴は、富豪の大商人であった。その上、政には相国仲父《ちゅうほ》（伯父）として尊敬され、肉親同様の間柄となっている。

政の母親は、舞姫（娼婦）の前歴を持つ、男出入りの絶えない女であった。父の王妃に迎えられる以前より呂不韋と関係を持ち、男子を出産していた。そして、その子こそ政その人だとの疑惑は、側近の間で常識となっていた。しかも、舞姫上がりの王妃は、王妃でありながら偽の宦官《かんがん》と密通し、あまつさえ子供まで生むという淫蕩《いんとう》の女であった。「偽」の宦官といったのは、宦官は去勢された小役人（後宮で奉仕する官僚）のことを示し、子供を生ませる能力のない男のはずだからである。

荘襄王（政の父）は、この宦官の奸計《かんけい》に嵌《は》められて、獄死。呂不韋は、良心の呵責《かしゃく》に悩んだあげく、自殺。政自らも刺客に襲われ、一命を落としかねない事件（後述）もあった。

戦国乱世は、疑心暗鬼、内憂外患、百鬼夜行の世界であり、冷徹な心なくして一族の統率は不可能であったろう。このような世相では、誰もが人間不信に陥り、異常な心理に追い込まれる。当事者でなくても、容易に想像できることだ。

当時の現実からすれば、始皇帝の絶対君主としての統治は不自然でもなければ、また後の史家が指摘しているような、暴君のそれ、と指弾する非難は当たるまい。政の生まれた時代環境の下では、人の「徳」を説き、「礼」を思想の中核に据え、人間社会では相互の立場を尊重し合うことを美徳とし、「武」よりも「文」を重んじる孔子の説いた儒学思想が入る余地などありはしない。そこでは、孔子の流れを汲む孟子の人間「性善説」が、行政の柱となるはずもなかった。むしろ、荀子の人間「性悪説」の方が、誰にでも理解できる考え方であった。

「アメとムチ」の「ムチ」部分の解釈を増幅させ、韓非《かんぴ》ともどもに「法家」哲学を実践したのは、李《り》斯《し》であった。李斯は始皇帝の意向を汲み、法と文字によって全国を統一することが乱世に楔《くさび》を打ち込み、そのことこそ戦後（戦国時代）の秩序確立に不可欠な手段と考えていたようだ。それは、戦略上不要と見なされた全国の城郭を破壊し、全国の武器を没収。抵抗する者は極刑をもって裁いたこと。地方での反乱分子はおろか、儒学者たちをも徹底的に弾圧したことに示されている。

「小篆《しょうてん》」文字が、法的根拠を得て秦帝国全土での標準文字となったことで、漢字は表意文字としての性格を決定づけた。漢字「小篆」は、文字から意味を汲み取る書体である。話し言葉が地方ごとに異なっていても、文字で共通の理解と意思の疎通が可能となるからだ。

文字（漢字）を理解するには、抽象的な思考が必要だ。その抽象的なモノの考え方が苦手だ、というのであれば、教育を施すことで補うことができる。ただ教育は、その効果が出てくるにはよほどの年月が必要になる。そこで抽象的な理解が、にわかには無理だとすれば、現物を見せて具体的に教える方法を選ぶのが手っ取り早い。「百聞は一見に如《し》かず」の理《ことわり》が、後述するように、始皇帝と李斯によって現実的に実施されたのである。記述された文字（文章）に「水掛け論」の入る余地はない。法的に定められた文字によって客観的事実関係が記述されていれば、後になっても、その記述に照らせばコトの次第は明らかとなるからだ。

中国の始皇帝時代の庶衆は、皇帝の定めた法（律）によって信賞必罰から逃れることができなくなった。法によって厳しく拘束しなければ、庶衆は相互《たがい》に矩《のり》を超えた言動に走り社会秩序を混乱させる、と判断したからである。それが、性悪説の論拠というものだ。かくして法による定めは、モノの検尺・軽重といった現物にも及ぶ。

それは、「度量衡《どりょうこう》」の統一で実現する。統一された度量衡は、家庭はもとより経済社会に基準を与える仕様規格となって、全国津々浦々に浸透していく。度と量と衡、三つの文字を並べただけでの全国統一である。この三つからなる漢字は、一つに秦帝国政権が必要とする膨大な財政支出の資金源となる税収（徴税）、二つに帝国全体での経済活動の円滑化（経済規模の拡大）、三つに価値判断に規準と尺度を与えたこと、これに円形方孔の統一通貨を鋳造し流通を企てる。併せて、四つの施策を絡めて実施させるキーワードであった。
漢民族が、その輪郭を粗型から完成へと向けて大きな一歩を踏み出し、紀元前二世紀の世界史の檜舞台に躍り出たのである。しかも、二十一世紀の今日においてすら、現役の民族として史上類のない存在感を世界に示しているのだ。始皇帝の為政は、画期的で決定的な民意（漢族）の変節を促す大きなうねりであり、楔《くさび》であった。

全土の統一が始皇帝によって完成されるまでの中国は、群雄割拠と下剋上の混沌とした乱世であった。戦国時代というのは、各領域固有のモノの考え方（宗教・文化）を基にしている国々が、自領の利益を求めて他国との戦いに明け暮れした時代のことである。

戦いの理由は、価値観が異なるからである。モノの考え方が異なるのは、それら諸領国域の気候や風土が違うためで、根源的には食生活に起因する。海は海、山は山、平野は平野での、それぞれの生活慣習を積んで文化や信仰、それに伴って領域固有の言葉が生まれ、経験的にモノの善悪、損得の基準が決まってくる。これが地域ごとの価値観に温度差を生じさせる。

さらに進行すると、領域体の温度差の幅が拡大し、彼我の相互理解が難しくなって衝突する。「文化・文明の衝突」、つまり戦争がこれだ。衝突の原因はほかにもある。文化（信仰）や価値観が保たれていて、領民の生命と安全が守られ、領内の治安も維持され、そして他国の侵略からも領主（国王）の指導よろしきを得ている間はよい。しかし、領主（国王）がいかに有能で統率力に優れていても、天変地異を制御することはできない。こんなときでも領民の生命と財産を保全しなければならない。では、どうすればよいのか。

戦いに負けたときや天変地異に襲われたとき、領民も領主も被害者となる点では、程度の差こそあれ同等である。社会不安や混乱の原因が、敗戦や天災にあるとすれば、領民は領主（王）の判断ミスや不徳がかくあらしめた、と考えるだろう。それは領主への領民の信頼、つまり頼りにしていたことが裏切られたことである。責任の所在は、領主にあるわけだ。領民は領主を相手に、責任を追及すればよい。時には領民の中から、領主に取って代わる者が出てきてもおかしくはない。領主は庶衆に「頼られて」こそ、存在価値がある。

では、領主は「何」を頼みとしていたのか。この頼みとしていた「何か」が神（天）であった。後述する天と地と人が相互に感応するという考え方が一般的な思想だったからである。始皇帝は、真っ向からこれにたい対峙《たいじ》した。

しかし、洪水や旱魃《かんばつ》、疫病の発生、あげく自給自足に不足が生じたり、領民の人口が増減したり、世の中は常に変転している。地球が公転と自転を止めることがないように、人の生活環境も刻一刻と変化してやむことはない。「時代が違う」「今年は豊作」とか「異常気象」という話も、すべて自然の悠久広大な、そして深遠な運動法則が滞りなく働いていることの事実と真理の別の表現なのである。モノの見方や考え方は、時の推移とともに変わるのである。始皇帝と李斯の「法家思想」とて例外ではなかった。しかし、ヒトの定めた「法」が自然の「法」を凌駕《りょうが》することはない。

文字と価値観

さて、自給自足の経済が円滑に営まれ、他国と平和裏に交易できているのであれば問題はない。だが、さまざまな変化によって、食・衣・住に過不足、つまり地域ごとに格差が生まれる。そのほか、領主（国王）の物欲や権勢欲が膨張し、その捌《は》け口が他領域への侵攻に向かう場合もある。これらの要因が重なって、独立領主間に紛争が起こる。政治や経済の成り立ち、それに基づく文化に相違があるのだから、一方にとっても他方にとっても、戦端を開く口実には事欠かないのである。

紀元前五―前三世紀頃の中国では、戦乱での優勝劣敗を重ねる過程で、秦国を含めて七カ国が、中《ちゅう》原《げん》（天元）の支配権をめぐって覇を競うバトルロワイヤルの時代を迎えていた。いわゆる、「戦国時代」だ。秦《しん》（政《せい》）は、このバトルに勝ち抜き、並居る列強国を圧倒し、天下を制した。それまでの秦国は、中原から離れた西北（今の甘粛省《かんしゅくしょう》）で「周」王朝の時代から馬飼いを営為していて、諸地域の列強領主からは、文化の欠落した夷狄《いてき》（蛮族）と見なされていた程度の国であった。

諸地域は、それぞれに固有の経済生活・文化・軍事力を持っていた。北方の諸族は主食にムギと肉、南ではコメ、沿岸河川域ではサカナ、森林山岳ではキノコやトリ、ケモノなどをベースにした食生活がある。そうした食習慣からモノの考え方や見方が、地域を特定させていく。特定化の過程で、生活習慣が信仰を育て、固有の文化が生まれる。文字・言語や特産物の名称などが定まっていくわけだ。このようにして、地域が国々としての制度を定めていく。その国々の存続の可否が、始皇の指先一つの動きで決まる時世となった。

数多い国王（領主）たちの頂点に座居するのが、皇帝の在位である。皇帝の仕事は、モノの考え方の違う諸国民を整合的に支配するため、統一基準を設けて従わせる方法を施策することにある。貨幣の統一、容量や重量、長短の統一。文字の統一。そして、諸国の世襲的な諸侯・王の地位を認めず、始皇帝（始皇）の意向を直接伝達できる人材をその地位に任じることが、具体的な施策であった。

始皇の統治を全国の末端にまで浸透させるためには、単に「お触れ」の札を立てるだけでは十分ではない。始皇の意向を「法」とし、これに絶対服従させることが必要である。法を破ったり、守らなかった者には厳罰をもって処分(死罪)する強権が用意されていなければならない。始皇と李斯は、自らの意向を明文化し「法」を立てて中央集権による全国統一を図ったのだ。

物資の交換、備蓄のための単位や検尺、通貨の統一は、始皇の意図にかなった公共事業に利用するのが今一つの狙いであった。「万里の長城」の構築は、陽商陰盗の腹づもりで近づいてくる北狄《ほくてき》（匈《きょう》奴《ど》）の侵略に備えることであった。始皇の在所「大宮殿」(阿房宮《あほうきゅう》)、そして始皇自らの広大無類の「墓陵」の増築、このほか橋梁《きょうりょう》の架設、幹線道路網の拡充なども公共事業の具体的なプロジェクトであった。これらプロジェクトが実施できたのは、統一基準によって、全国各地からの労働者を一カ所に集めることが可能になったからだ。

郡県の仕分けは、モノの考え方や文物（特産品など）が異なることから、区分されたものだ。郡県ごとに異なる単位や検尺では、膨大な労働力をまとめたり、大規模な土木工事や建設プロジェクトのスケジュールを立案することはできない。それに文字と度量衡が定まっていて、通貨による決済が全国的でなければ、予算の弾き出しようもない。従わざれば極刑（死）という仮借《かしゃく》なき定めが、それらプロジェクトの実現を可能にしたのである。

このように、法家の思想が日の目を見、始皇による秦帝国の十五年間を彩っていった。

全国統一の前夜と春秋の筆法

始皇が「法」を引っ提げて、歴史の檜舞台に躍り出た時代環境では、どのようなモノの考え方が一般的であったか。その考え方、つまり価値観の来し方、行く先は何であったか。時代の脈絡を読み取り、歴史の深層に迫ってみる必要がある。

政《せい》（始皇）の統治による秦王国時代を、中国史上、画期的な一ページであったと位置づけると、秦以前の戦国時代、春秋時代、そして「春秋戦国」と総括される時代より以前の「周」王朝に遡及《そきゅう》しなければなるまい。

歴史は、禹《う》の建国による「夏《か》」、そして殷《いん》一族の成湯《せいとう》（湯王《とうおう》）による「殷」。これに継いで、周一族の文王《ぶんおう》と嫡男の武王《ぶおう》が、「殷」の紂王《ちゅうおう》を討って「周」を建てた。ここまでは、神話から入り史実に移る過程として理解しても、目下のところ間違いではない。問題はそれから後の史実である。周は前期と後期に分けられ、前期を「西周」、後期を「東周」時代と呼んでいる。周王朝は西から東へ遷都《せんと》して「東周」時代を迎えたが、この遷都は春秋の混乱を誘い込む原因となった。

春秋時代という時代呼称は、魯《ろ》国の史書『春秋』に由来するが、春秋の意味は春と秋、つまり種蒔きと収穫のことで、一年を示す。だから史書『春秋』は、年ごとの事件を記述しただけの書で史実関係の注釈はない。いわば年表である。司馬遷の『史記』（孔子世家）によると、この年表『春秋』は、孔子が編纂したものと伝えている。『史記』では、年表は魯国のそれにとどまらず、皇室としての周の存在を明らかにし、夏殷周三代の事蹟を論断したものと評価している。その上、『春秋』の文辞は簡潔であるが含蓄《がんちく》は深く、孔子自らが執筆し、推敲《すいこう》を加え、「後世、私が賛《たた》えられるにしても、謗《そし》られるにしても、すべてこの『春秋』がどう解釈されるかによる」と弟子たちに言った、と記述している。

年表（デジタル）だけでは、読者の思考（アナログ）に左右されて、解釈の幅に際限がなくなってしまうきらいがあろう。司馬遷は、内心はとにかく、孔子を「至聖」と呼んで敬意を払っていた儒学者であった。だが簡潔な文面からは、さまざまな解釈ができる。今でも「春秋の筆法」という表現があり、直接関係のない事柄を、間接的に、あたかも直接的なコトのように言い表すことだ。

いずれにせよ、春秋時代（前七七〇―前四〇三年）と戦国時代（前四〇二―前二二一年）の約五百五十年間は乱世であった。二百余国を超える諸王侯は、孤独な戦いに明け暮れする毎日を送っていた。天の時（出陣）、人の和（兵の士気）、地の利（兵站《へいたん》）について、諸王侯はそれぞれに占星、卜占《ぼくせん》、呪術の限りを尽くしていたのだ。時の流れとともに、バトルロワイヤルは容赦なく進行した。二百を超える領土国家の群立から優勝劣敗の淘汰《とうた》が進み、次第に「秦」を含む七大強国による決戦となった。これを秦が束ねて「統一」するまでが、春秋戦国時代である。

「東周」時代は、儒学の創始者「孔子」(前五五一―前四七九年)の生きた時代である。思想家・孔子は、魯《ろ》国の生まれ、名を丘《きゅう》、字《あざな》を仲尼《ちゅうじ》といった。七十二歳でその生涯を終えている。孔子は、没後約四百年を過ぎた漢王朝の時代の七代目皇帝・武帝《ぶてい》(在位前一四一―前八七年)の意向を受けて司馬遷(宦官、生没不詳)が著した『史記』で至聖と称され、広く人口に膾炙《かいしゃ》されたわけだが、孔子の生きた時代と四百年後の『史記』が著作された時代とでは、時間的隔たりというにはあまりにも大きな隔たりがある。この間の孔子に対するさまざまな評価が、今日に受け継がれているのである。司馬遷にしてみれば、自身が儒学者でもあり漢王朝(武帝)が儒学(教)を国教としたことに迎合しなければならぬ、と考えてのコトだったかもしれない。

名君の誉《ほま》れ高い漢の七代目武帝だが、本音では道教(後述)を、建前は皇帝の地位を「世襲的な権利」とするために、孔子の唱えた儒教の特徴的な側面である「形式(礼)」を政治に生かすことを企てている。「王権神授」というのは、「王の権力は武力で奪い取ったものではなく、神の御心と意向にかなったから劉《りゅう》一族(漢)に授けられたのだ」とする説である。つまり、神は劉一族を天下を治める主として選んだのだ、というのである。

　さて、その孔子が理想の人物として敬したのは、周王朝の基盤を築いた文王、武王そして周公旦《しゅうこうたん》、その人物像であった。にもかかわらず、儒教は法家筋の始皇（政）と李斯には全く無視され、「焚書坑儒《ふんしょこうじゅ》」などで弾圧されたのだ。

Ⅱ　盛者必衰の理

神だのみ

いうまでもないが、今日的な概念での「国家」からすれば殷《いん》・周時代の国家は、未成熟な段階のそれである。王朝権力の構造は、血族集団の団結によるもので、王朝の権威といっても、数ある中・小部族国家群の連合体の盟主、という立場でモノを言っていた程度であろう。

殷を盟主とした部族国家連合体を構成する国の一つとして、「周」があった。この国は、中原からは西域に当たり、今の西安・咸陽《かんよう》の北東に広がる黄土盆地（渭水《いすい》盆地）の岐山《きざん》という所に邑《ゆう》を営んでいた。当時の「国」家を、邑土国家と史家は呼んでいる。封建制の前段階にあって、大きな邑（大都市）を中心として、周囲に多くの中・小邑（小都市・村落）があり、これらの周辺に農耕地が広く展開している地勢が、当時の典型的な独立地域の姿かたちであった。大きな邑には、支配者である王一族（領主）が座居し、中・小邑には血縁や地縁で結ばれた農民や農具作りの職人たちなどが住んでいた。殷も周もこうした国家（大邑）の一つであったものの、とりわけ殷が有力（青銅器鋳造の技術による優越した軍事力）な「邑」であったことから、多数の邑からなる連合体の盟主的存在となっていたわけである。

連合下の邑は公・侯・伯・子・男の序列で爵位が定められ、侯が「盟主」に貢ぎ物を贈り、有事の際に軍（兵）を供出する義務を負う関係で結ばれていて、これと同じ関係が、伯やその他小邑にもたれていた。伯やその他小邑（子・男の爵位）も、侯に貢ぎ物・軍（兵）を供出して「侯」に付属していたようである。

殷が、盟主として諸王侯から一目も二目も置かれたのは、青銅器の生産技術に一日の長があったからだと思われる。新石器時代（未開）から青銅器時代（文明社会）へ向けて、第一歩を踏み出したのが殷であった。青銅は、硬度で石器と大差はない。しかし、青銅は鋳造によって器型が自由に作れる。つまり、殷の鋳造技術は、武器の大量生産を可能としていたのだ。殷の軍事力は、武器の大量生産能力によって裏づけられていて、その威力を誇示するに十分であった。

青銅製作工場では、武器のほか祭祀用、建設工具用が製《つく》られ、農具の大部分は石器、木器、骨器などの製作であったことが、城跡に見られるレイアウトから判明している。特に、祭祀用酒器、食器、楽器などに技術の粋が認められ、呪術信仰が王侯貴族の専らの関心事であったことを窺わせる。妖怪を連想させる複雑な紋様で飾られた巨大な容器などは、呪術信仰の対象となった霊力の象徴であったのだろう。霊力というのは、祖先の在所「霊界」が現世を支配する力（パワー）であるとする信仰上の表現のことだ。

祖霊と現世の人間を仲介するのが巫《ふ》、すなわち呪術師であった。これまでにも記述したように、支配者の頂点に立つ者（王）は、呪術師の上長にあたり、神の意向を人間社会に伝え、地上を支配する存在であった。神とヒト（王）との対話は卜占《ぼくせん》を通じて行われたが、祭祀のタイミングと式次第が優先された。

次いで王自身の吉凶、戦争、豊凶、気象（風雨）などを問う作為があり、それは卜占が儀式（礼）によって執り行われることを意味していた。祖先の祭祀（礼）を怠りなく行うことは、神の意向にかなうことと考え、祖先を神に昇華させ、心の表現として儀式化する。神に対する敬愛と恭順の意を表現する方法として、礼儀式が必要となるわけだ。それが、祭祀と称されるものの本質である。

そこで、盟主による中央行政は、王を頂点に巫師、占師そして軍の指揮官を配し、これら上級官僚の要職に文書記録官、近侍や下役などの官僚を充てて、体制を整えることになる。

このような体制で行政が行われていくと、王家一族は神の代弁者あるいは化身として敬され、庶衆一般とは距離を隔てるようになり、超絶した存在となっていく。

王家一族が限りなく神に近い存在になると、王の意向は神の御心と理解され、王の独断専行を諌《いさ》める者はいなくなる。王を取り囲んだ占師や巫師は、自己保身のために王に追従し、占いの結果についても王の機嫌を窺い、損なわないように甘言をもって伝え、神ならぬ王の意向に沿う報告に代えてしまう。それが、今も昔も変わらぬ人間関係の常というものだ。逆らう者は誰もいない。王が自らを神と思う心のスキに、神ならぬ王の身は虚を突かれる。

殷の紂《ちゅう》王が、その神ならぬ身の王であった。殷王国の西方（陝西省《せんせい》）に在って、辺境部族として堅実に農耕を営んでいた邑国「周一族」が、紂王のスキ（虚）に王朝交代の理由を見出したのであった。

つまり、神と国王（ヒト）を同等に、あるいは重ねて考えてしまうことに発想の短絡性があった。神の世界と人間社会の重複するところで、神と国王を親子の関係に結び付けてしまうのだ。そのために、国王を「神の子」とするのが、ヒトの情念に絡んだ連想の落とし所となってくる。国王も庶衆も同じヒトだから、考え方は容易に伝播《でんぱ》する。「国王は、神の末裔《まつえい》である」あるいは「国王の祖先は神である」と極めて短絡的に解釈し、広く人口の膾炙《かいしゃ》の及ぶところとなる。後は、群集心理が、国王は神の生まれ変わり、と一本にまとめてしまう。

こうしたことから、祭祀は王にとって最も重要な政事《まつりごと》で、いわば政治の要諦《ようてい》となる。神の託宣を求めるのは、王自身の去就、豊凶（農耕）、狩猟（収穫）、気象（風雨）そして戦争など、それぞれの時（タイミング）を知らしめてくれることを願ってのことだ。こうなれば、祭祀による結果（託宣）は、国家機密そのものとなる。王の仕事は、ヒトとヒトがもたれ合う人間社会のそれではなく、神の託宣を得るための一方通行となる祭祀であった。だから、祭祀によって得られた結果が甲骨文をはじめ竹・木簡に記録され、今日に間欠的に伝わっているのである。記録は、すなわち神と王との密議の議事録

殷末周初の中国

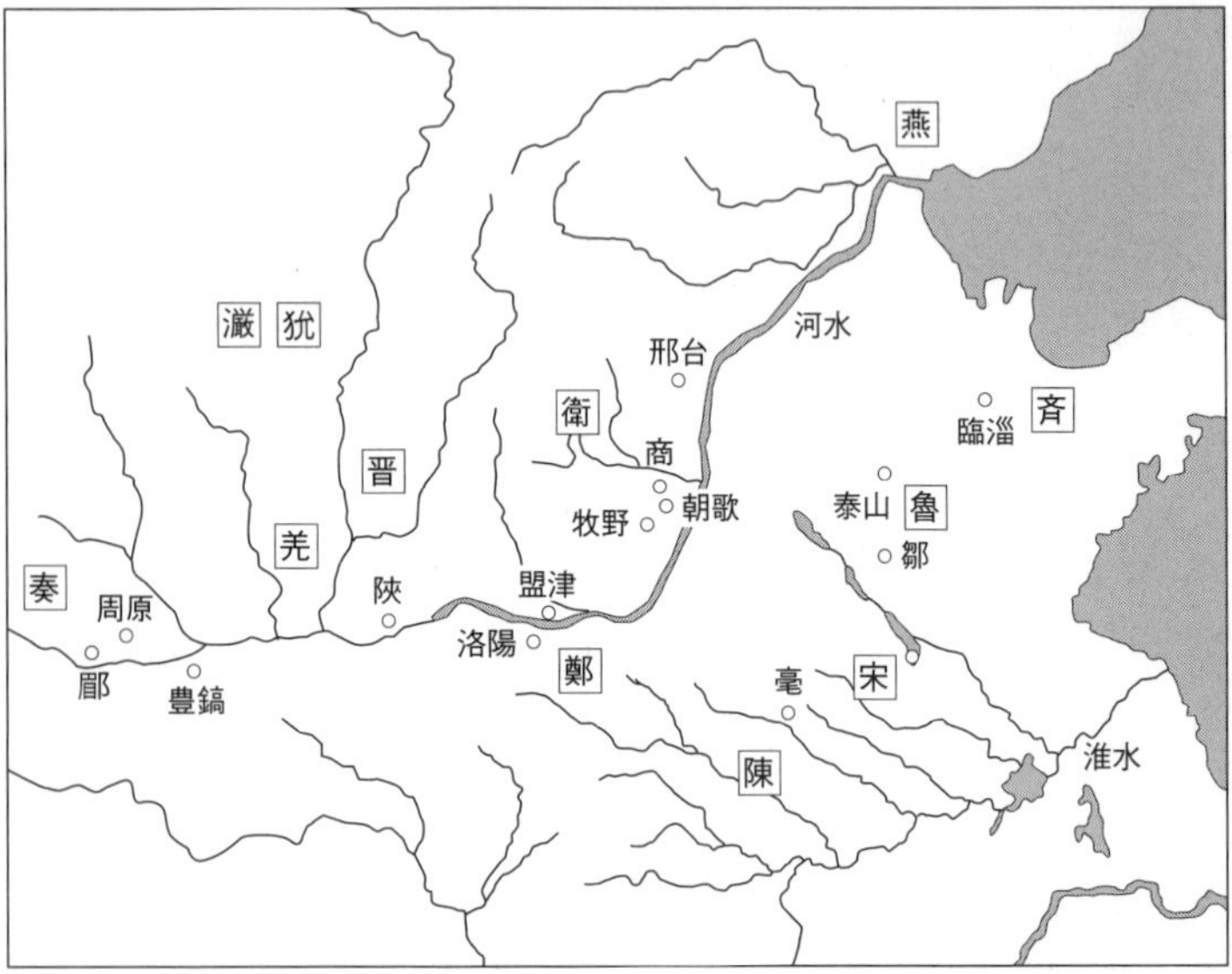

といえる。

文字は、一つには卜占の内容を記録する目的で刻印されたものから生まれた。しかし、殷から周の時代に入り、周も末期になると銘文が青銅器に鋳出されるようになる。この頃になると、文字は甲骨の印字や絵画を象徴化した刻印体の段階を離れて、文体のかたちをもつようになり長文化してくる。さらに、文中に使用されている語句、語法もかなり規制性をもつようになる。文字の成り立ちの経緯には、殷から周への時代の変化が強く影響しているのである。

殷代では天命を信じて卜占を行い、その結果に服従することを国家の最優先事項としていた。しかし周代に入ると、自然への崇拝から生まれた「神」よりも「祖霊」が重視され、その祭祀の儀式手順も現世的に規定されていく。つまり、卜占の結果よりも王の意向の方が優先されるようになった、ということだ。神と祖霊が同一視され、祖先の末裔《まつえい》である王（現世）の意思が尊重されるようになったのだ。祖先崇拝の見地から、王の地位が神性を帯びてくるにしたがい、王の意向や思想が人間界の「道徳」を満たして余りあるもの、とする考え方が生まれてくる。血の通ったヒトによる、ヒトのための為政が要求されてくるわけだ。私的な権勢欲による王座の奪取だけでは庶衆の心はとらえられない。

神は神の世界、ヒト（皇帝）は人間《じんかん》の世界という考え方から、神とヒト（国王）との対話（卜占）へ、そしてヒト（国王）は神の末裔とする考え方に変容していく。かくして王は、限りなく神に近くなる。神に近くなった王は、独り超然として存在するのではなく、人間社会の範とならなければ、リーダーとして庶衆の先頭に立つことができない立場に立たされる。ここに、神に対する概念の変化を見ることができるのである。それは、王と庶衆の地位格差を縮め、王侯貴族の独占的知識（文字や祭祀）が、少しずつ庶衆の日常生活の中へと浸透していく変化だ。

周の台頭と身分制度の崩壊

殷から周への代替わりの時代的背景を、勢力争いという視点から素描してみよう。

高度な文明圏を形成した中原《ちゅうげん》から、黄河を溯上していくと渭水《いすい》盆地に出る。ここは、現在の西安・咸陽《かんよう》の北東に広がる黄土盆地である。黄土は石灰分とアルカリ分に富み、通気性も良く排水性に優れた土質で農耕に適している。この渭水盆地に拠点（岐山）を設け堅実に農耕を営んでいたのが「周」一族であった。この地は、中原からみれば西の果てである。しかし、周一族はこの豊かな土地から経済力を得て、有力な部族となっていた。

殷王朝も無視できない存在となった周には「侯」の位を与え、近隣集落（邑《ゆう》）を統括する資格を認めていた。殷一族の娘を周一族に降嫁《こうか》させたほどである。この政略的結婚から生まれた人物が、後の「周」を代表する文王であった。文王の父（王李）は、殷族から降嫁した妃を正室としていたが、周一族の隆盛を嫌っていた殷一族は、何かと王李に難題を投げかけ、結局死に追いやってしまう。

王李の後継に文王が立つ。しかし、紂王《ちゅうおう》は限りなく神に近くなった地位に酔い、己を失ってしまったかのように振る舞うようになっていた。側近では手に負えず、また諸侯たちの反感を買うようになっていた。このままでは、天下は千々《ちぢ》に乱れると考えた周の文王は、殷の紂王これを討つべし、と心に決めていたようだ。人望厚く徳に恵まれた文王の下には、殷王の圧政を逃れ、食客《しょっかく》として多数の人材が集まっていて、事態の深刻さに憂慮していた。文王は、天下万民の苦難を放置できぬと考えていたのだ。文治だけではすまされぬ時局を迎えて、武力に訴えることもやむなしと決断したのである。文王は、都を渭水盆地の「岐山」から、西安の西方、「豊」（宗周）に遷《うつ》し、ここを拠点に軍勢を整え黄河の流れに沿って東進する。つまり、文王は軍勢を引きつれ中原（天元）へ向かったわけだが、全軍を殷攻撃の体制に入らせたところで、陣中死。後は、文王の嫡男・武王が継いだ。武王は、文王の嫡子五人兄弟の長男であり、弟に、周公旦《しゅうこうたん》、召公《しょうこう》、菅叔《かんしゅく》、康叔《こうしゅく》の四人がいた。

その武王が、殷の主要都市（大邑）への総攻撃の檄《げき》を飛ばし、一気に紂王を頂点とする殷軍を撃破する。限りなく神に近く、専横の限りを尽くしていた紂王は、あっけなく武王に追撃され自殺。殷は滅亡してしまう。殷に代わって、「周」の時代を開いたのが武王である。父・文王とともに、その名は誉れ高く、現代でも「文武両道」とか「文官・武官」として使われる語の始源となっている。

殷と周の政権交代は、前十一世紀後半に入って起きた統治体制の変化であった。

まず、武王がいた。そして、武王の四人の弟たちに周公旦、召公、菅叔、康叔がいた。

この五人の兄弟が、周代前半（西）を特徴づける統治・行政上の布石を敷き、やがて一族が中原に出て東周時代を迎えるのである。西周、東周（春秋時代）というのは、この二つの周が並立していたわけではなく、西で力を蓄え、東でその力を失っていくプロセスを描くための史学上の仕分けである。だから、東周時代は同時に春秋時代でもあったわけだ。

武王の後、四人の兄弟が取り仕切った西周時代は、中国史でもキーポイントとなる側面を持っていた。西周時代の国都は今の西安近郊で、当時は「宗周」と呼ばれた。

東周時代の国都は、洛陽《らくよう》で「成周」と呼ばれた。成周への遷都は、西安と洛陽を隔てる三門峡（函《かん》谷関《こくかん》）の難所が軍勢の出撃・撤退に隘路《あいろ》となっているためだが、中原（中元）の支配には洛陽が最も条件にかなっていたからである。先述したように殷の治世は、武王によって自決に追い込まれた紂王の死によって終わった。しかし、紂王には武庚《ぶこう》という嫡子がいた。

春秋時代の中国

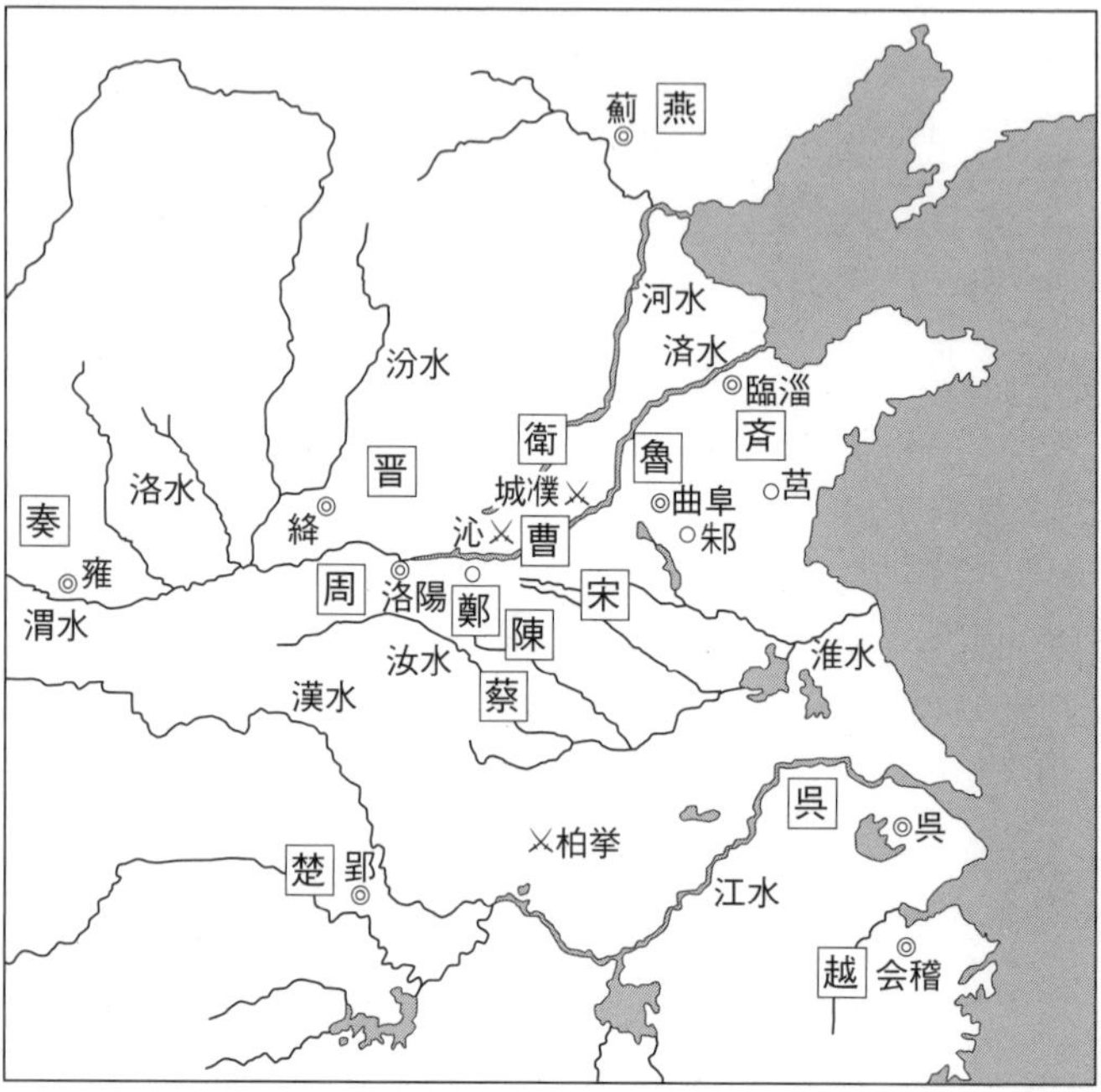

武王は、殷時代の統治領域の大半を掌中に収めたが、殷の旧領地をすべて収奪することなく、一部に限り紂王の嫡子・武庚が収めることを許した。武庚は旧領地を封土されたが、放任ということではなかった。武王は武庚が不穏な挙動に出た場合に備えて、四人の弟の一人、菅叔に監視するよう命じている。武王がこの世を去って、周の王位を継いだ武王の嫡子・成王《せいおう》が幼少であったために、武王のもう一人の弟・周公旦に摂政《せっしょう》の役どころが舞い込み、その任に就く。これが、動機となって「周」王室はお家騒動に見舞われることになる。

兄弟（武王の弟たち）の間柄でも、

お互いが絶対の信頼で結ばれているというわけではなかった。殷の末裔・武庚の監視役を務めていた菅叔は、同じ兄弟の周公旦が摂政の地位に就いたことで猜疑心を懐《いだ》きはじめる。摂政という任は、いわば「国王代理」である。つまり、王位に近くなった周公旦が名実ともに王の座居を占めてしまうのではないか、と菅叔は猜疑心を募らせたのである。菅叔とて権力の座への野心を抱いていたのだ。

穏やかならぬ雰囲気が周王室に充満し、いつ爆発するかが諸侯の口の端にのぼるようになった。猜疑心に苛《さいな》まれていた菅叔にとってみれば、武庚の監視どころではなかった。この周王室での権力闘争のありさまを見た旧殷王（紂王）の子・武庚は、スキを見て南東地方の夷・蛮族と計って反乱を起こす。

「宗周」（西方の国都）で摂政の任にあった周公旦は、王である成王（武王の嫡男で周公旦の甥）から反乱鎮圧の勅命を受ける。同族にあっても「礼」を尽くすことにぬかりなく、さらにもう一人の弟・召公とともに、自ら兵を率いて出撃する。そして、反乱軍を撃破。ここに殷王族の直系は絶え、菅叔は監視不行き届きのかどで処罰された。この事件で、名実共に王権を握った周公旦は、一族や功臣、そして有力者に諸侯としての地位を与え、各地を封土し、土地と民を統治させる。そして、周公旦（王）はこれら諸侯の盟主として統制する。これが周による中原の支配体制であると同時に、夷戎狄蛮《いじゅうてきばん》の中原への侵入を防ぎ、勢力を拡大するための布石であった。具体的には、周公旦は自らの息子・伯禽を「魯《ろ》」（山東《さんとう》省曲阜《きょくふ》）、弟・召公の息子を「燕《えん》」（北京西部）に、四番目の弟・康叔を「衛《えい》」（河南《かなん》省）、対殷作戦で効のあった臣下の太公望呂尚《たいこうぼうりょしょう》を「斉《せい》」（山東省臨淄《りんし》）に分封・封土したのである。これをもって、周王朝による中原支配の体制は整ったが、王朝が絶対権力を誇示するのではなく、殷朝時代と同じく諸侯国連合体の盟主的存在にとどまっていた。盟主・周公旦は、東都「洛邑《らくゆう》」（洛陽）を設けて本拠地とし、東・南方面での勢力拡張に専心する。

周から「春秋」へ

東都「洛邑」は、中原支配の要《かなめ》に位置する。周王朝が、血族を諸侯に封土したのは、東南方面での支配権域（版図《はんと》）を広げるための布石であった。外征のための要路確保（兵站）が、一族によって固められていたのである。周王朝歴代の諸王は、東方へ南方へと、軍兵を進める外征に余念がなかった。しかし、外征には戦費（財政支出）が重なり、国力は衰えていく。

周一族による王朝も第十代目（厲王《れいおう》）を迎える頃は、財政上の支出が極度に目立ちはじめる。このテコ入れに、勢い政治は重課税などの手段に訴えざるを得ない。このような社会状況は、庶衆の団結を誘う。中国史で初めて、市民革命ともいうべき民主運動が起こったのである。これに恐れをなした厲王は、座居する場を失い逃亡した。

王座は、空位となってしまった。事態を打開するために、周公旦の流れを汲む「魯」国と、召公の系列下にある「燕」国が、盟主「周」の行政にかかわって王政を復古させた。

「周」と「魯」と「燕」による共和制によって、周王位の空白を埋めたのだが、空位時代は十三年間も続いた。これが「共和制」の始源だが、前八四一年に宣王《せんおう》が即位し、周王室は再興する。

宣王は武運の誉れも高く、北方狄《てき》族を抑え、国威も高揚したが、「中央集権化」への道を急いだために諸侯の反発を買い、さらには民心を失ってしまう。次の幽王《ゆうおう》の時代には、凶作などの天災に襲われ経済生活に混乱が生じる。混乱は、それだけでとどまらなかった。

幽王は、事もあろうに嫡子を認知せず、愛妾との間にできた庶子を太子に格上げしようとしたために、統治の乱れは止めようもなくなった。これをチャンスとばかりに、北狄・犬戎《けんじゅう》一族が南下。宗周の都は犬戎族の手に陥《おちい》ち、幽王は殺害されてしまう。時に前七七一年、西周（宗周）は滅亡。難を免れた幽王の嫡子・平王《へいおう》（前七七一―前七二〇年）が後を継ぎ、東方に遷都し王朝の再興を期す。だが、栄枯盛衰は世の習いである。盟主の衰退は、諸侯の興隆を促し、独立へと走らせる。これが、春秋時代の幕開けを告げる序曲であった。

殷から周へ、周から何処《いずこ》へ？　この疑問に応じたのが「春秋」時代であった。歴史は真空を許すことはない。周の盟主としての権勢が、昔日の面影を失いつつあった時潮は、諸侯を二つの潮流に分けた。周王室を支え、夢よ今一度と、尊王・幕府のスタンスをとる一派と、自らが周王室に代わって盟主たらんとする倒幕のスタンスをとった他派による二大潮流である。諸侯は自ら国号を定めて一国一城の主となり、隣国や遠国に対する遠交近攻の戦略や、合従（同盟）や連衡（国別パートナーシップ）の外交策に加え、目的のために手段を選ばないとする権謀術数（謀略のテクニック）が、日常茶飯事と化す戦国時代へと向かうのである。諸侯国は、東部では衛・曹・宗・斉・燕・鄭《てい》・魯の諸国。西部では秦・(周)・晋、の諸国。南部には楚・陳・祭・越・呉が立ち並んで勢揃いとなった。そして、覇を競った。

殷・周時代から春秋戦国への波動は、世にいう「黄河文明」の息吹そのものであった。この文明の息吹は、黄河流域における農耕生産の増大、人口の増加、都市化と分業を促していく。

周王室をめぐって、多くの諸侯が活力溢れる動きを示す中で、これら諸侯に付随していた小邑も独立への足掛かりを見出し、国号を名乗り出て興り、そして滅亡する。国都（周王室）の政治力が衰退したために、その求心力に依存していた大小の邑々が離合し、集散する現象が常態となっていった。その数、二百余と伝えられる。そして、周王室の盟主としての座を誰が占めるかが、諸侯たちにとって最大の関心事となった。

しかし、そこに「決めごと」（ルール）がなかったわけではない。相互に競い合う諸王侯貴族たちが順守したルール（規則）は、「礼」と「会盟」の二点である。一点は、諸王侯貴族の伝統的慣習を正道とすること。そして、諸国間の協定は「会盟」の儀式にしたがって執り行うこと、の二点である。「会盟」の政治的意味は、一つに覇者のリーダーシップによる周王室への忠誠、二つに諸侯の後継者の承認、三つに新勢力分野（領土）の決定であった。

この間にも、夷狄戎蛮が乱世のスキを狙っていた。周王室を立て、外敵の侵攻を防ぐ「尊皇攘夷《そんのうじょうい》」が新たなスローガンとなっていく。

身分制度の崩壊

周の身分制度は、王侯・貴族に次いで卿《けい》・大夫《たいふ》、士《し》、庶人《しょじん》の三階級が骨子となっていた。

「卿・大夫」の身分は、最高位にあり、王室直属で政事に参画できる地位の大夫を「卿」と呼んでいた。「大夫」は、王侯一族の有力者や、異民族でも王室に忠実で有能な重臣、あるいは村落集団（中邑）の長に与えられた身分。「士」は、大夫の分家一族、あるいは村落（小邑）の長の身分である。身分制度の中でも行政組織の末端に置かれたのが「士」であり、これより下層に圧倒的多数の農工商民、つまり「庶人」がいた。諸侯（卿を含む）による立法で刑罰の対象となったのは「士」と「庶人」で、この両者は重複し、庶人の中でも有能と見なされた者が抜擢され、「士」の身分を得ていたのである。士は王侯の直轄領にはもちろんのこと、大夫の領内にも多数いて、徴税や労働者の使役徴発などの実務を任されていた。庶人との交流も親密で、庶衆社会の実態を熟知している存在となっていたのが士であった。このような社会構成では、混乱の世になると、「士」の存在価値が大きくなり、行政上の問題にも発言を求められるようになっていく。

「大夫」の中でも、異民族出身の場合、国都（周王室）より離れた僻地《へきち》に任命されるのが通例であったが、僻地周辺の開拓を積極的に行い、経済力を蓄える大夫が出て、族大夫を淩《しの》ぐようになる。このように、諸侯貴族より大夫が実権を握り、会盟外交も大夫が代行する例もあった。大夫の族内では、直属の士を利用して分家を手懐《てなず》け、領内の諸事全般を掌中に収めることもあったろう。大夫が士を官僚的地位に就け、直接行政にかかわらせることで大衆を支配下に収める図式がこれである。血縁（貴族）に地方の支配権を与える習いで始まった封建（分封）に代わり、族関係とは無縁の士を地方官として派遣する体制が整ってくる。これが郡県制の粗型である。この傾向は、春秋時代の後半に入ると、諸王国の統治体制に顕著に見られるようになる。

体制変化には、いうまでもなく、時潮ともいうべき背景が影響している。一つに、身分制度が崩れていく過程で農村の共同体としての機能が失われ、従来的なモノの考え方が通用しなくなったこと。二つに、鉄製の農耕器具が使用されるようになり、開墾が容易になったことで農耕生産が増加したこと。三つに、身分制の崩壊と農耕生産の増加が貧富の差に拍車をかけたこと、がその時代的背景である。

身分制度の崩壊による社会変革の特に重要な側面は、それまで王侯貴族階級によって独占的に世襲され、門外不出となっていた知識（占星、卜占など）や技法が庶衆の生活に向けて開放されたことだ。世襲とは無縁の人材が、人材登用の変化の時潮に乗って支配者層に食い込み、体制に風穴を開けていったのである。

時潮の動きを促したのは、国の総力、つまり一国の経済、軍事外交、文化を育む人口の増加である。人口の「口」はクチだ。口は人の顔にあり、飲食物を取りモノを言う。モノの考え方（価値観）が多様化するのは、人口の増加があってのことだ。日本の人口に見られる団塊の世代やバブル世代を例に挙げるまでもないだろう。

殷から周、そして春秋時代へと時代が進むにつれて、人口の増加が顕著となっていったのである。

殷周時代の人口（統計）は記録されていなかったのか、あるいは逸失したのか定かではない。しかし、史実関係から判断すると、「人口は増加していた」と断定してよいだろう。農耕生産の増加は、人口に見合う現象である。独立国家への機運は、領民（農工商民）の員数が増えなければ生まれない。領民は、すなわち軍兵でもあったからだ。

身分制度の崩壊は、制度そのものが疲弊したからである。換言すると、その疲弊は従来的なモノの考え方に変化が起きて、制度がその変化に沿わなくなったということだ。制度というのは、王室を頂点（盟主）に、諸侯、卿・大夫、士、庶人という身分上の制度を枠組みとして周王朝を支えていた体制のことである。

繰り返しになるが、卿・大夫は貴族階級の官称で、その地位への任官は諸侯の一族や功績ある者の中から選ばれ、王室によって土地と土着民（農民）を分与され支配下に置く。

この地位が「世襲」であったことに問題があったのである。そこで士と庶人だが、これらは世襲とは無関係であっても、思想や才能がないということではない。身分や家柄（世襲）などを尊重していては、諸侯の独立国家への方向が見通せなくなる。士・庶人といえども、才能ある者にとっては出世のチャンス到来という時勢であった。

経済の発展を前提として、人口の増加は実現する。また、人口増加をまかなうために、積極的に未開地を開いたり、灌漑《かんがい》設備や水利土木に労働力を集中させるなどのほか、新しい技術を取り入れる努力が払われる。このような努力が実ると、地力（戦力）をつけた諸侯や土着の有力者は自らの権勢欲を満たす最も至便な方法として、領土を拡大し生産力を充実させることに意を注ぐ。人口の増加と農耕生産の増大は、従来的な社会の枠組みを変革させるのである。国の制度は、制度であるが故に、制度疲労ともいうべき現象が起こる。企業組織や家族構成なども、その身近な実例に入るだろう。

身分制度が崩壊していく過程では、その変化の時流に乗った者、実力者、才能に恵まれた者たちが頭角を現す。価値観の大逆転が社会を被う。世にいう下剋上がそれだ。

身分や領地の支配権の世襲は過去のものとなり、新しい価値観で文・武ともに優れて装備した者が世に出る。政治の実権が、国王（盟主）から諸侯へ、そして卿・大夫へ、さらには、庶人と呼ばれた階級の者にまで手の届く社会へと変貌する。周から春秋戦国時代へと変転する時潮が渦巻きはじめていたのである。

身分制度が保たれなくなると、文字はもとより、暦や気象情報など社会生活に直結するノウハウが、必然的に広く庶衆一般に理解されるようになっていく。その過程で、農耕生産の増加、手工業の進展と商業などが分業化し、社会全般に浸透する。経済の規模が拡大・多様化すると、物々交換による現物経済はもとより、貨幣経済が活況を呈するようになる。商人は、大量の商品・生産物を集荷し、有利な市場に向けて出荷する。

このようにして、商行為が国境を通り抜け、市場の拡大化が加速される。商人、手工業者、運搬業者、農民や漁労者等々が専業となり、多種多様な業種が生まれるのである。

価値観の異なる者たちが、同じ市場で出会い、精密度の高い情報の交換が盛んになっていく。それは自由市場の萌芽であったといえる。

諸侯国の都市部は、そのまま巨大な市場と化していった。こうして「周」の洛陽、「斉」の臨淄《りんし》、「趙」の邯鄲《かんたん》、「魏」の大梁《たいりょう》、「楚」の郢《てい》など主要な政治都市も、その枠組みを脱して商業都市化していくのである。「斉」の臨淄では、前四世紀半ばで人口三十万を超えたという。市場は物資の売買のほかに情報交換の場であり、社交の場でもあった。そこでは、相互の意思疎通はもとより世論まで形成され、「諸子百家」が誕生する素地が整っていった。市場は、人間味溢れる自由な言動が許される新世界を演出したのである。

この時代を生き、世界史にその名をとどめた人物が、孔子（前五五一―前四七九年）である。孔子は、周の文王、武王、周公旦らの思想を重んじ、その生きざまを尊崇した人だ。

孔子の政治思想の根幹は、為政者の「徳」をもって庶衆の範となす徳治政治である。その徳治は周の「礼」にあり、その礼こそ求むべき制度である、と説いた。「徳」の意味は、聞く者すべてが納得できる言葉で語りかけ、道理にかなった行いと相手の立場で考えること。そして、意を尽くし心を致した言動をとること、である。孔子は、「礼」と「忖度《そんたく》」こそ社会秩序の要諦と信じて疑わなかった。

さて、「周」の開国の祖・文王は、為政に優れた手腕を示し、かつ徳望豊かな人物であった。その徳を慕って翼下に参じる諸侯が多く、盟主・殷の紂王も一目置いたほどの傑物《けつぶつ》であった。その子・武王は、横暴な王と指弾された「殷」の紂王を討ち「周」王朝を開いた。
さらに武王は、一族の子弟に領地を分与し、封建（分封）制を敷いた人物である。後に、開国の英主とされた。
孔子が周の文王、武王、そして周公旦をどれほど尊崇したか「論語」に記述されている。その中から二、三紹介しておく。

「武王が、『私には政務を委ねるに足る家臣が十人いる』と語ったことについて、孔子は次のような感想を述べている。『人材を得ることは、なかなかに難しい。……武王の時代でさえ十人そこそことはいえ、それだけの人材を得たからこそ天下の大半が周に帰服していたのだ。しかも周は、それほどの実力があったにもかかわらず、「礼」を尽くして殷王朝に臣事していた。このような周の徳こそは、至上のものと評さるべき』（論語「泰伯《たいはく》」）」

「孔子が、匡《きょう》（町の名）で暴徒に囲まれ生命の危険にさらされたとき、『文王すでになしとはいえ、その伝統はわたしが受け継いでいる。天がその伝統を滅ぼすつもりなら、わたしにまで伝え継げるはずはない。この伝統とともにある限り、このわたしを匡の輩ごときにどうすることができようぞ』と言い放った（論語「子罕《しかん》」）」

孔子の周公旦への思いは、「子曰く、もし周公の才の美あるも、驕《きょう》かつ吝《りん》ならしめば、その余は観るに足らざるのみ」（論語「泰伯」）。「驕かつ吝ならしめば」という表現は、「増長したり、人のために出し惜しむとしたら」と解釈し、次いで「どんな美点があろうと評価するに値しない」といったところか。

孔子が生まれた「魯」国は、周公旦（武王の弟）が嫡子・伯禽《はくきん》に封土した土地と民の里である。魯国は、盟主「周」血縁の直系というわけだ。孔子は文王、武王という文武両雄の言行録を読み、あるいは仄聞《そくぶん》し、多大の影響を受けたのであろう。罷《まか》り歩く春秋の世相に生きた孔子は、秦国を含む七大強国による戦国時代を知らない。

いずれにせよ、天下騒乱の時代にあって、孔子が志したのは、武ではなく文であった。「吾れ十有五にして学を志す…」と言ったことを覚えている読者も多かろう。

その孔子が、生国「魯」に政変があって出郷した。政変によって生国での執政の道を絶たれた孔子は、己の才覚を認めてくれる諸侯を求めて里を離れたのである。政治的な都市の枠組みを越えて経済が活発化しつつあった諸国では、さまざまな人物が往来し、その繁栄を謳歌していた。孔子が、訪れた先々で見聞して得た知識や経験が、後の思想に与えた影響は多大であった。その孔子の言行録『論語』（陽貨《ようか》編）に博奕《はくえき》という言葉が出てくる。原文のまま引用し、和訳を付しておこう。

子曰、飽食終日。無所用心、難矣哉。
子有「博奕」者乎。為之猶賢乎己。

「飲み食いばかりに身をやつし、頭を使わないでいる連中には困ったものよ。ほら、サイコロ遊びでも『碁』でもあるじゃないか。それで遊ぶ方が何もしないよりマシというものさ」

原文中のカッコは筆者が付した。この博奕《はくえき》の「博」がスゴロクで、「奕」は囲碁のことである。囲碁ゲームは、春秋以前の殷代から周代(西周)にかけて、その粗型が整っていた事実を物語っている。身分制度の崩壊と無縁ではないと考えられるからだ。今から三千年以上も昔のことである。

囲碁と道教

孔子の諸国行脚は、五十歳も半ばを過ぎてからである。その孔子が囲碁をたしなんだかどうかは知るよしもないが、当時すでにゲームとして諸国で広く人口に膾炙《かいしゃ》されていたことは確かなようだ。ただ、これより九百年後の三―四世紀頃には十七路盤を使っていたことが発掘された遺跡から判明しているので、今日のような十九路盤のそれではなかったであろう。

初心者にゲームのルール(規則)を教えるために九路盤を使う。おそらく初期の囲碁もその程度であったと思われる。問題は、ゲーム化する以前に縦・横の線の交点(あるいはそれによって描かれる升目《ますめ》)が、何を意図し意味していたかである。結論は急ぐまい。

先に九路盤の話をしたが、これを二盤並べて使うアイデアが生まれ、二盤を連結して一面にし、ルールを改めるなどさまざまな工夫を重ねて、ゲームの持つ妙味を引き出していったとも考えられる。

ゲーム展開に要求される戦略（大局観）と戦術（詰碁）の攻め合いは、対局者との無言手話となって忘我の境地に誘い、音声無用の世界に引きずり込む。

中国の史書の一つに『十八史略』がある。これは曽先之《そせんし》の作とされているが、真偽のほどは定かではない。それはさておき、『十八史略』が世に出たのは、モンゴル族が中国に侵攻して、当時の中国王朝「宋」が危急存亡の瀬戸際に追われた十三世紀初である。ジンギス・ハンの率いるモンゴル族が中国全土を席巻し、フビライ・ハンによって「元」朝が成立する。しかし、モンゴル族による「元」の中国全土支配といっても、実質的には長江以北に限られていたようだ。というのは、高温多湿で起伏の多い長江以南は北方遊牧民族のモンゴル人にとって容易に馴染める気候風土ではなく、厳格な統治力の及ばない地域となっていたからだ。その上、漢民族伝統の科挙《かきょ》制度は廃止され、長江以南の漢人は南人と呼ばれて社会的地位は最下位とされていたのである。そこに漢民族の文化を深化させ、継承できる余地があった。科挙制度の廃止で立身の道を断たれた学識豊かな文化人は、抑圧された思いを筆に託したのである。エリート層の知識や経験が、庶衆に浸透していくプロセスを踏む機会に恵まれたということでもある。

『十八史略』は、以上のような状況下で記述された。その『十八史略』に、三国時代の「竹林の七賢」について触れている個所がある。竹林の七賢とは道家思想の七人の賢人をいい、人知を絶対視する思想を嫌い、個人の意思を重んじ、脱社会のすすめを説いて無為自然を善《よ》しとする、清談《せいだん》に生きざまを求めた侍《さむらい》（武）ならぬ賢者（文）たちであった。七人の中心的人物は、三国時代の魏国の知将・司馬《しば》懿《い》（諸葛孔明《しょかつこうめい》のライバル）と知己のあった阮籍《げんせき》である。

阮籍は黒眼と白眼を使い分ける訓練をして、気にくわぬ人物との対面では白眼にしたと伝えられている。これが、日本でも日常的に使う「白眼視」の語源だ。白眼の達人は、棋力《きりょく》も並外れていて、母親の臨終に際しても打ち掛けの碁が終わるまで席を立たず、終局の後に酒二升余を飲み乾し（多分、負けたからであろう）、母親の遺体を見届けに行ったという。この阮籍どの、遺体を見て号泣し、あげく吐血して心身は衰えるばかりとなった、と『十八史略』は伝えている。

囲碁ゲームの展開は、チェスや将棋と違って相手の王を討ち取ることに狙いがあるのではない。また、黒白の石一つにも機能は付与されておらず、この点についても他の盤上ゲームと決定的に異なる。勝負は、「十九路盤」上の「目」数にある。その上、盤面に王は不在。打ち手である当局者自身が「王」だからだ。

東北大の名誉教授で史学界の重鎮・寺田隆信は、囲碁が上層階級で広く愛好され隆盛を極めた時期を、四―六世紀と特定している。寺田氏の考察は、歴史分析と史実関係の裏づけがあってのものだろう。同氏は著書『中国の歴史（文明史的序説）』の中で、囲碁について触れている。引用して一読に供する。

「中国における賭博の歴史は殷代にまで遡り、古代社会でその双璧をなしたのは囲碁と陸博であった。三国から南北朝、隋、唐へと、いわゆる中世社会が出現すると、囲碁は雅遊と認められ、引き続き盛んであった…。囲碁は士人にふさわしい高級優雅な遊戯とされたが、斗熙《き》と称して、しばしば賭博の対象であった。打ち方乃至ルールは現行のそれとほぼ同じであったらしいが、棋局（碁盤）は十七道二百八十九目から現行の十九道三百六十一目へと、南北朝に移行したことがわかっている」（傍線筆者）

中国史では、三国時代から隋・唐時代の間に、南北朝時代（四二〇—五八九年）と呼ばれる一時期を経験している。この南北朝について、若干補足説明しておく。

魏《ぎ》・呉《ご》・蜀《しょく》の三国で、最も強大であったのは魏である。有名な曹操《そうそう》が建国の父だが、三国を治めて皇帝の座に着くことなく、六十六歳で没。曹操の嫡男・曹丕《そうひ》が、後を継ぐ。後見役として名将・司馬《しば》懿《い》の名が挙がって、司馬一族の出番となった。諸葛孔明の攻撃を持久戦に持ち込んで勝利し、呉国との戦いにも数々の戦功を積んだ司馬懿ではあったが、自らの手で国を建てることなく病死。

この司馬懿の実績と遺徳がもたらした一族の権勢は、息子・司馬昭《しばしょう》に引き継がれる。司馬昭は、魏国に在って蜀国を攻め、これを滅亡（二六三年）させたが、一族の権勢と威光の頂点に座したのは、司馬昭の嫡男・司馬炎《しばえん》（懿《い》の孫）であった。ここで、魏国に代わって、司馬一族による「晋《しん》」（二六五年）が建国される。晋の武帝となった司馬炎は、血縁・一族郎党に数々の王号を与えて地方に封土した。しかしながら「晋」王朝は、司馬懿の遺徳に与《あずか》るところ多く、孫にあたる司馬炎の政治的力量にも不足があった。奢侈《しゃし》におぼれ乱費と浪費を重ねた司馬炎の為政は、財政をたちまちに困窮させ「晋」王国を弱体化させていく。このような為政の失敗が、諸王（侯）の権勢欲を刺激しないはずはなかった。

中央王朝「晋」の弱体化は、相対的には諸王（侯）の政治力の強化となった。中央「晋」の行政に口をはさむ内輪の者が多く出てきて、骨肉の争いが始まった。具体的には、諸侯間での外交上の主導権争いである。外交は、軍事力の裏づけがモノをいう。交渉（外交）の決裂は、武力に訴える手段によって決着をつけるのが、今も昔も変わらない政治の力学である。

「晋」王朝はもとより、奢侈におぼれた諸王（侯）の下で精鋭の軍兵は育たない。権勢欲のみが先行するあまり、軍事力は子飼いの配下にではなく、異民族の武装集団による雇兵に頼ることになる。諸王（侯）の間で、雇兵による軍事力強化策が時の機運となり、それが連鎖反応を起こした。しかし、射弓に巧みで騎馬に長じた異民族（北狄東夷）の戦闘力を利用すればよいと考えた諸王（侯）の雇兵策は、読みの甘さによる失態を露呈する。かねてより中原侵攻のチャンスを窺っていた胡《こ》（漢族から見た異国）と呼ばれる匈奴《きょうど》、鮮卑《せんぴ》、氐《てい》、羌《きょう》、羯《けつ》の五指に及ぶ異民族が、雇兵策の気運に乗じて一気に南下したのである。晋の国都「洛陽」は、匈奴と羯の連合軍によって陥落（三一一年）。これより四年後の三一六年、「晋王朝」は四代三十六年で亡び去った。

かくして中華の要、中原は五の諸族からなる胡の蹂躙《じゅうりん》を許す地域（華北）と化したのである。しかし、司馬一族は再び「晋」の再興を願って立つ。司馬懿の曾孫《ひまご》・司馬睿《えい》が江南（華南）に兵を挙げ、皇帝の位に即《つ》いて、再び晋（三一七年）を建てた。史家は、以前の晋を「西晋」と呼び、後の晋を「東晋」と呼んでいる。しかしながら晋の威光は昔日の面影もなく、中原を五胡に開け渡して自らは華南に座居を移し、中国を南北に分けた。

以降、五八九年の楊《よう》一族の「隋」による天下統一まで、華南では、晋・宋・斉・梁・陳などの「十六に及ぶ諸国」（南朝）が、華北では鮮卑族による統一（四三九年）で「北魏」（北朝）が、史上を彩ることになった。この間、五胡十六国《ごこじゅうろっこく》時代を経て「隋」の統一までの二百七十余年を、「南北朝時代」と呼ぶ。

南北朝時代、とりわけ「北魏」に話中談を求めたのは、ほかでもない。北魏が鮮卑族を出自とする拓跋《たくばつ》一族による建国であり、雲海の如《ごと》き漢民族の心臓部である中原に支配権を確立したことに注目したいからである。

拓跋珪《たくばつけい》（三七一―四〇九年）によって建国された北魏が、一つには国の教学を「道教」としたこと。二つには囲碁が隆盛を極めていること。この一致投合されることの二点は、中国史に見られる漢民族と異民族との確執を象徴的に表しているのではないか。さらには、「囲碁」と「道教」が、同日の談となっていることに注目したい。では、「道教」とは何か。これについては後に触れる。

拓跋一族の故地は、大興安嶺北部（黒竜江省）から西のモンゴル草原深く入り、漢族から見た北狄《ほくてき》東夷《とうい》のツングース系民族の中核的位置にあった。北魏は華北中原に在って漢化政策をとり、皇室の拓跋姓を「元」と改めている。いうまでもないが、十三世紀に中国全土を支配下においたフビライ・ハンのモンゴル族が、国号を「元」と称したのとは異なる。

始皇帝は暗殺の失敗から

先述の竹林の七賢人は、魏・呉・蜀の三国による権力者の覇権争いを無常と捕らえ、自由な生き方を重んじた思想の持ち主であり、民主の世こそ在るべき国の姿かたちと達観していたのである。諸個人の自由なモノの考え方の総和が国を特定していくものだ、と説いている。その意味では、まことに民主的といえるだろう。

そこで今一度、国の成り立ちを概観して、集団社会の中での個人（ヒト）について考えてみよう。

時の経過とともに、ヒトは集団化し社会を形成する。集団化しなければ、生きていけないのは人間《にんげん》に限ったことではないが、集団は人間関係を複雑化する傍ら、指導的立場に置かれる者、あるいは自ら指導者たらんと望む者を輩出する。洋の東西を問わず、指導者は集団の中でも並外れて優れた文武両道の能力を備えた人物であることが多い。

このような人物は、集団の最小単位である個人の生活が著しく不平等とならないような体制を整える責任を持たなければならない。つまり、集団の総意を汲んで指導することができなければ、その立場を失うのである。集団の総意を満たすということは、集団生活の筋道（秩序）を立て組織的な行政を執ることだ。

しかし、初期の国の成り立ちは、家父長的集団（一族郎党）が武力によって周辺の他族を制圧し、数

(人口)を増して大集団となるのが歴史の教えるところである。つまり、血縁から地縁に広がっていく過程で、家父長の権力が強化され大集団となり、国の姿かたちがその輪郭を現す。大きな勢力を持つ一族、つまり豪族を核にして領主国家が誕生するわけだ。国家成立の当初は、武力によって支配領域を拡大していく過程があることに、洋の東西の違いはない。漢民族もラテン・ローマ民族も、日本民族もその例にもれない。まずは、戦闘能力（軍事力）に勝る集団が天下を奪《と》るのである。

民族は社会体制の別名であり、内容的には大きく「文・武」に分けられる。武力によって強権を手に入れても、大集団と化した民族の総意は得られない。武力で民心を得ることはできないからだ。馬上天下を取っても、馬上天下を治めることはできないのである。そこで「武」は、「文」の裏づけが必要となる。この「文」は、庶衆の日常生活を安定させ、向上させることを趣旨とする。生活に上下貴賎や貧富の差があってはならないのだ。

「貧しきを愁えず、ただ等しからざるを愁う」といった孔子の語録は、為政者にとって太古の昔から今も変わらぬ最大の課題なのである。これは「経済」という二語に要約されている。「経」は上下の筋が立っていて差別のないこと、「済」はその筋道を庶衆の日常生活に維持することだ。この経世済民を「経済」というのである。「武」は社会の治安、異民族による威圧や侵略に対して講じられる。犯罪の取り締りと外交力が「武」の本質である。この「文」と「武」は、教育によって整合され、内外の変化に順応させる方向で行使される。これが指導者の仕事、つまり政治である。政治の要諦《ようてい》を平たくいえば、民族の生命と財産を保全し、生活の安定と向上のための体制を整えることにある。この要諦を滞りなく取り計らうために、庶衆には納税（負担）させ、外交力のために軍事（徴兵）にかかわらせる。

このような体制の下で、ヒトは生死を繰り返しながら世代交代する。世代交代は、親から子へ繋ぐ生命の連鎖である。この連鎖が文化を育み、モノの考え方を特定していく。生命の連鎖は、自然の息吹といってもよいであろう。

その息吹から逃れられないのが、ヒトの「姿かたち」だ。宇宙空間の営みが地上の自然を培い、個人としてのヒトはその営みの中で活（イキ）、そして不活（シニ）していくからだ。このイキとシニを決めるのが時間（年月）である。この世に絶対的なモノがあるとすれば、それは時間という不可視なモノ以外にないだろう。

時間は、宇宙空間の営みが生み出す星霜のエナジー（力）である。この絶対空間という星霜の中に、中華思想の土壌があった。

統治手段の選択

周は、西周時代がその栄華の時であった。やがて東周時代に入ると、大分裂（ビッグバン）を引き起こして、二百を数える領土国家が生まれる。ビッグバンは身分制度を有名無実にして、貴族と庶族（庶衆）が相互に入り交わった。この結果、貴族占有の知識（卜占《ぼくせん》のノウハウ）や文字等の文物が、庶衆に浸透していった。祭祀や占星術、文字や武器など、あらゆるモノが市井《しせい》のヒトの手に届くようになったのである。この混交は、領土国家の版図《はんと》（支配地域と領民戸籍）の拡大・縮小や人物往来をもたらしただけの事態にのみ終わるものではなかった。諸子百家の例に見られるように、多くの思想家

戦国時代諸国の領域

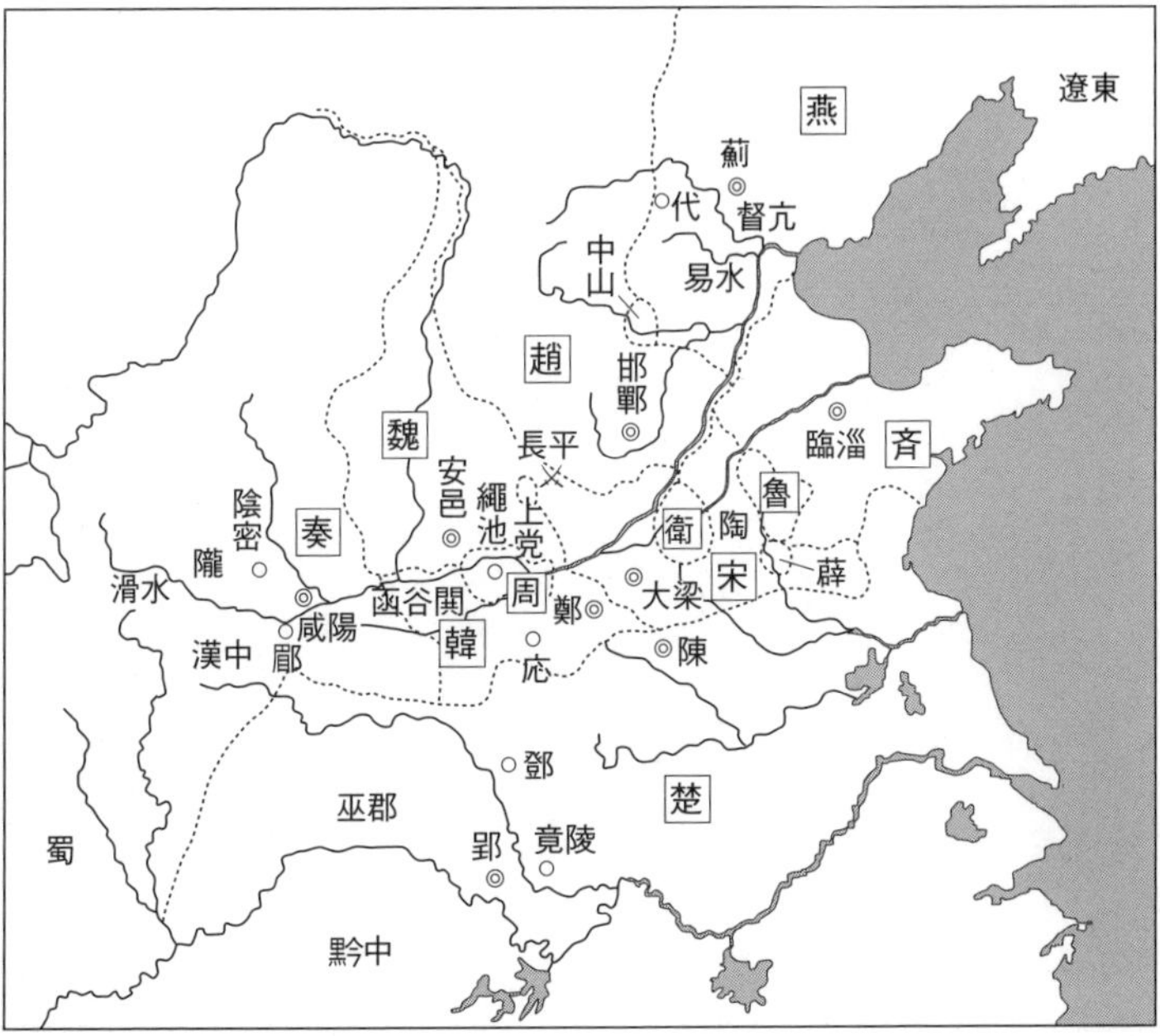

たちがさまざまなモノの考え方や見方を主張し、在るべき国の姿かたちを論説していたのである。思想家たちの主張や論議は、百数十を超える領土国家の王侯貴族にとって選《より》取り見《みど》取りというありさまであった。バトルロワイヤルは、干戈《かんか》を交える戦乱の現場だけではなかった。

諸子百家の中で諸領土国家の指導者たちが注目したのは、儒学（教）だけではなかったが、孔子が確立したといわれる儒学には伏流的な思想があった。「鄭《てい》」国の宰相・子産《しさん》（前五五四―前四五二年）の思想がそれである。子産の論説は「神（天界）と王（人界）をダブ（重ねて）らせて、そこから政治の要諦を引き出すような考え方は現実的ではない。人間界（俗界）から遠く離れている天界（神）は、ヒトの理解の及ぶところではない。そのような天界にいかなる意向があるというのか。それはそれ、これはこれである。人間界（現世）に直接関与する考え方こそ、政治の要諦として優先されるべきである」という趣旨に基づく。

しかし、問題はこの理知的な考え方に、「信仰」という名の歯止めがかかったことである。というのは、一つの領土国家を征服し、その国の領土と領民を物理的に治めたとしても、その領民の深層心理まで治めることはできない、という問題が残るからだ。被支配者の立場に置かれた旧王侯貴族の祖先を祀ること、すなわち祖廟の祭祀は、旧王族はもとより領民の心の拠り所だった。だから、祭祀という慣習（伝統）的な儀式（礼）を否定してはいけない。名門といわれる領土国家の主（豪族）は、征服されたとはいえ幾世代と継いだ家柄と伝統を持っている。領民に慕われ、支えられていたからこその指導者であって、実力者としての存在感を持っているのである。だから、その土地（地域）で伝統的・慣習的に行われていた「礼」（祭祀）を、無用のものと軽々に断じては民心を失うことになる。

そこで、子産の考え方を推し進めた孔子は、民心に対する「仁」（ヒューマニズム）として、祭祀と政治を一致させる原則を貫くことを教えた。儒学における「礼」は、領民の素朴な信仰を認める意思表示であった。つまり、征服者による統治は、祭政一致の原則をそのままに執り行うべし、と説いた。天界と人界を一刀両断に分けることが、世俗的でややもすれば迷信といってもよい「信仰」の壁に阻まれていたのである。

以上のことに思いを致すと、儒家が始皇の逆鱗《げきりん》に触れ「焚書坑儒《ふんしょこうじゅ》」の裁きを受けた理由も理解できるというものだ。始皇は諸領土国家の主たちを束ねて、中央集権を統治理念とし、君臨したのである。たとえ、優秀な始皇配下の人材を地方に派遣しても、その地方のコト（礼）を知らなければ統治はおぼつかない。これを問答無用と打破できたのは、軍事力と「法」による裏づけがあったからである。焚書坑儒は、儒家に対する徹底的な弾圧であった。これによって、多くの儒学者が命を奪われ、教養経典の書が失われ散逸したが、生き残った儒学者の中に暗誦している者がいて書を再現している。皮肉なことに、これら記録書は、始皇と李斯《りし》による統一文字であった。

さらに付言すると、儒家の「礼」は法家の人為的に強いる「法」とは対立する概念である。ことに、「礼」は伝統的な色彩が濃い敬譲《けいじょう》の美徳を重んじる。しかし、「礼」とて規則（法）であることに変わりはない。つまり法的強制力に衣を着せて、それによって封建的身分制や家父長的権力を認めさせる役割を担わせていたことになろう。孔子が生活慣習の育んだ素朴で世俗的な信仰を認めたのは、国が庶衆（領民）によってこそ成り立つことを知っていたからである。もとより、儒学は庶衆のものではなく、字の読める階層（卿《けい》・大夫《たいふ》）が独占していた教えだ。祭政一致の原則を諸領土国家の王侯貴族に進言したのは、領民の立場に孔子自らの身を置いて考えることができたからにほかならない。

失政の果て

さて、さしもの秦帝国も始皇没後は、秋の夕べとなった。始皇亡き後は、帝国の執政も宦官の野心と謀略に明け暮れ、李斯も殺され、さしもの帝国も短命に終わる。秋の夕べはつるべ落としで、秦帝国の法による強権政治（体制）は瓦解《がかい》する。

瓦解劇の前座を務めたのは、陳勝《ちんしょう》と呉広《ごこう》という二人の人物である。この二人は、ともに河南省出身の農民で、帝国辺境の守備要員として役務の命が下ったのだが、大雨のために指命通りの着任日時に馳せ参じることができなくなった。指示通りの日時に遅れれば、斬罪が法の定めである。そこで、陳勝と呉広は、死を覚悟すれば恐れる者はいない、始皇とてただのヒトにすぎぬ、帝国打倒を決起しようではないか、と反逆に走る。二人は策をめぐらし、陳勝は始皇の長子・扶蘇《ふそ》、呉広は「楚」国の名将・項燕《こうえん》と、身分を偽り人心を欺《あざむ》く。法による過酷な圧制に不満を募らせていた庶衆は、二人の反乱計画に乗った。庶衆を糾合して数万の勢力を持つに至るが、所詮《しょせん》は烏合《うごう》の衆《しゅう》であった。組織された精鋭の秦軍に勝てるはずはなかったのである。その上、反乱軍内部で対立が起こり、あえなく壊滅してしまう。窮鼠《きゅうそ》猫をかむの試みは、わずか六カ月で幕を閉じた。時に、前二〇九年の「乱」であった。

しかし、この「陳勝・呉広の乱」が帝国崩壊に向けての序曲であり、起爆剤となったことは否めない。革命への機運は、この乱の決起にとどまらなかったのである。

この機運は、すでに各地で燎原《りょうげん》の火のように広がっていたのだ。革命の動気が大きなうねりとなって、秦体制へ迫っていく波動となった。この波動の中から、対照的な思考を持つ二人の人物が現れる。その名を、一人は項羽《こうう》といい、今一人は劉邦《りゅうほう》といった。

中央集権統治の条件

項羽は、戦国七雄の一つ「楚《そ》」に生まれ、武門の誉れ高い一族の家系に育ち、祖国を「秦」に亡ぼされたことに怨嗟《えんさ》を抱いていた人物である。長身で堂々たる体格に恵まれ、武芸に優れた勇士であった。この人物、陳勝・呉広の旗揚げに、時至れりと軍を組織し、秦の帝都・咸陽《かんよう》に向かう。

劉邦は、項羽と同じ「楚」の生まれだが、貧農の庶人である。秦の中央集権下あって、郡県の末端、沛《はい》という田舎町の亭長《ていちょう》（治安見廻役）を務めていた程度の人物で、始皇には憧れにも似た思いを持っていた。この劉邦に囚徒を集めて始皇の墓陵造営の任に就くよう命が下る。囚徒を引率し、咸陽の近郊にある現場に向かうが、脱走者が続出して収拾がつかなくなる。指示通りに、囚徒の数を揃えて現場に到着できなければ死罪と決まっている。途方に暮れた劉邦は、山沢に逃れて身を隠す羽目に陥ってしまう。この時を同じくして、反秦体制に向けての革命の火の手が上がったのである。これを知った劉邦は、直ちに沛に帰参し、上司で知友の蕭何《しょうか》と謀《たばか》って沛県の県令（長官）を殺害。もはや隠れようもない反逆児として、革命の前線に立つことになった。項羽の反乱軍に合流し、秦帝国打倒に向かう。

項羽と劉邦は、楚国の復興を願って旧楚の懐王の孫を推戴《すいたい》し、懐王《かいおう》と称させて盟主とし、これを革命の大義名分とした。懐王を中心に項羽と劉邦は秦国の本拠である咸陽攻略の作戦会議を開き、北方からは項羽、南方から劉邦がそれぞれの軍団を編成し、先陣を切って咸陽を制した者を国君（王）にする、との約定が結ばれる。国君（王）の権限は、懐王に代わって秦の支配領（全国）を改易し、新たに封土するナンバー2のそれである。

咸陽の北方攻めは、秦軍への正面攻撃となる。秦軍は、始皇亡き後の始皇二世・子嬰《しえい》（扶蘇《ふそ》の弟）の兵団とはいえ強敵である。北方からの攻めに入った項羽軍は苦戦を強いられ、なかなか咸陽に突入できない。劉邦軍は、南東方より侵攻し迂回路をとって陝西《せんせい》省中部の渭水《いすい》盆地に向かう。このルートは険しい自然に守られていて行軍に難渋するが、秦軍の組織的な反撃はない。間もなく咸陽東方側面に布陣して攻撃に入った。戦いは、我に利あらずと判断した秦王・子嬰の全面降伏で決着をみる。これに遅れて、項羽は秦の正面軍を破り咸陽に入ったが、劉邦に先陣をとられたわけだ。

武門の誇り高い項羽は、この事態にいたく傷つき口惜しさを顕《あらわ》にし、劉邦の功名を認めない。あまつさえ、項羽は丸腰となった子嬰を殺害する暴挙に走ってしまう。それだけではない。秦の宮廷（安《あ》房宮《ほうきゅう》）を焼き払い、墓陵を破壊し尽くしたのである。項羽の破壊行為は三カ月もの間、咸陽を火炎に包んだという。安房宮に保管されていた文物（地図、書籍、諸記録類）の多くは灰燼《かいじん》に帰し、周代以来の王室の遺産は失われてしまった。

他方、東方側面から攻撃に入った劉邦は、手抜かりなくコトを運んでいた。あたかも、項羽の暴挙を見透かしていたかのように、天下を制するための最重要書類を事前に手中に収めることを忘れていなかった。その重要書類とは、秦帝国の地図（地誌）である。薄木版や絹布、羊皮などに描かれた始皇による中央集権帝国の全版図をあますところなく記載してある地図だ。

知られざる地図の法力

劉邦には、過ぎたる部下が三人いた。後に三傑と評された張良《ちょうりょう》、韓信《かんしん》、蕭何《しょうか》である。劉邦は貧農の出自のために、教育に恵まれていなかった。知謀とは何か。用兵の妙は。兵理の要諦とは。これらに精通しているわけでなかったのである。しかし、人物の才能を見抜き、適材を適所に配する才覚は天分のそれであった。

三傑の一人、蕭何は、最前線に対する後方支援（兵站《へいたん》）に優れた才能を備えていた人物である。後方支援というのは、軍兵はもとより食糧をはじめ武器や武具等の物資を前線に滞りなく補給することだ。平たくいえば、軍兵の命綱（ライフライン）を確保する任務が兵站である。この仕事は、兵理に聡《さと》く地理に明るくなければ務まらない。つまり、地図の持つ戦略的重要性と、前線での彼我（敵・味方）の戦力比較を読み切るための的確な判断が要求される仕事である。物資の補給と前線現場の状況を正確に把握するためには、地図が重要な情報源となる。蕭何は、地図の持つ重要性を熟知していたのである。劉邦軍の咸陽攻撃に対し、秦軍の反撃は激しくなかった。つまり双方に多くの犠牲者は出ておらず、破壊行為（略奪）も過激ではなかった。このタイミングに間髪を入れず、秦帝国の心臓部である安房宮に進入したのが蕭何であった。狙いは、中央集権体制を可能にしていた地図と法律文書の奪取である。

蕭何の働きは、劉邦の意向を汲んでのことであった。これら地図をはじめとする重要書類は、項羽が咸陽に到着する直前に、劉邦が奪取した戦利品であった。しかし劉邦は、遅れて咸陽入りした項羽軍先陣の将・項伯《こうはく》（項羽の叔父）に対し、次のように語ったと伝えられている。

「私は関中（咸陽）に入って以来、何一つ私物化しておりません。ただ、官民の名簿を整備し府庫（安房宮の保管庫）を封印して、ひたすら項羽殿の入城をお待ち致していたのでございます」

劉邦は、「地図は頂きましたヨ」とは言わず、「官民の名簿を整理して」といって事実を明言していない。項羽はもとより、その軍臣や参謀にも劉邦の腹の内は読めなかったのである。劉邦に先を越されたことに心を奪われていた項羽は、秦帝国打倒後の建国為政のグランドデザインを描く余裕すら失っていた。この項羽の怨嗟《えんさ》は、劉邦暗殺計画へとエスカレートしていく。

ここでは割愛するが、司馬遷は『史記』（鴻門《こうもん》の会）の一項を設けて、失敗に終わった暗殺計画の顚《てん》末《まつ》を生々しく記述している。

項羽は、咸陽侵攻前に懐王、劉邦と取り交わした約定を破り、懐王を「義帝」として楚国のナンバー1に祭り上げ、自らは西楚の王位（ナンバー2）に就き、全国を八郡に分けて一族郎党に封土した。劉邦に対する処遇は、当時としては西方の辺地にあたる漢中（陝西《せんせい》省南部）と巴蜀《はしょく》（四川省）を分与するにとどまった。約定を無視し、劉邦を裏切ったのである。

しかし劉邦は、「漢王」の地位に甘んじ、忍に耐えて時期到来に備える。余談ながら、漢民族の呼称「漢」はこれによるもの、とされている。

項羽の独断と偏見に対し、「漢王」劉邦が裏切られた思いを募らせなかったとすれば嘘になろう。以降、劉邦と項羽の対立の構図が鮮明となった。両者は干戈《かんか》を交えて天下を競う。それは国益を重んじた楚漢《そかん》戦争というよりは、相反する両者の感性に権勢欲という名の情念が絡んだ戦いであった。項羽と劉邦の戦いは、五年間続いた。前二〇二年、劉邦の軍は項羽を垓下《がいか》（淮水中流域《わいすい》）に追い詰める。ここで項羽が自刃して決着するくだりも『史記』（垓下の戦い）に哀感を込めて描かれている。

天下を掌中に収めた劉邦は、始皇による厳格な法制度を大幅に緩和し、盗・殺・偽の三法を除いて原則自由とし、軍法、暦法、度量衡を整備。かくして漢王朝の統治体制が固められた。先に話した三傑(韓信《かんしん》、張良《ちょうりょう》、蕭何《しょうか》)が、それらの任に当たったことはいうまでもない。このほか、始皇時代(秦)に「焚書坑儒《ふんしょこうじゅ》」によって逸失していたはずの『詩経』『書経』が各地で発見された。これら書籍は、秦の法官の目を逃れて市井《しせい》に流出していたのである。

中央集権国家の基本的政策は、全国の地勢、戸籍人口の実態、各地の潜在的戦力の実態と特産物、そして地方ごとに異なる庶衆の価値観等々を把握することによって立案施行される。地誌・地図こそ、天下統一のための欠くべからざる情報源中の情報源である。始皇は、中央集権体制にとって不可欠の諸条件をすべて掌中に収めることで、権威と権勢を維持していたのだ。

さて、始皇によって中国全土は統一され、秦一族による中央集権国家が生まれた。この国家体制を受け継いだのが、劉一族である。もとより、劉（漢）は秦にとって異民族とは言い難い。漢民族の呼称は、秦代以降になってからのことだ。だから、この時代を一つの流れとしてとらえ、この政権交代の時期を秦・漢時代ともいう。

強国が弱小国を併合、あるいは征服し、巨大化していく果ては中央集権への道であった。百数十余の国々は、それぞれに国君を仰ぐ少数の官僚たちと、農民を主とする大多数の庶衆から成り立っている。異なる文化や言語、生活慣習はそれぞれ固有の存在感を持っていればこそである。これらの国々を、すべて整合的に統治するために不可欠なのが情報である。重要なその情報源は、先にも述べた地図である。

武勇と統率力に秀でた者でなければ、立身出世に立ち遅れる時潮にあっては、権力に頼る世襲貴族（血縁）の存在感は影が薄い。支配権の本質は、血縁より実力が重んじられることにある。これに加え、旧来の体制に慣れてしまった権威では、旧体制を維持することに汲々として、革新的なアイデアに欠落する。体制改革はままならないのである。これでは、実力派の権勢欲は抑止できない。権勢欲は、隣国や遠国など、他国を支配する方向に露呈され膨張していくのが常である。こうした権勢欲の具体的な「かたち」が武力なのだ。武力による国替えから、他国を支配下に置く方向へと、権勢という名の欲望はエスカレートしていく。

そこで、他国の領地を奪い取った征服者は、自らの専制を貫くために官僚と軍事力を組織する。官僚の組織化は、拡大した支配領域や農工商に勤《いそ》しむ庶衆を行政管理しなければならないからだ。支配下に置かれた庶衆は兵力（軍）にカウントされ、農工生産物の分配は支配者の裁量次第となる。この支配者が、全国に群雄する諸支配者（諸王侯）を制圧して、「皇帝」という称号の下で中原《ちゅうげん》（天原）に立つか、はたまた政治の失敗で内乱の憂《う》き目を見るか。それは、諸王侯の能力次第という「適者生存」（弱肉強食）の原則が決める。

弱国を併合あるいは武力支配できる強国は、版図《はんと》を拡大する。「版図を拡大」という意味が、統治領域の地「図」が拡大し、そこに群居する庶衆の戸籍「版」が増えることを示している所以《ゆえん》である。とりわけ、「地図」は農耕地の所在と収穫量（生産物）のほかに、他国（異民族）の侵攻に備える防御線の確定、軍兵の配置、武器や食糧の備蓄と補給ルートの設定、それに財政収入の源泉となる徴税など、経済・外交・軍事上の政策を立案する上での決定的な情報源なのである。

秦帝国の首都「咸陽」攻撃の先陣争いでは、項羽軍に先んじて劉邦軍が進攻し、始皇以来の重要書類、とりわけ地図を押収したことは先に述べた。始皇の手元には、全支配地域（全国）の地図・地誌が集中されていた。だからこそ、帝都（咸陽）にあって、始皇の指先一本で天下を法治することができたのである。全国支配の要諦は、実に、地図を入手し、これを読むことにあった。

始皇の地位を得るために、秦国の王・政《せい》（後の始皇）は地図の入手に命がけで事に臨んでいる。「命がけ」といったのは、秦王（政）暗殺計画に地図が一役かっていたからだ。秦王「政」暗殺計画は未遂に終わったが、その顛末を『史記』（刺客列伝）と戦国時代に記述された「戦国策」（燕《えん》）から素描してみよう。

地図に絡んだ暗殺計画

春秋戦国の時世は、諸国の文物往来はもとより、上下貴賤にかかわりなく人物往来も華やかであった。「昨日の友は今日の敵」といったことが、日常的な人間関係でもあったのである。

燕国の太子・丹《たん》は、秦の政と幼なじみであったが、時潮は二人を対立する関係に追いやった。太子・丹は、秦・燕対立の狭間《はざま》にあって秦国の人質となったのである。人質といっても国を代表する太子である。秦国としても、丹の処遇には礼を尽くすのが作法というものだ。しかし、政は丹を無作法に処遇したため、丹は不満を募らせ祖国「燕」に逃げ帰ってしまう。政と丹の中は決定的となり、お互いに命を狙いあう関係となるまでに溝は深くなった。

しかし、燕が秦に正面から立ち向かい、干戈を交えて決着をつけるには国力（軍事力）に欠けていた。飛ぶ鳥を射落とす勢いの秦国の敵ではなかったのである。そこで太子・丹は、権謀術数の一策、刺客を放って政の一命を奪い、秦国内の混乱を狙う。秦王・政暗殺計画が練られることになったのだ。秦王・政に近づくための条件は、並大抵のことでは満たされない。格別の申し立てがなければ、政に接見する機会を得ることすらかなわない。しかも、必殺の技《わざ》に長けた人物を差し向けなければコト（暗殺）は成就しない。

秦王・政の暗殺計画は綿密に練られた。何はともあれ、刺客の人選が先決である。刺客は、剣の達人である上に、政に接見できる風格と品性を備えた人物でなければならない。この条件を満たす人物として選ばれた男は、その名を荊軻《けいか》といった。荊軻は、「衛《えい》」国の出身で天才的な剣技の持ち主というだけでなく、書に親しむ優れた文人でもあった。太子・丹は意を尽くし、心を開いて荊軻に暗殺計画の全容を打ち明け、宰相クラスの処遇をもって計画の実行を依頼する。丹の熱意に絆《ほだ》された荊軻は、丹と共に実行計画を立てた。

実行計画第一の要諦は「地図」を利用することであった。秦国に恭順の意を表するためには、燕国で最も肥沃な「督亢《とくこう》」の地を政に献上することである。そのことの証《あかし》に詳細な「督亢の地図」を持参し、荊軻自らが政に謁見《えっけん》しこれを手渡す。これだけで政に接見するには十分なはずだが、念には念を入れた。督亢図のほかに、秦・燕関係悪化の今一つの原因を除く策を用いることであった。

今一つの原因というのは、かつて秦国軍の将軍であった樊《はん》のことである。樊は、秦軍の将軍職にあって勇名を馳せていたが、秦王・政による法の締めつけと強引な為政を嫌って燕国に亡命していたのだ。この亡命は、政にとって裏切り行為であった。政が機密漏洩を危惧していたにもかかわらず、丹は将軍・樊を保護し手厚く扱っていたからである。事の次第を丹に打ち明けられた樊は、自らの命に代えて政に一矢報いることができるのであれば、自らの首を持参することを潔《いさぎよ》しとして自刃する。このようにして、地図の外に亡命将軍・樊の首が添えられた。

暗殺の凶器として用意されていたのは、匕首《あいくち》である。丹は、「趙《ちょう》」国の在人で除夫人《じょふじん》という著名な刀剣の匠《たくみ》が錬《きた》えた匕首を、破格の高値で入手する。この匕首は、銅剣ではなく鉄剣であったと考えられる。当時の主力武器は銅製のものと見なすのが通説だが、考古学上、一部鉄剣が使用されていたと指摘する史家は少なくない。鉄製の刀剣は、銅に比べ数倍の強度と殺傷力を持っていることはいうまでもあるまい。

目的は政を暗殺すること。手段は鉄剣。この目的と手段に地図、それに将軍の首が準備された。

荊軻が、件《くだん》の匕首を仕込んだのは地図「督亢」一巻の中である。「督亢の地」が地図とともに手に入る。この燕国の申し出に秦王・政はことのほか喜び、礼装して燕の太子・丹の使者（荊軻）を宮廷殿上に招き入れることにした。招き入れたといっても、殿上に立ち入る者は、刀剣はおろか寸鉄をもその身に携えることは許されない。殿下に侍《はべ》る群臣は帯刀を許されているが、政の勅命が下らなければ殿上には上がれない。それが、秦の宮廷内における掟（法）であった。

政は、荊軻を自らの座居から段下五間《けん》（約九メートル）に跪《ひざまず》かせ、侍官を促せて声をかけた。

「地図をここ元へ」

荊軻は地図を取り出し、頭上に掲げて献上。侍官がこれを受け、政の手元に取り次ぐ。政は地図一巻を紐《ひも》解き、燕国の沃地「督亢」の地図に視線を落とした。この地図が、竹・木簡に記されたものか、あるいは絹・羊皮に描かれていたものか定かではない。ただ、確かなことは地図一巻の軸芯に除夫人（刀剣の匠）が錬えた業物（匕首）が仕込んであったことである。

政が地図を一覧し開き切ったとき、そこに抜き身の匕首が鋭い光を放っていた。

「こ、これは……」

と政が驚きと戸惑いを見せた一瞬、荊軻の長身が猿《ましら》のように五間の間合いを跳んで政の眼前に迫っていた。

荊軻は、左手で政の右肩をつかみ、目にもとまらぬ素早さで右手に匕首を取るやいなや必殺の突きを放った。政にとって幸運なことに、荊軻にとって不運なことに、シッカリと捕らえたはずの政の肩袖がちぎれ、荊軻の左手が泳いだ。袖がちぎれて荊軻の軸足がバランスを崩したのだ。右必殺の突きが、計らずも身を引く姿勢になった政の眼前で、空を切ってキラリと光った……。しかし、荊軻は政に抜刀《ばっとう》のスキを与えず、矢継ぎ早に匕首を繰り出す。政も剣技では歴戦の手練《てだれ》であるが、反《そ》りのない当時の長剣は、殿中のような限られた場所で抜刀するには長すぎた。その上、虚を突かれ、さすがの政も慌てていた。柱を盾に荊軻の匕首を避けるのが精一杯の防ぎであった。殿上に居並ぶ従臣はもとより、殿下の群臣も仰天して総立ちとなる。

突然の出来事で、政は群臣を殿上に呼ぶ勅命を下せないのだ。政自らが定めた法が、政自身の命を拘束する皮肉な事態が起きていた。荊軻は容赦なく政に襲いかかっていく。もはや政もこれまでと思われたとき、従臣の中に侍医の夏無且《かむしょ》という者がいて、持参の薬のうを荊軻に投げつけた。荊軻の動きが一瞬ひるんだ。このとき、侍臣の一人が叫んだ。

「殿、剣を背に！」

政は、剣を背にして抜刀し、抜きざまに荊軻の左股を斬《き》った。荊軻の動きは止まった。最早やこれまでと、匕首を政に向けて投げる。匕首は、虚しく乾いた音をたてて床に落ちた。無念を込めた投げであった。左足から床に倒れた荊軻に、政は斬突の剣を浴びせること八度に及ぶ。柱に身を寄せた荊軻は、不敵な微笑を浮かべ最後の言葉を残した。
「不覚であった」と。

Ⅲ　絵と作図と「一目方格」と

始皇帝が命がけで手に入れた督亢《とくこう》の地図だけが、地図の重要性を物語るわけではない。それよりはるか以前の殷《いん》代よりも、さらに昔から現代に至って、なお地図は重要な意味を持つ。漢字の成り立ちが「図像」にあり、「絵画的」であることを考えれば、文字以前に地図のあったことは容易に理解されることだ。

中国史上初期の地図として現存するのは、前四世紀の中山王墓《ちゅうざんおうぼ》の青銅版「兆窆図《ちょうへんず》」、前二世紀の馬王堆漢墓《まおうたいかんぼ》から出土した「西漢初期長沙侯国南部地図」で、前者は陵墓の平面設計図、後者は山川《さんせん》を模式的に平面化した河川流路の地図である。さらに時代を下ると、西安碑林《ひりん》の「禹跡図《うせきず》」と「華夷図《かいず》」（いずれも西暦一一三六年）がある。また、地図に関する最古の記録は『晋書』（裴秀伝《はいしゅうでん》）に見られる。『晋書』によれば、裴秀（西暦二二四―二七一年）が「禹貢《うこう》地域図」「地域方丈図」を作成したとしている。裴秀は「魏」の貴族。地理学者で、司馬昭に重用され、「禹貢地域図」とその縮小図「方丈図」を作り、中国地図学の祖としてその名をとどめている。いうまでもないが、記録に残された時点がコトの始めを示すのではない。記録されているということは、それ以前に記録すべき事柄として周知されていたからだ。

食欲、睡眠、性欲などは議論の余地もない人性本能だが、自己の生活に必須な居住周辺の広がりや、自然のありさまを頭（脳裏）に描き、それを平面（壁、木版、地面など）に写す能力も本能と考えてよい。原始人類の頃から、文字や言葉より以前に、ヒトが集団化していく過程で、その脳裏に絵地図を描く感知本能が働いていたと判断してよいだろう。

地図は、地上空間（三次元）のありさまを平面（二次元）に描いたもの、自然の変化とともに描き変えられていく文物の一つである。では、天空はどうか。天動説に従えば、東方より太陽が昇り、やがて西方に沈む。日没後に人々の視野に入ってくるのは、夜空（天空）である。夜空は、星が瞬《またた》き月が輝く。星月は、雲に見え隠れする。昼夜を問わず、雲水は天空の変化である。旱魃《かんばつ》や洪水などの生命を脅かす天変地異という極端な現象を解明するための努力は、民族集団の死活の問題を解決する目的があってのことだ。古代人の感知本能は、英知の方向に赴《おもむ》くのである。原始古代の人々は経験と感知本能の働きで、天と地が相関感応しているのではないか、と思案した。

では、この相関感応から天変地異を予知する手段としてどのような基準（尺度）を考案したであろうか。一つには占星であり、二つに亀甲占いであった。中央（天元、つまりゼロ次元空間）がなければ、前後（一次元空間）はなく、左右（二次元空間）もない。上下という三次元空間も天元を定めての話である。これが後に述べる、予知判断の基準であった。

占星術が、サイコロの「出たの目勝負」という、偶然性に頼る手段から現世（当時の）での未来予測の手掛かりを得るための手段として用いられるようになったのは、惑星の運行や恒星の位置がかなり正確に観測されるようになってからだ。気象の変化（四季と農産物の収穫）、王朝の栄枯盛衰の繰り返されるパターンが予測の拠り所となることを知ったのである。春夏秋冬がヒトの生涯に、樹木の移ろいが王朝の盛衰に、つまりは「歴史」が後の世への鏡となって映し出されていることに着目するようになっていく。

中国史上、占星術が呪術的思考レベルから半歩抜け出したと思われる時代は、紀元前四世紀頃、つまり戦国時代末期とするのが通説である。しかし周初殷末では、周の武王が殷攻撃に際して卜占《ぼくせん》に成否を問うた、と伝えられている。これは前十世紀頃のことだが、その卜占の掛《け》は「凶」と出たという。それにもかかわらず、武王は紂《ちゅう》王討つべしと決断し、函谷関《かんこくかん》を越えて東に進撃したのである。このときの卜占が亀甲占いであったか、占星であったかは定かではない。

しかし、一人武王によらず、占いの掛《け》の確率がそれほど高率ではないことを、経験的に承知していたであろうことは想像に難くない。世界史上、まれにみる高度な文明社会を構築した漢民族であればなおさらのことだ。神からのメッセージを待つよりも、ヒト自ら状況を判断し決断することの方が、目的を達成することにかなっている。この心理からのシグナルに従って行動に走る。それが、天界は天界、人界は人界のこととして歩を進めた人類史の足跡であろう。

天地は広大、物事は膨大、わが身の安否は予測できぬのが、今も昔も変わらぬヒトの世の常である。先見の明は、古代人にのみ求められた能力ではない。中国の社会に限ったことではないが、集団を指導する者は優れて先見性に富む能力を備えていなければならない。もっとも、先見性が評価されるのは結果が出てからのことではあるが。

ただ、古代の指導的立場にある者たち（為政者）にとって、将来を見通す能力の因って来《きた》るところを、科学的論理にしたがって庶衆に説明することなどできる相談ではなかった。農耕狩猟に日々追われていた庶衆には、等しく文字を読み、論理的思考を展開させるための教育を受ける時間もなかったからである。そこで論理的思考は信仰に、文字は特権階級の呪術技法に姿を変えたまま、自然(神)と対峙することが、現実的なモノの考え方であり見方となっていた。指導者はその言動に呪術性を持たせ、天変地異という自然現象を信仰という衣に着せたまま、為政に臨んでいたのだ。迷信に限りなく近い信仰を内容とし、呪術性の濃い文字という記号法を形式として、一つの「基準」（モノの考え方）が生まれていった。陰陽五行の思想がそれである。

自然科学への挑戦

陰陽が漠然とした理念であっても、論理性を持たないわけではない。集団社会を導く地位階級の者たちは、「基準」を一般化するために、陰陽（五行）に基本的な論理の道筋を与えようと試みた。大気(天空)を六気に分けて、陰・陽・風・雨・晦《かい》・明とし、陰と陽は「寒」と「暑」、晦・明は「日陰」と「日向《ひなた》」を表現する「気」とした。この陰陽の変化（六気の消長《しょうちょう》）に、五行（木・火・土・金・水）

の循環を組み合わせて、宇宙自然の構造を説明しようとしたのである。

天体（宇宙）の変化に論理性を与えて説明した人物の名は、鄒衍《すうえん》（前三五〇年頃）である。戦国時代の真っただ中にあって、鄒衍は宇宙に体系的解釈（後述）を求めた自然科学者の一人といってよい。しかし、時世が時世であった。多くの知識人のもっぱらの関心事は、他国との領地争奪に明け暮れる諸王侯の意向に添い、栄達を望むことにあった。諸王侯の地位は信仰という衣を着服していて、王位は天意（王権神授）を受けた者とする思想の大いなる時潮の流れにあったからだ。

あいまいなモノの考え方が常識となっていた時世に、その常識に論理的説明を与えようとする試みは「理屈《りくつ》」以外の何ものでもなかっただろう。鄒衍の学説は、俗世の勢いに埋もれてしまったようだ。しかし、天と地（と人）とが相関感応する、と信じて疑わなかったことは確かなことだ。


現代でも、大気圏と地球環境は渾然一体となって、人類に多大な影響を及ぼしている。地球温暖化問題（天）や環境ホルモン問題（地）など人為（人）でなくて何であろうか。もっとも、宇宙は大気圏外の太陽系、さらには銀河系と無限に広がっている。天空（天体）を宇宙（大気圏外）とするか、大気圏内にとどめるかで天地人の相関感応の解釈も異なることになる。しかし、いかなる論理的体系であれ科学技術であれ、人類の生命と財産に無関係な事柄に論拠を求めての話であれば、それは不毛な論理といえるだろう。

地図のいろいろ

古代中国の自然哲学として、陰陽五行説を引き合いに出したのはほかでもない。この説が二十一世紀の日常的生活の中で、強《したた》かに生きているからである。この思想哲学の考え方の特徴は、自然のメカニズムと人間生活のリズムを調和させる点にある。陰陽の思想と五行は、それぞれ別個に芽生えたヒトの感知本能を論説したものだが、根本的には宇宙自然のメカニズムに着目した点で同じなのだ。陰陽と五行が共鳴し融合され、論説の輪郭が見えてきたのは、今を去る二千五百年ほど昔の春秋戦国時代である。この論説は、戦乱の世に秩序を与えるための諸説（儒家、道家、法家など）の一つとして一派をなした。この一派を称して「陰陽家」といっている。

陰陽五行説は、やがて太陽・月・五惑星による占星術と整合されていく。太陽と月はとにかく、五惑星の中でも木星が重要視された。この木星が、ほぼ十二年で全天空を一周することから、天空を十二等分。この十二等分のどこに惑星が来るかによって地上での出来事を予測しようとしたのである。天空の十二等分を地上に照合させ、地上を十二等分して、それぞれの分野（地上）に在る諸王侯国の命運を占った。つまり、地図と天文図による相関一致が行われていたのだ。

司馬遷は『史記』（秦始皇本紀）で、次のように記述している。

「始皇の三十六年（前二一一年）、火星がサソリ座に止まって動かなかった。凶兆である。東都に流星が落下して石となった。その石に、文字を刻み印した者がいた。〝始皇死して地分かたる〟と」

国家存亡の行方が天空と地上の動静にあるとする考え方は、天文図と地図の照合相関を前提として成り立つ。地上の国土面に天空が投写されて、天と地の相関で将来を読もうとした。当時、人知の及ぶ範囲は地上である。地上の面積的広がりを等身大の視野に収めることはできる。しかし、視野に収まらぬ以遠の地を脳裏に描くためには「地図」に頼らなければならない。始皇が樹立した統一国家の領域は広範囲に及び、一片や一巻の竹簡・木簡に収められる版図《はんと》ではない。支配圏域が拡大すればするほど、地図は多種を極め膨大な部数となっていく。帝国の興亡が、天空と地上の相関にあって、天文図と地図が重要な働きをしたわけである。

時代の移《うつ》ろいとともに人の価値観（モノの見方、考え方）が変わるように、地図も変わる。地図は、その地図が描かれたとき（時代）の価値観を表現しているのである。地図は、雄弁な文字（記録）に相応する表現力を持っている。だから、地図は「見る」のではなく、「読む」モノなのだ。さて、それでは本能的表現としての地図について、その始源は奈辺《なへん》にあっただろうか。

農耕栽培生活の営みが定着する以前の人類は、狩猟採取によるその日暮らしの生活をしていた。両手を使える人類は、足で移動し、手にした得物《えもの》（道具）で野獣を捕り、樹木の果実を食う生きモノである。果実や根菜は、採り尽くせば次の実りを待たなければならない。野獣はヒトよりも敏捷《びんしょう》で、強暴な生きモノだから、ヒトを襲い犠牲者も出る。狩猟採取の生活は、安住はもとより定住をも約束してくれない。安全を守りつつ、獲物を求めてヒトは移動を余儀なくされる。

この意味では、遊牧の生活も狩猟採取と大同小異である。遊牧は、文字通り季節ごとに移動することなしには成り立たない。食と衣を満たすために、どこへ行けばよいか。どこで獲物が得られたか。その所在を記憶し記録しておくことが生活設計の基本となるのである。その記録は、方向と地勢を示す絵図であった。この絵図こそ、一家や集団が生き続けるための生命線を描いたモノであった。絵図は、岸壁や地面、木片などに記され、一家や集団の行動指針として、その役割を担っていたのである。行動指針の拠り所となったのは、昼間時は地上の自然が示す特性、夜間は天空に輝く北極星であった。

指針という意味では、今日においても絵図の重要性は何ら損なわれることがない。例えば、登山口や旅先での地域案内図、町村の要所やJRなどの駅に設けられている案内図、そして車両に備えられたナビゲーターを例に挙げれば、特別な解説は必要あるまい。この絵図が、「絵」抜きの山川《さんせん》のみを示したものであれば、それが「地」図である。いずれも平面的（二次元空間）で表現されることに変わりはない。

つまり、絵図や地図はヒト集団を取り巻く環境空間（自然と文物）を、「図」によって表現しているのである。表現を換えれば、「図」は言語に代替し文字に直結しているということだ。だから、記号や符号を使用して図を「読み」やすくしている。しかし、人手によって表現された図は、必ずしも空間を生々しく、末永く正確に伝えてくれるわけではない。時の経過とともに変化する自然はもとより、人工構築物などその姿かたちが普遍であるはずもない。「図」という平面上に描く文字代替の情報伝達の手段は、決して自然環境や文物を昔のままに、今日に示し伝えてくれる代物ではないのである。

地図に秘められた超能力

秦帝国などに代表される古代王国（王朝国家）といっても、その版図は王権の及ぶ限りの地理的領域であった。言い換えれば、地理的な意味での遠近の問題であり、王権保持者の血縁的な結束の及ぶ限りの範囲であり、それより以遠は不透明で統治力の及ばぬ世界であった。国王の権威と権限は、中央から遠くなれば遠くなるほど、求心力が失われていく性格のものだ。国としての境界は、他民族集団と接触し衝突するか、あるいは相互に妥協する辺境が国境といえば国境といえる程度までの領域であろう。そこで問題になるのは、等身大から一目《もく》百里の彼方をどのように規定し、いかようにして支配力の及ぶ範囲を定めるか、ということになる。

国家の領有する国土的な広がりとは無関係な遊牧の民や行商の民にとって、平面上を「線引き」することで国権保持者の領域が定められれば、これらの民は線引きされた線上（国際）での存在となってしまう。いずれの国に属するかなどとは無縁な生活を営んでいる遊牧民や行商民は、いずれかの国に帰属する存在としてカウントされる。そうでなければ、国籍不明の民となって国際社会から疎外されてしまう。社会集団や社会関係のあり方が、この線引きされた「面」によって強制的に帰属が決められることになるのである。

このように、面上の線の前後左右（二次元社会）のいずれかに属することで生活様式や文化的規範が人為的（法的）に変えられる。前後左右といったのは上下（三次元）という空間が欠けているということを強調したかったからだ。

さてそこで、線を引いて区画する作為は何のためか。囲碁盤に示されている十九路（タテとヨコ線）

もさることながら、地球を経線（タテ）と緯線（ヨコ）で網の目のネットに包み込んだ、まさにその「経緯」とは何かが問題であろう。

地図は、あくまで三次元空間を可視化したものだが、空間という三次元（上下）と歴史という時間次元を視点に入れたものではない。だから、無限の広がりを示す「天」と一目百里の「地」が相互に感応していると考えるには、あまりにも観念的で具体性に欠ける。国王や皇帝の去就《きょしゅう》や国の命運、国威を示す祭祀のタイミングが、天の時、人の和、地の利という三拍子揃った現実的な問題と重大なかかわりを持っているのである。とすれば、天地相関の思想が観念的な思考のままでは役立たない。

天変が、地上のどこに異をもたらすのか。あるいは地異がいかなる天変に感応しているのか。天と地の異変部分を特定できるノウハウ（基準）を考案しなければならない理由が、そこにあった。それが天文図と地図を重ね合わせることで、部位特定ができると思い至るのに時間はかからなかったであろう。

地図は、球体の大地を平面に投写することで作成されている。だから、地図を読み解するにあたっては、この球（三次元空間）と平（二次元空間）の差を埋め繋げる解像力が必要になる。例えば、卵（茹《ゆ》で卵）の殻を剥《は》いで、剥ぎ目を平面（平らな板）の上に置き並べても方形の面に収めることはできない。卵の殻では、嵌《は》め絵のような仕上がりは不可能ということである。

そこで、卵の変わり果てた殼姿から、元の球体の卵姿を想像し、脳裏に描く能力が必要になる。しかし、大地が球体という三次元空間であっても、等身大の肉眼による視野からの遠望では、あくまでも二次元（平面）である。その限りでは、地図は紛れもなく日常生活の所要を満たし、現実的に応じてくれる。問題は、地球規模で地図を読まなければならないときに起こる、と考えるだけで十分だろう。

とはいえ先述の通り、東洋人はもとより人種に区別なく、ヒトには感知本能が備わっている。本質的には、大地が球体であることを実証したイタリア人クリストファ・コロンブス（一四五一―一五〇六年）なる人物も、このコロンブスより千二百年も昔（三世紀）に「禹貢《うこう》地域図」（方丈図）という地図を作成した漢族の裴秀《はいしゅう》（既述）なる人物も、前者が行動力、後者が企画力を発揮し、ともに感知本能を具現化したことに変わりはないのである。コロンブスは卵を脳裏に描き、裴秀は卵殻を嵌め絵にすることを意図した、と言い換えてもよい。

感知本能に西洋人や東洋人の違いはないが、コロンブスと裴秀の実績から、二つの異なった基準が生まれていたことがわかる。大地が球体であることから、ヨーロッパでは十五世紀末に「経緯度」の基準が生まれ、方丈図の作成技法「一目方格」のそれが古代中国に生まれていたこと、がその証《あかし》である。

作図の基準

〈コロンブスの行動力〉

コロンブスは未知の大陸への漂着（一四九二年）で、史上にその名をとどめている人物である。未知の大陸は、その後「アメリカ」と呼ばれて今日に至っているが、コロンブスの漂着は、それにもまして重要な視点を全人類に提供する一里塚となった。この人物の行動力によって、東西南北という方向だけの概念が変容したのである。概念の変容といったのは、二次元的発想から三次元的なそれへの変化のことだ。

中世（十一―十六世紀）のヨーロッパは、確たる国家概念などなく、宗教（キリスト教）が支配する世界であった。つまり、キリスト教徒に非ざれば人に非ずという、宗教共同体的な集団社会であった。しかし、神（イエス・キリスト）を信仰することだけで、衣食が満たされるわけではない。生活に富裕を求め、至便性を追求する情念の原動力となるのが、宗教の持つ今一つの側面であろう。

この時代のキリスト教徒によって組織された教会には、信仰を軸にして富裕と至便性を求める機運が強くなっていた。というのは、このキリスト教集団に対し、軍事的・文化的に優勢なアラビア人を中核とするイスラムという宗教共同体が、一大勢力を誇っていたことに刺激されたからだ。東方の彼方にある中国やインドとの交易や商取引などは、すべてイスラムに抑えられていて、キリスト教会の意のままにならない世俗的な問題があった。キリスト教徒にとって、中国の陶器や茶、その他の文物、インドの豊かな農産物（スパイス類）の自由な入手は望むべくもなかったのである。

イスラムは地中海東部とペルシャ湾を中心に、小型のダウと呼ばれる帆船を使い中国やインドの文物との取引を意のままにし、キリスト教徒の立ち入る余地を与えなかった。キリスト教もイスラムも、古代ユダヤ教に始源を持っているが、イスラムは七世紀頃にアラビア半島のメッカとメディーナ、そして東地中海地方のエルサレムを聖地として生まれた宗教思想である。イスラムより六百年以前にエルサレムで生まれたキリスト教からみれば、イスラムは新興宗教以外の何ものでもない。このイスラムの手を経ずして、中国やインドとの自由で豊かさをもたらす交流を実現するのが、キリスト教会の願望であった。その夢を現実のものとする発端を拓《ひら》いたのが、コロンブスその人なのである。

コロンブスが、イスラム勢力の中央を突破してインドや中国に直接進出せず、東へ行くには西から行けばよいと信じたのは、大地は球体と考えてのことだ。しかし、大地が球体、と考えたのはコロンブスのヒラメキではない。コロンブスより二千年以上昔に、ギリシャ人のピタゴラス（前六世紀）やアリストテレス（前四世紀）といった天才たちが「大地は球体」と喝破していたし、同ピアテス（前四世紀）などはタテ線（南北）とヨコ線（東西）を基準にして地図をも作成している。紀元二世紀（つまりピタゴラスより八百年後）には、プトレマイオス（ギリシャ）が地理書『アルマゲスト』を著し、カナリア諸島を通るタテ線を標準に、アイスランドを北端に、南端をサハラ砂漠までとした世界地図を作成している。

このようなギリシャ科学（哲学）の事跡は、信仰一辺倒のキリスト神学では受け入れられず、紀元十一世紀頃から数百年にわたってキリスト教軍団（十字軍）をエルサレムに送り出し、イスラム打倒に余念がなかったのである。キリスト教神学が描いた世界地図（十三世紀末）は、大地は円形（平面）で中心にエルサレム（聖地）があり、当時に知り得た領域がこのエルサレムを中心に据えたものだ。この地図から東方に「楽園」が位置していて、東洋に対する憧れがそのままに表現されていると読めるのである。

イスラム（アラブ）は利《り》に聡《さと》く、ギリシャ科学を学びながら、大地が球体であるなどとは無関係にこれを巧みに利用した。十字軍とイスラムとの戦いを通じてギリシャ科学の本質に気づいたのは、イスラムの直接的影響を受けていた地中海と大西洋に面しているイベリア半島のキリスト教徒である。

東へ行くには西からでも行ける。だから、そのために長期の航海に耐え得る大型帆船が必要、と考えたのもコロンブスのアイデアではなかった。

イベリア半島の西海岸（大西洋側）に沿って細長い地勢を持った人口二百万ほど（当時）の地域は、ローマ帝国の支配力を受け継いだポルタス・ケールなる人物によって拓かれた土地である。この地域は、地中海より大西洋に生活の糧があった。いわば、政治的な意味でイスラム勢力の希薄な空間であり、キリスト神学の強い影響を受けるでもない地方であった。ポルタス・ケールの名はポルトケールとなり、国名ポルトガルと呼ばれるようになって今日に至っているのだが、国土の辺境が海岸線と背後が山脈という地勢から、十五世紀の半ば頃には国としてまとまり、同イベリア半島に王権を持って地域を治めていたアラゴンやカステリア地方とは異なった価値観を抱いていた。

その価値観とは、西方に広がる茫洋《ぼうよう》たる大海原の彼方への好奇心からのものであった。海洋の繋がりからノルマン（イギリス）との交流があり、ローマ（イタリア）とのかかわりから有能な混血児エンリケが出て、海への好奇心は具体的な姿を現す。外洋を長期間航行できる大型帆船の建造が、その具体的な姿を描く絵筆であった。エンリケはポルトガル国の王子として生まれたが、その才能は豊かで、外洋帆船建造を目的に、民族、人種、宗教を問わず広範な分野から人材を集めて研究所（ザクレス）を設立。中国の大型帆船やイスラムのダウ船の航海術を取り入れて、カラベル型と呼ばれる帆船を建造する。この頃には、キリスト教を信奉するアラゴンとカステリア地方が合併して人口八百万のスペイン王国が生まれている。コロンブスは、このスペインを代表して航海に出た。

スペインにしても、ポルトガルにしても、キリスト教徒の集団に変わりはない。イスラムに対抗するための団結は強いものがあった。コロンブスは、キリスト教会の支援とスペインの国力を借りて、大《おお》海原《うなばら》へと帆を張ることができたのである。帆船は、エンリケの開発したカラベル型三隻である。スペインの財力、ポルトガルの技術、そしてコロンブスの行動力が外洋への船出を実現させ、大地が球体であることを実証したわけだ。

コロンブスの行動力によって証明された大地が球形であることの事実は、後に重要な問題を提起する。重要な問題とは、国境の問題である。ポルトガルもスペインも国として独自の統治を行うために国境を定めていた。だから、それぞれの国益を優先することが、民意に応える当局の務めということになる。このようなことから、球体証明の実績は、両国を対立関係に巻き込む次第となっていく。

キリスト教徒に非ざれば人に非ず、とする世界観ではキリスト教不在の世界は新天地ということになる。球体上の未知の陸域の領有権は先着順で主張できる、とするのが当然のこととされたのである。そこでスペインとポルトガルとの間で、地球上の陸域争奪合戦が始まる。それは、キリスト教会内部の支配権争いに発展することは自明であった。しかし、先着順で未知の陸域の領有権を決めるにしても、スペインとポルトガルが先陣を競って鉢合わせになれば、流血の惨事となりかねない。たとえ、新天地の領有権を認める権限が、ローマ教皇（教会組織の最高位）の胸三寸にあったとしてもだ。

そこで、時のローマ教皇アレクサンドル六世は、スペインとポルトガル双方の新地争奪を調整するために、一策を案じた。その策とは、両勢力の南西洋上にあるベルデ岬諸島約五百キロの漠然とした沖合に観念的な海域を想定し、この海域と南北を結ぶタテの線を基準（境界）とすることであった。これを基準にして、西方への航海権と新地の領有権をスペインに、東方のそれをポルトガルに認可する旨公布したのである。スペインとポルトガルは、この公布に従って一四九四年六月七日協定を締結した。この協定を「トルデシアス協定」という。

このようにして、コロンブスの未開地への漂着から、わずか二年後にしてキリスト教徒の間で独善的協定が結ばれた。さらにわかりやすく言うなら、大地が球体であることが明らかになったことで、教会（アレクサンドル六世）は北極と南極を結ぶタテ線を引き、地球を東西に分けたということ。そして、これに赤道（太陽に最も近い地表面帯）をヨコ線と定めれば、地球は南北（子午線）と東西（赤道と平行する線）のタテ・ヨコが決まり、球体の図像が出来上がるということだ。コロンブスの行動力による外洋への処女航海を発端に、卵（地球）のタテ（南北経線）とヨコ（赤道との平行線）にそれぞれ大円（円周）が線引きされたのである。

トルデシアス協定は、人口八百万余のスペイン（ポルトガル二百万）とポルトガル双方の王族婚姻によって有名無実化し、「太陽の没するところなき大国」スペインが地球上に君臨したことは周知の通りである。

一六〇〇年代の後半に入って、キリスト教の経典『聖書』の解釈をめぐって教徒間に対立が起こり、新たな解釈（マルチン・ルターを中心とする）に基づくキリスト教（プロテスタント派）が一派をなして勢力を得る。従来のカトリック教会派のスペインは、プロテスタント派とカトリック派の対立抗争（宗教戦争）の矢面に立ち、勢いを得たイギリスをはじめとするプロテスタント派諸国によって新地領有権（植民地）と航海権を奪われていく。一五八八年に、スペインの誇る「無敵艦隊」がイギリス海軍の快速帆船による洋上ゲリラ戦法で壊滅すると、イギリスが世界の檜舞台に現れ、「七つの海を支配する大国」となって主役が代わった。

イギリス（ロンドン郊外グリニッジ天文台）を通る経線（タテ）を半径として、東と西をそれぞれ東経、西経に分け、この経線の裏側の半円で描かれる線を「日付変更線」と定め、赤道（ヨコ）を〇度とし、両極（南北タテ）までを九〇度と定めた。これは一八八四年の国際協定によって標準とされたが、工業化の進展の弊害（公害）のためロンドン郊外での観測が困難となり、拠点をハーストモンソに移す。それでも駄目で、一九七〇年代にはスペインのカナリア諸島に移動。本部はケンブリッジ大学の一画にあるが、天文台はスペイン（ラ・パルマ）に置き現在に至っている。全世界がこれに準拠して年月日を刻んでいるのが現在の国際社会である。

〈裴秀《はいしゅう》の企画力〉

諸葛孔明《しょかつこうめい》（蜀《しょく》）と司馬懿《しばい》（魏《ぎ》）が五丈原で戦って間もなく、魏国の軍事官僚で後に晋国を建てたのは司馬昭《しばしょう》だが、この晋《しん》国に仕えた地理担当の役人に裴秀《はいしゅう》（二二四―二七一年）という人物がいたことはすでに述べた。この裴秀が、その企画力によって地図作成の準則を定めている。

裴秀の定めた製図法は、カトリック教会派の武装集団イエズス会が布教の目的で中国（明朝）に派遣（一五八二年）したマテオ・リッチという宣教師から、地球を平面図化したヨーロッパ製図法が伝わるまで、漢民族の伝統として受け継がれていた作図法だ。

ちなみに、紀元前一世紀（中国では漢帝国が誕生した頃）のローマ帝国では、シーザ皇帝がローマ帝国の版図を示す地図の作成を意図し、アウグストスが将軍アグリッパに命じて測量を実行させている。この測量は、大地を球体とした概念からではなく、ローマ帝国の平面的広がり（版図）を描く目的で行われたもので、里程標《りていひょう》を基本とする「歩測」によったものだ。この視点からすれば、漢帝国の諸皇帝が脳裏に描いた製作意図と変わるところはない。

準則を定めた裴秀の製図法は、図法として三世紀の頃に集大成されたもので、不文律のまま中国史数千年の伝統に準拠した、と考えてよいだろう。

イエズス会から派遣された宣教師マテオ・リッチが、明《みん》代の中国での布教に向かった頃、呉承恩《ごしょうおん》（一五八二年没）が長編小説『西遊記』を著している。

この小説（演義）は、唐代初（七世紀）の三蔵法師玄奘《げんじょう》（六〇二―六六四年）による西天取経の旅（六二九―六四五年）を筆材とした奇想天外のフィクション物語であることはあまりにも有名である。大地が球体であることは、呉承恩の生きた時代よりも九十年ほど昔に明らかにされていた事実だが、その著書『西遊記』に大地は球形とする一筆もない。

十三―十四世紀頃の中国本土はモンゴル族の支配下（元朝《げんちょう》）にあって、その版図は地中海の北東地域から東ヨーロッパに及び、東洋と西洋の交流が盛んであった。マルコ・ポーロの『東方見聞録』で、フビライ皇帝の中国元朝の隆盛は広く西洋（ヨーロッパ）に伝播《でんぱ》され、ヨーロッパ人（キリスト教徒）の羨望《せんぼう》の的となっていたのである。

コロンブスをはじめ、キリスト教徒が中国やインドとの直接交流に思案をめぐらせたのは、イスラムの壁をいかに突破するかにあった。しかし「大地は球形」の事実は、イスラムにも中華漢族にも無縁であったようだ。無縁を無関心と言い換えてもよい。大地が球形であろうが平面であろうが、漢族やイスラムにとっては、現実的に何の不都合もなかったからである。

〈「一目方格」の原則〉

裴秀《はいしゅう》が「禹貢《うこう》地域図」や「地域方丈図」を作成したことは既述の通りである。「禹貢地域図」というのは、中国史では、殷《いん》代以前の王朝「夏《か》」の建国の父とされる禹《う》が、洪水を治めて天下を九州に分かち、貢賦《こうふ》（税）を定めたことを記した「地理書」（『書経』）の一編に示された図である。

漢民族は大地を平面と見なしていたため、球体を線引きした経緯線に代えて、東西、南北を示す「方《ほう》格《かく》」を地図作成上の基本としていた。基本とした準則の第一は、等身大からの見通し（眺望《ちょうぼう》）が及ぶ距離である。「方格」の「方」は、左右に柄《え》の張り出した鋤《すき》を描いた象形文字で、直線（⇄）状に伸びることを示す。また「格」は、本来が「組み合わせ」「木を四角に組んだもの」を示す規則、基準の意味である。裴秀は、目測と歩測に基づく方格法による手法で製図し、東西南北の方格を基本に分率（縮尺）、準望（方位）、道里（距離）、高下（高低）、方邪・迂直（道路曲直）を定めている。いずれにせよ、等身大の「眺望距離」（一目《もく》百里）が大原則であったわけだ。「目《もく》」は「要《かなめ》」、分類した細部の意味である。先に述べた馬王堆《まおうたい》（長沙）の漢墓から出土した紀元前二世紀の「地形図」は一目方格に則《のっと》り、河川の表示や、集落を記号化している諸点から見て、現代の地図と比べその精度においてほとんど差異がない、と専門家は評価している。

「コロンブスの卵」は、卵はタマゴでもタマゴ違いの説であること。また、裴秀の製図法は、方格法は方格法だが、極め付きの「一目《いちもく》百里」のそれであった。注目したいのはこの「一目百里」による面積のとり方である。「一目《いちもく》」の目は、銀座一丁目、日本橋三丁目の「目」で面の広がりを示す起点となっていた。つまり、測量面積の単位を示している。ここに碁盤の目（交点）の持つ意味を知ることができるのである。

面積の範囲が狭い場合、等身大の高さからする視野では地球の球面は平面になる。等身大では得られない視野、例えば日本全図とか中国全図となると問題は別である。繰り返すようだが、地球の「丸み」を考慮すると距離、面積、角度など平面化できない問題を抱え込むことになるからだ。

大地が球状であろうがなかろうが、これに何ら現実的な不都合を感じることのなかった漢民族は、球面座標である経緯線の代わりに、東西・南北の直線を座標にして図面化、それで現実的な要務に応えていた。言い換えれば、漢民族の土地観では、中華太原（中央）と狄夷戎蛮（周辺）を区分して天と地の照応をもっぱらの関心事とし、東西南北の果てに思いを致していなかった、ということでもある。

〈『西遊記』にみる一目方格〉

漢民族が、世界を東西南北の土地観で理解していたことは、呉承恩の小説『西遊記』に如実に示されている。もとより奇書と評されているほどの著作である。しかし、当時（十六世紀末）はもとより、現代の読者を興味津々と惹きつけた魅力は、同世代のモノの考え方に大きな落差があっては色あせてしまう。物語が当時の常識から並外れた筋運びであっても、主人公が理解や想像を越えた言行に及んでも、大衆がこれを受け入れたのは、それを抵抗なく受容する思想的背景があってのことだろう。少しばかり筆を加え、お馴染み『西遊記』の一部分（第七話）を今一度読んでみよう。

孫悟空は、須菩提《しゅ》祖師（仙人）のもとで修行に励んだ。祖師は、悟空に觔斗雲《きんとうん》の術を伝授して次のように言った。「およそ雲に乗る者は、夜明けに北海を出て東海・西海・南海に遊んだのち、蒼梧《そうご》（南方の丘）に転ずる。……四海の外を一日で廻る。その一廻り一周が雲に乗るというものなのだ」と。

数々の術を身に付けた悟空は、術にモノをいわせて天宮（宇宙）で勝手気ままに振る舞う始末。これに手を焼いた玉皇上帝は釈迦《しゃか》如来（ブッダ）に悟空の乱業を戒めるよう願い出る次第となった。釈迦如来に呼び出された悟空は、觔斗雲を踏んで御前に降り立った。

「……この世の王位は人から人よ。強いが勝ちの世の中だろう。天宮の御座をわしに譲ってはどうか」と、鼻をヒクヒクさせながら悟空は言った。如来は、もの静かに悟空を戒めて、

「かけだしの人名を借る畜生が、何んでそのような大言を吐く。そのままでは捨ておかぬぞ」と。悟空は、胸を張って答えた。

「長いこと修行したからといって、いつまでも居（御座）すわるのはよくないぜ。ことわざにも言うじゃないか〝帝の位はまわり持ち、年が明けたらわしの番〟ってナ」

如来は笑みを浮かべながら、再び問うた。

「何の取り得をもって、天宮を統治できると申すか」

「おいらは七十二技の変化術を心得ていて不老不死。觔斗雲に乗れば、十万八千里はひとっ飛びの天才さ」。得たりとばかり、悟空は答えた。

「さようか。では、試しに一仕事やってみせよ。わたしのこの右手のひらから飛び出せたら、天宮はおまえに委ねよう。さもなくば、下界に戻してもとの妖怪にとどめおく。よいかな」

こう言って如来は右手を広げた。

如来の手のひらにスックと立った悟空は、「如来さまは馬鹿なお方だ。この手のひらは周囲が一尺もない。オレさまは一度とんぼ返りをすれば十万八千里。飛び出せぬ道理がないわい」と身を躍らせ觔斗雲に乗り、一気に翔《と》んだ。翔行のほどもなく、悟空の前方に五本の柱が天空を支えているかのように見えてきた。如来の手のひらから遠く離れて、天空に至ったと考えた悟空は、「ここで行き止まりだ。もはや天宮はオレさまのもの。何か記して証拠にしておこう」と、猿毛の一本を抜いて大筆に変え、五本の柱の中央の一本に「斉天大聖到至一游（悟空ひとたびここに至る）」と書き、コトのついでとばかりにもう一本の柱の根元にオシッコをひっかけた。

再び觔斗雲に乗り、如来の手のひらに舞い戻った悟空は自慢げに如来に伝えた。「手のひらの中など論外よ。天空を翔《と》んで今戻ったヨ。さあ、約束通り天宮の御座を頂こうか」とうそぶいたのだ。如来は一喝した。「この小便臭い猿めが。術のほどが聞いてあきれる。お前は、わたしの手のひらから一寸たりとも出ておらぬ。シッカと下を向いてみよ」

悟空は、あっけに取られながらも如来の示す方に目を向けた。そこは、如来の中指で「斉天大聖到至一游」とあり、さらに親指の付け根に猿の小便の臭いがあった。悟空は、慌てた。そして、その場を飛び出して逃げようとしたが、如来は手のひらを返して悟空をドンとひと突き。五本の指を木・火・土・金・水の五連山に変えて「五行山」と名付け、そこに悟空を閉じ込めてしまった。

『西遊記』が刊行出版されたのは十八世紀末（明代《みん》）で、イエズス会の宣教師マテオ・リッチが「東西南北は球体の系」であるコトを漢民族に伝えて約百年を経てからだ。奇想天外のフィクション『西遊記』で主人公の一人、孫悟空が十万八千里を飛んで「ざっと地球を十週も回ってきたぜ」と如来にうそぶいてみせたとしても、物語には何ら支障はないだろう。唐代での十万八千里は、「長安」からインド「天竺《てんじく》」までの距離と考えられていたことによるが、須菩提祖師（仙人）の言で読めるように、天空は東西南北を結んだ「円」状にあり、地上は四角な方形と理解されている。

さらに、宇宙自然の摂理を釈迦如来に擬人化し、森羅万象の支配者に位置づけていること。また、「五行山」（木・火・土・金・水）を引用して、五行説の思想が俗世の末端に及んでいること。不老不死の思想等々、が読み取れるのである。

標高や距離、東西南北という方格、緯度平行線や経度子午線などは、ヒトが社会（世界）を共有するために定めた取り決めである。自然界には方向も距離も、ましてや経緯度など何もありはしない。何が「科学的」で客観的なのか。それは、人為の取り決め（法的な定め）であって、本質的には「抽象的」概念なのである。始皇の度量衡はもとより、経緯度や東西南北は自然界には無縁であって、必ずしも具体的で顕示的なモノではない。人為の取り決めをもってルールとして社会（世界）的に秩序を与えているだけである。

囲碁盤にみる中華思想

〈外見と形式〉

囲碁にルールがあり、「定石」と呼ばれる型があるように、地図作成に際しても経緯線の取り決めがあり、「一目百里」の原則があった。囲碁の目数は十九路盤の交点で示される三百六十一目。この三百六十一目をめぐって、黒白を競うのが囲碁というゲームだが、このゲームに親しむには他の盤上ゲームと格別に異なる点に注目しなければならない。それは、偶然性に委ねることが極度に除かれていることのほかに、形而上（抽象的な）の思考が要求されることである。それは、天文学的な数値に及ぶ多彩なゲーム展開が繰り広げられるからでもあろう。

なぜそのようなゲームとなったか。賢明な読者はすでにお気づきのことと思われるが、囲碁十九路盤の解明に併せて、「球と面」の一致についての話を進めてみよう。そこに、中華思想の源流が見られるからである。

人類にとって最も身近で最も遠い球体は、いうまでもなく地球である。しかし、この地球は完全な球体ではない。具体的にいうと、胴回り（赤道全周約四万七十五キロメートル）と上下回り（子午線全周約四万八キロメートル）を比べると、胴回りの方が六十七キロメートルほど長い。六十七キロメートルは、JR東海道線で測って、日本橋（東京）から茅ケ崎（湘南）あたりまでの距離に相当する。上下回りを子午線と呼ぶのは、十二支の始点「子」（シ）と中間の「午」（ゴ）のことで、これを十進法で分割（縦割り）した線を経度子午線と称している。この子午線に対し、赤道を零度《ゼロ》として東西に横切（輪切り）したのを緯度平行線といっている。平行線というのは、赤道に平行しているということである。

地球は、子午線（南北）を軸にして時計とは逆回りにコマ振り自転しているから、平行線上では時差が生じるわけだ。同一の子午線上では時差はない。しかし、子午線も平行線も円周で三六〇度、いずれも十九本の線に分けられる。平行線には赤道を加え、子午線には南北に引かれる垂直線（タテ軸線）を加えてそれぞれが十九本となる。この経度子午線と緯度平行線を、それぞれタテとヨコにして描くと十九路の網目の中に球体の大地が収まる。十九本と十九本の線が三百六十一の交点となって碁盤の目となるのである。球（三次元空間）を面（二次元空間）に置き換えると、そのようになることがおわかりだろう。中央の点が球体の核芯で、ここが天元となる。球体の核芯は、高熱（六千度以上）で燃焼し磁場を生み、太陽と照応し、公転と自転の絶対エナジーとなっていることは言を改めるまでもあるまい。

南北に十九路、東西に十九路、天元は地球の核芯となる一点。これが囲碁十九路盤で示される地球表面の全容である。

〈内容と経緯〉

ところで先にも少し触れたが、経度の「経」の意味は、「筋道」のことで「筋を通す」と同義である。不変を示し、公平に治めることをいう。

緯度の「緯」は、ヨコ「東西」の方向を示し、「筋道を通す」といった意味はない。ただ、「経緯」（タテとヨコ）となってモノの考え方や見方を定めている。つまり、秩序を整える基準という意味である。だから、十九路盤の交点は経緯を定めていることになり、囲碁の場合では、ひとたび着石すると動かしてはならない。

さて、天空に観測される規則性や不規則性が、地上のそれに相関すると考えた古代人は、天地感応を読む基準として地図と天文図の一致を試みた。しかし、天空は「円」、地上を「方」と見なしていたために、地上の「方形」と天空の「円形」を照合させるために天空を方形に投写させる必要があった。それはそれぞれ十九本の線を引いて三百六十一交点を求めることから始められたわけではない。頭初は四―五本の線による路盤から、そして九本の路盤へと、今日から見れば、ただ単に概念的な輪郭を描くだけの手法で、天と地の照応を試みたことだろう。地図の成り立ちには、文字の誕生前夜からの人類の歩みがあったように、天地が相関するという考え方にも同様な思考経路があったと考えられるからである。

さて、二十一世紀初頭の今日《こんにち》、囲碁十九路盤の起源について、世界最大の組織力を持つ日本棋院から、あるいはインターネットなどを利用して国際レベルで情報収集してみても、結論としては「不明」である。しかし、一応「次のように解釈されるのではないか」という。以下、この解釈の要点を転写して参考に供しておく。

「囲碁が創始されたときに、碁盤が何路だったかははっきりしません。中国の古い文献によると、西暦紀元前何百年か前までは、十七路だったといいます。実際十七路盤は、中国の遺跡から発掘されてもいます。唐の時代の一時期には、十八路盤もあったようです。ただし、十七路盤より少ない十六路盤や十五路盤となると、あったともなかったともいえません。碁盤が十九路になったのは、やはり唐の時代らしく、路数は暦から来ています。つまり、十九かける十九は三百六十一。一を万物の起源の数として除くと、残りは三百六十。三百六十は、当時の暦では一年の日数でした。三百六十を四分すると九十。碁盤の一隅九十目ずつは春夏秋冬の九十日に当たります。辺の目数は十八かける四で七十二。七十二も、暦に関係があります。古い暦では五日を一侯、六侯を一カ月としました。一年は、六侯かける十二で、七十二侯になります。碁は、〝時〟を表す縦横十九路の線を〝地〟に繋がる方形の盤に描き、その交点に〝天〟に繋がる円形の石を置くことで、『時間と空間を統合』します」

文面の用語や表現の揚げ足を取って講釈に及ぶのも大人げないというものだが、以上を読んで「なるほど」と納得できた読者はおられまい。

予測のノウハウ

「一目百里」より以遠は無限と考え、目視できぬ彼方を手元で知るために地図が作成された。大地は球形と感知し、蛮勇《ばんゆう》を奮って大海に帆を張ったコロンブスの行動力が東西南北の系を実証し、これによって地球の有体を知り、有限の世界観が生まれたのである。地図に示される無限の広がりを世界観としたのも、「大地は球体」と知った有限のそれも、ともに感知本能の所産であろう。

感知本能は、ヒトに固有の欲求と、未知の世界への好奇心によって始動する。これについて、人種民族の区別はない。異なる発想であっても根本は同じ、つまり一致するのである。そうでなければ、地図はモノの役に立たない。それが人類の足跡であって、平面思考（二次元）と立体思考（三次元）のいずれが上位概念であるかは、問題ではない。次元の区分は、共通の理解と価値観を共有するためにヒトが定めた約束事（ルール）の一つなのである。

生きとし生けるモノすべて（悉皆《しっかい》）が時間と空間に存在していることなど、感知本能の背後に潜む生態だろう。しかし、直線的な思考では、有限な球体が営む有機的な相互作用のありさまを、起承転結としてとらえるにはいささか不足であろう。表現を変えれば、一地点から西に向かって一方的に進めば、東の方から同一地点に帰着して転結となる着想が「得られない」ということだ。

「得られない」と強調したのは、宇宙は無限であると考えられるからである。二次元的思考にしても三次元的思考にしても、それが感知本能という同位に根ざすものだから、マクロ（大局的）には異差は出ない。ただ、三次元的な思考の方が、有限の空間で起承転結の体系が得られやすいといえる。一例を挙げれば、生命の源である日照と降水がもたらす現象がそれだ。大気や水（地殻下のマントルも含め）は、過熱すれば対流が起こる。熱を加えれば、浮力が生まれ上昇（隆起）する。

その対流現象のメカニズムを知ることによって、ある程度気象を予知し、あるいは海流を利用する手立てとなる。「ある程度」と付言したのは、起承転結の系がこれらの現象に対して、完璧に応じられるわけではない点を指摘したかったためだ。

二十一世紀の今日において、人類の英知がもたらした科学技術の粋を総動員しても、台風やエルニーニョ現象による被害等々に、全くといってよいほど打つ手がないからである。自然界の諸現象を予知することは、不可能なことなのである。太古から、自然の変化をいかに読み取るかが全人類的命題なのだ。日蝕や月蝕に不安感を募らせることはなくなった。とはいえ、竜巻、津波、洪水や旱魃《かんばつ》、地震や火山の噴火におののきながら、予測もできず積極的な抜本対応が立てられないのも、古代から現代に至るまで、本質的に変わるところがないのである。とはいえ、未来予測の手掛かりを得るために、三次元的思考を柔軟に駆使し、自然現象の因果関係を理論的に解明することが無駄な仕事といっているわけではない。

〈「占い」は予測手段〉

さて、地図と天文図の照応が課題であった。中国古代における二つの図の照合はどのようになされたのか。古代の占星術は、今日でいう「占い」ではなく、未来予測のための現実的（当時の）な手段であったことを確かめておこう。

自然のメカニズムを知覚したヒトは、暦《こよみ》ができることに気づいた。占星術は、天文学の入り口に立った体系的な科学であった。しかし、その術数（技法）は、天体の動きや星の運行の規則性への追究から外れて、世俗文化の一つとして扱われてしまったようである。宇宙（天体）の運行は、大気圏外（無重力）のメカニズムであり、宇宙空間での営みである。これを「天（宇宙）と地と人」を一体とした関係でとらえようとした思考に無理があった。地と人の生存は大気圏内の生態であるからである。ただし、宇宙メカニズムの根源である太陽（陽）と月（陰）の周期だけに限れば「天地人」の思想に誤りはない。

紀元前二〇〇〇年の当時、未来予測のための手段としていた中国の「占い」は、亀甲占いによるものが主流をなしていた。天体についての情報が十分に集積されてなかったからだろう。しかし、現代において人工衛星（気象・軍事・通信等）を大気圏外に打ち上げ、さらにはレーダーを備えて地球上の自然を観測しつつ、未来予測の手段としていることと本質的に変わっていない。二十一世紀、現代の科学の粋《すい》とされる予測手段も、数千年後では「児戯《じぎ》」と見なされてしまうかもしれないからである。これは、数千年後まで人類が生き残っている、としての話だ。

「占い」も「児戯」も大同小異である。天変地異や国の命運などを予測しようと努力した古代人の仕事を、「卜占《ぼくせん》」「占星」と一笑に付すわけにはいくまい。

中国の「占い」といえば卜筮《ぼくぜい》が思い浮かぶが、「殷《いん》」王朝以前「夏《か》」王朝の頃から久しく、甲骨を使った卜占が行われていた。甲骨占いと呼ばれるこの「占い」は、亀甲や動物の骨に火を当ててできる裂け目や割れ目によって、特定の日の吉凶（行動指針とする）を予測する手法であった。どうして亀甲を使ったかは後に述べるが、当時としては最新のテクニックで、直観力に才を示す学識経験者でなければできる仕事ではなかった。だから、夏・殷の時代にあって、この卜占術は部族集団の指導者、つまり王侯貴族によって考案された独占専有のテクニックであり、国の先行きや王自身の去就を予測するためのものであったのである。

〈「占い」と暦〉

庶衆の頂点に立つ皇帝（王）は、天下に「時《とき》」を知らせるのが重要な職務であり、責務であった。それは、権威を誇示し農耕畜産に勤《いそ》しませるための発令（時令）となって示されたものである。「時」は、ヒトの意思や努力にかかわりなく、流れる。その「時」を測り定めて区分し、日々農作業に勤しむ庶衆の指針として知らしめることが、皇帝（王）が皇帝たることの最大の存在意義であった。「時」を区分することは、暦をつくることである。暦というのは、一日を単位として、星霜《せいそう》の時の流れに年・月・日を定め数える体系のことだ。時の流れに節目を設けて、庶衆はもとより、皇帝（王）自らの生活にリズムを付与することが目的であった。

時を仕切り区分する基準になっているのは、自然の営みから知覚された周期的な循環である。この周期性から、翌日のこと、先々のことが予測できるようになる。明日の天気は晴れか雨か、三十日後の気候はどうなのか、などと観測して予定を立てることができるようになるわけだ。その予定が、予測通りの結果に繋がれば問題はない。問題は、その予測の当否にある。この当否を予測するために行われるのが「占い」である。日々の生活は、昼夜（陰陽）を重ねて生きることだが、「明日の生活」や将来に不安があるというのであれば、それは不幸なことだろう。

食衣に不安がなくなれば、住の在り処や苦楽の深浅、出処進退など行動予定の可否が不安のタネになる。そこで、とりあえず「明日はどうか」を予測してみる。吉か凶か、是か非かをあらかじめ知っておきたいという心理を満たすために行われるのが「占い」の本質である。吉凶や是非は、国の命運、戦《いくさ》の勝敗、皇帝の健康、為政の日程にかかわってくる。理想と現実の一致が実現されるかどうか、「暦」

という時の区分はできても、ヒトの情念や感性にまでは及ばないのが暦の限界というものだ。しかし、この限界に挑むことが行われたのである。

やがて、暦に吉兆（是非）を記入するようになった。「占い」によって得られた将来予測を備忘録《びぼうろく》（暦註）として暦に取り込んでいったのだ。周の時代に入って間もなく春秋戦国時代の乱世となり、下剋上が罷《まか》り通って身分制度が崩壊してくると、この備忘録の付いた暦が庶世の窓となっていったのである。その当時の時潮については、これまでに概説した通りである。帝王学であった暦の作成手法や「占い」の術数、つまり国家機密やその予測手法（術数）が市井《しせい》に流れ出て、庶衆の目にとまり手に触れることができるようになったのだ。暦は、単に農作業の手順を中心にした時の区分としてだけではなく、将来予測の基準としての機能を持つことが庶衆に知られるようになったのである。

さて、その「暦」についてだが、太古の中国の暦法は一年を三百六十五日余とする太陰太陽暦を作成することに基本をおいたものであった。この暦法は、日蝕・月蝕のみならず、星座や惑星の位置の計算方法を含むものであったことが、甲骨文（殷墟）で明らかにされている。それによると、年月日を十干と十二支を組み合わせた六十干支からなる周期で読む技法を用いている。十干は、草木（植物）が種子から成長し、再び種子に回帰する植物ライフサイクルを示したもので、十二支は月々の農作業と収穫までの手順を示したものだ。十干は十、十二支は三十日ほどで一巡する「月」の変化を「時《とき》」で計る単位としたものだが、それぞれに意味（表意あるいは会意）を含む数詞でもあった。

十二支の文字は、動物名とは本来無関係なのだが、庶衆の理解が末端に及ぶにつれ、ネズミ、ウシ、トラ等々となったようである。春夏秋冬の周期循環（太陽年）と月の満朔（満月と新月）の繰り返しを感知したことから十二支ができたので、もともとは月々の名称である。これが数詞と同じ働きを持ったのは、至極当然なことといえるだろう。この十干と十二支が実用化されるようになったのは「夏」王朝が建国（紀元前二〇七〇年）されたころと考えられている。さらに、十干と十二支が組み合わされて六十干支として用いられるようになったのが「周」王朝末期以降である。

「年」の区分は、太陽の運行（冬至と夏至など）からと、月の変化からはじき出されている。三十日ほどで循環する月を、太陽年（約三百六十五日）に合致するよう調整した暦であった。この調整のための算出手順と根拠については、『中国占星術の世界』（橋本敬造著）や『暦と占いの科学』（永田久著）に詳説してあるので、ここでは割愛する。

この十干と十二支の組み合わせからなる「暦」に、陰陽論と五行思想が絡んで、別の意味が加えられるようになる。別の意味とは、神秘性を持った概念が生まれたということである。自然の移り変わりの世界に、「時《とき》」を区分する手法を用いたままでは科学する感知本能の働きとして、大いに評価できる。この自然に対する客観的なモノの見方に、世俗的なモノの考え方による解釈が加味されて、漢民族の世界観が特定されたようである。

「天」一体の働きから得た暦と、農作業という現実的な「地」への働きかけが渾然一体となって、自然現象の分析（暦）は信仰へと昇華され、そして一部は迷信へと踏み込んでしまう。

Ⅳ　天と地と人と

青葉繁り、枝も撓《たわわ》に実を結ぶ果物を生む樹「木」は、原始古代人にとっても必須の食料源であった。その樹木も、時とともに葉を落とし、また枯れ木となって地に積もる。「火」が熱（エナジー）を持っていることを知っていたヒトは、枯れ木や落ち葉を燃やし、小動物や魚介類を加熱し食用に供し生命を保った。燃料となった枯木や枯葉は、その姿かたちを失い、微量と化して大「地」に同化還元されていく。土地を生活の足場として、居住空間を整えていく過程で、地中から発掘される「金」属や石類に注目したのも同じ時代のことだ。この金属石類が、時に温度差から「水」滴をもたらす現象にも気づいていた。水は、生命の源であり、天空からの降水と太陽のもたらす日照が果実を生み、生きとし生きるモノの元始であると感知していたのである。

しかし太陽は、時に熱暑をもたらし旱魃《かんばつ》を招きながらも、やがて地平線の彼方にその姿を没す。この時を境に、東の彼方から雲間に見え隠れする月と共に数々の星が瞬きはじめる。明から暗に空間は変転する。暗は、月の光の中であっても冷涼を運ぶ。野獣から身を守り、寒には風を避け火を用いて暖を、暑には日射を避け涼を求める試行錯誤を繰り返す。このような経験と、思索する感知本能の赴くままの生活に、目に見えぬ大「気」の働きを覚えたことだろう。時として大木を倒し、「空」からの降水が洪水となり、一族の生命を奪う「気」の存在に重大な関心を持ったのである。このような自然の営みを感知しながらもヒトは、家族を育み、一族を集め、やがて民族としての集団社会を形成していく。

生きとし生きるモノのすべてが、目視できぬ「気」に満ちた空間にあることを知った。死者の肉体は時を経るとともに消滅し、骨は土の部分となり、両手で抱えきれないほどの枯れ木や落ち葉は火によって一握の灰となる。器に入れた生命の源となる水も、熱で流体を失って空となる。古代人は、このようにして、木《もく》・火《か》・土《ど》・金《こん》・水《すい》の五行序列の循環を周期としてとらえ、それに生活のリズムを合わせることが明日の生命を約束してくれると信じた。同時に、水は火を消し、木は金属石類（斧やなた）で切り倒されるなどの対立関係（相克《そうこく》）にあることも覚えた。五行の序列が乱れると生活のリズムにも亀裂が生じる、と素朴に信じていたのである。元始のヒトが、太陽と星月、自然の営みに周期性を感知し、それが「気」とともにあると信じたのを、現代人とて非科学的とろう断することはできまい。

陰陽と五行は、よく知られた中国（漢民族）の思想である。これらは、元始の人々が等しく抱いた価値観であった。いまだ記録する方法を思いつかなかった頃の人々の心象風景は、世代の移ろいとともに風化し、形骸化し、残影化されていく。この心象風景は、やがて絵画や文字によって記録され、後代の人々に継がれるようになる。必然的に、記録は凝縮した形態をとる。語彙《ごい》が不足な原初の人界では、伝承をそのままに記録することが種（民族）を繋ぐための必須の条件であった。そのためには、雄弁な絵文字を選び残すことから始めなければならない。今様にいえば、多くの研究者が携わった結果による発明や発見であっても、多数の研究者を代表して所長や、プロジェクトリーダーの名前だけ残すのと同じことである。その雄弁な絵文字とは、言い換えれば、象徴つまりシンボルである。起承転結に至るまでの各論を裾野にして、各項から節に、そして各章にまとめられ、さらに収斂《しゅうれん》されて起承転結の「結」が総論を代表する一語で表示される。それが「シンボル」というものだ。シンボルは「キーワード」と呼び換えてもよい。その文字通り、各論と総論からなる全体を解く一本のカギとなっているのである。

伝承の記録には、凝縮されて象徴化されたシンボルワードの定めが必要となる理由がそこにあろう。逆にいえば、伝承、口伝の類は埒《らち》もない創り話（神話）と見なされる危険性をはらんでいるということだ。シンボルだけでは、本来の意味内容から外れて、さまざまに解釈される余地を残してしまうからである。

中国史は、三皇時代から入り五帝時代と続くのが学界の定説となっている。三皇は、三国時代（三世紀）以降に五帝の先史物語としてまとめられた「神話」、と史家は伝える。その三皇とは、伏羲《ふっき》・女媧《じょか》・神農《しんのう》を示し、狩猟、漁労、農耕、医薬、調理、予測の術数（テクニック）など生活の基礎をもたらしたとされる人物たちのことである。これらの人物を、史的記録ができなかった時代の口承、伝説上のシンボルと見なすこともできるだろう。

この三皇の中でも伏羲などは、上半身がヒトで下半身が蛇《へび》となっている。このような姿の人物（？）

が存在することなどあり得ないが、伝承口伝でヒト集団が形成されていた頃の話しであることに思いを致す必要があろう。伝承をそのままに絵にすると、奇想天外な姿となるのは当然のことだ。しかし、今日においても「強面《こわもて》の面構えをしているが、心は羊のように優しい人だ」「身体《からだ》は小さいが、走らせれば鹿の如く速い脚《あし》を持っている人だ」「人の皮を被ったケダモノだ」等々の比喩的表現はよく使われる。

感性と情念の赴くままの素朴な古代人は、特定のヒトを表現するときに、共通の理解に頼って、野獣やその他の生物を連想し比喩的に語り伝えることが行われていた、と考えられる。

伝承にしたがってシンボルをそのままに絵に描けば、そこに奇々怪々な生物が姿を表すということだ。シンボルワードは多岐な解釈を誘う。その多岐な解釈の結果が「神話」と見なされることになるのである。神話が、史実を離れて伝承されることはない。

陰陽思想

中国最古の三皇の一人として伝承されているのは、伏羲である。この王が、太陽照光と星月夜の変化に着目し、二進法による「変化の書」（後述）を著し、これらに生活の基準を据えることを唱えたらしい。これを基準とした考え方に基づいて、一つの思想を定着させたのが「周」の文王といわれている。今から三千年以上も昔に輪郭を現した陰陽の思想がこれである。この思想は、天地万物は陰《かげ》と陽《ひなた》からなっていて、この二つにして一つが変化し、宇宙元始の混沌状態から分化したとする二元論といってよいだろう。

陰陽は、やがて四季（四時）を生じさせ、さらに陰陽の二から三に分化して創造されたのが悉皆《しっかい》万物である、というのがその論旨である。この万物の中にあって、ヒトの心（精神）は天の気で「陽」、身体（肉体）は地の気で「陰」と解釈し、生死の「生」は精神と肉体の結合したモノで、この結合の分離が「死」である、と説く。ヒト（と万物）は陰陽の狭間《はざま》にあって、星霜（時間）の流れの中で世代交代する。この世代交代の現実を体験することで、陰陽に同化し、一体となると考えたようだ。陰陽の空間的な対立一体と、交代継続という時間的な原理原則を体得することで「天」と「地」の狭間にヒトとしての存在を得る、という考え方である。この思想の根底には親から子へ、そして孫へとヒトの生命が連鎖していく、という考え方のあることも窺われよう。

この思想は、「陽」の熱気は火を生じ、その精なるものが太陽、「陰」の寒気は水を生じ、その精なるものが月。そして、太陽とともにあって溢れ出た「気」が星々を生んだ、と展開していく。あたかも、キリスト教が「神と子と精霊の御名において……」と説く三位一体《さんみいったい》のそれ、の如くにである。漢民族が伝える三皇は、陰陽とその分化の三。五帝は五行を示し、陰陽五行思想の根幹となっていった。

五行と魔方陣と九星

陰陽の思想に五行を導入し、陰陽五行思想が生まれた。この思想は紀元前四世紀初、既述の通り、戦国時代の渦中に頭角を表した鄒衍《すうえん》（前三〇五—前二四〇年）によって体系化され、漢民族の価値観に多大な影響を及ぼして今日に至っている。鄒衍は、陰陽の二元論に加え宇宙空間に惑い動く五つの星を結び付け、現世の実態を説明する原則として理論化したのである。その説くところは、万物は五行の循環、結合そして消長を繰り返すことによって生み出される。陰陽五行は、無限に変化する天と地と人の因果関係を解明するカギであり原理である、というものだ。

この五行説は拡大解釈され、具体的なモノにとどまらず、抽象的な方位や色彩に及ぶ。方位としては、東・西・南・北の四方に中央を据えて納め、色彩では青（碧）・赤・黄・白・黒を配分したのである。それだけではない。五行の配当は、人体の五臓、度量衡の五則（コンパス、ハカリ、スミナワ、定規、分銅）、そして豊穣《ほうじょう》の五穀に及んだ。


五行説の元祖は、五帝の三代目にあたる顓頊《せんぎょく》という伝承もあるが、五代目の舜《しゅん》から禹《う》に政権が禅譲《ぜんじょう》された折、禹がヒラメキを得て五行を為政の要諦《ようてい》とした、というのが有力な説となっている。

舜の意向に従って洛水《らくすい》（河川名）の洪水を治めた禹は、後に「夏《か》」を建国（前二〇七〇年）しているが、禹が治水に成功したとき、河辺から這い上がってきた一匹の亀《かめ》の甲羅《こうら》を見て着想を得た、というのが五行思想の根幹を生むモメンタムであったという。亀の甲羅の中央部分に「五」という紋様のあることに気づき、国治のための五原則を習得したというものだ。

禹が定めた五行は「木曲直・火炎上・土稼穡《かしょく》・金従革・水潤下」である。「木」は、曲直に変化し、その果実は酸。「火」は、燃え上がって焦げ、煙たく苦。「土」は、草木を茂らせ種を生み、その味は甘。「金」属は変体自由で、水を帯びて辛。「水」は、土地を潤し穀物を育て、集めて川となり海に入って塩となる。禹は、「木火土金水」（辛苦甘酸塩）をアメとムチに使い分け、調和を重んじて倫理道徳

五行の配分

	木	火	土	金	水
星	歳星	熒惑	塡星	太白	辰星
方位	東	南	中央	西	北
季節	春	夏	土用	秋	冬
色彩	青	赤	黄	白	黒
味覚	酸	苦	甘	辛	鹹
臓	肝	心	脾	肺	腎
十干	甲・乙	丙・丁	戊・己	庚・辛	壬・癸
十二干	寅・卯	巳・午	辰・未 戌・丑	申・酉	亥・子

の基準とし、これを政治の要諦としたといわれている。

禹の着想が亀の甲羅の紋様から得られ、五本の指で数えられる五原則として具体的な為政の指針にとどまっている限りでは、神秘性など入る余地はなかっただろう。亀の甲羅の紋様が、亀甲占いの着想に展開するまでは無理のない話だ。しかし、亀の姿かたちは、数学史上数多くの学者を虜《とりこ》にした「魔方陣」を呈していたのである。

一から九までの数字の五を中央に据えて、図（五行の配分）のように方格に配列すると、タテ、ヨコ、ナナメの数の和がいずれの場合でも十五になるという算術が、加算の枠を超えて不可思議に写し出された。古代中国の学識経験者（指導者）は、この「縦横図」（魔方陣）に注目した。なぜタテ、ヨコ、ナナメの数の和が十五

（15）に収斂《しゅうれん》されて不変なのか、古代人には天（神）が秘めた啓示と映った。
「五」は五行を伝え、天地人の要を示す、とあればなおさらのことだ。升目九つの魔方陣は、和が「十五」の場合しか成立しない。古代人は、方格配列と「十五」を生む九つの配置を天の「九星」と呼んで、神聖化したのである。これに五行（惑星）、十干、十二支が組み合わされ、方位と色彩も「変化の書」（易）に取り入れて占星術の体系ができていく。九星というのは一白水星（北）、二黒土星（西南）、三碧木星（東）、四緑木星（東南）、五黄土星（中央）、六白金星（西北）、七赤金星（西）、八白土星（東北）、九紫火星（南）の魔方陣（縦横図）である。囲碁で、九目を「星目《せいもく》」としていることの理由が明らかになることに読者はお気づきであろう。

さてそこで、「変化の書」（易）だが、三帝の一人、伏義が即位のとき、黄河の水面に一匹の馬が姿を現し、その背毛（旋毛）を図形化することから「八卦《はっけ》」の原理を知った、と伝えられている。八卦は、乾《けん》・兌《だ》・離《り》・震《しん》・巽《そん》・坎《かん》・艮《ごん》・坤《こん》で表されることは周知の通りである。「乾」は太陽の輝き。「兌」は山沢の風景。「離」は火が灯《とも》って明。「震」は雷雨。「巽」は風と気のさま。「坎」は水が穴に流れ込む様子。「艮」は不動の山々。「坤」は大地を表している。伏義が馬の背毛を図形化しようとした理由は明らかではなく、海がないのも気になるところだが、海とは離れた自然での生活空間に限られていた結果ということだろう。ともあれ、この「八卦」に十八世紀のヨーロッパ人（殊《こと》にG・W・ライプニッツ）が重大な関心を示したことは特筆に値する。（後述）

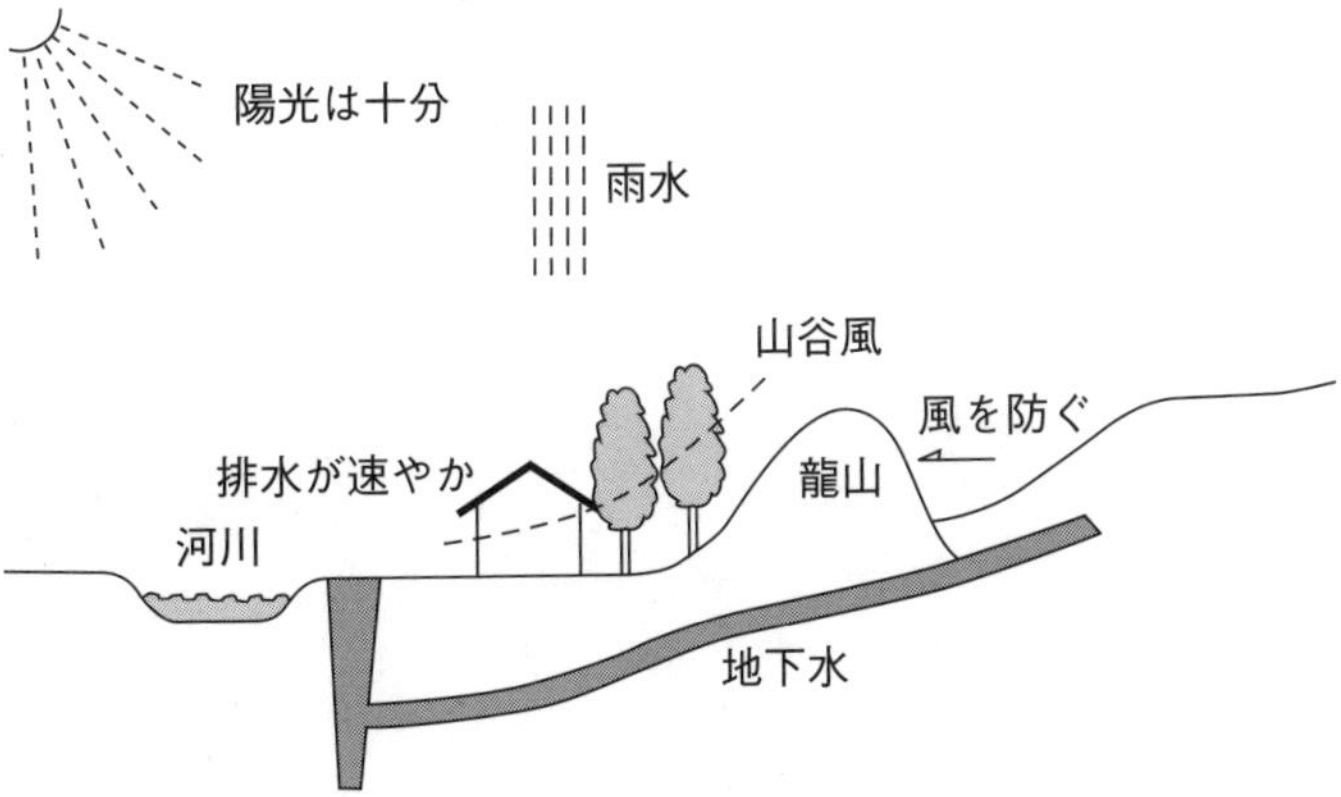
陽光は十分
雨水
山谷風
風を防ぐ
排水が速やか
龍山
河川
地下水

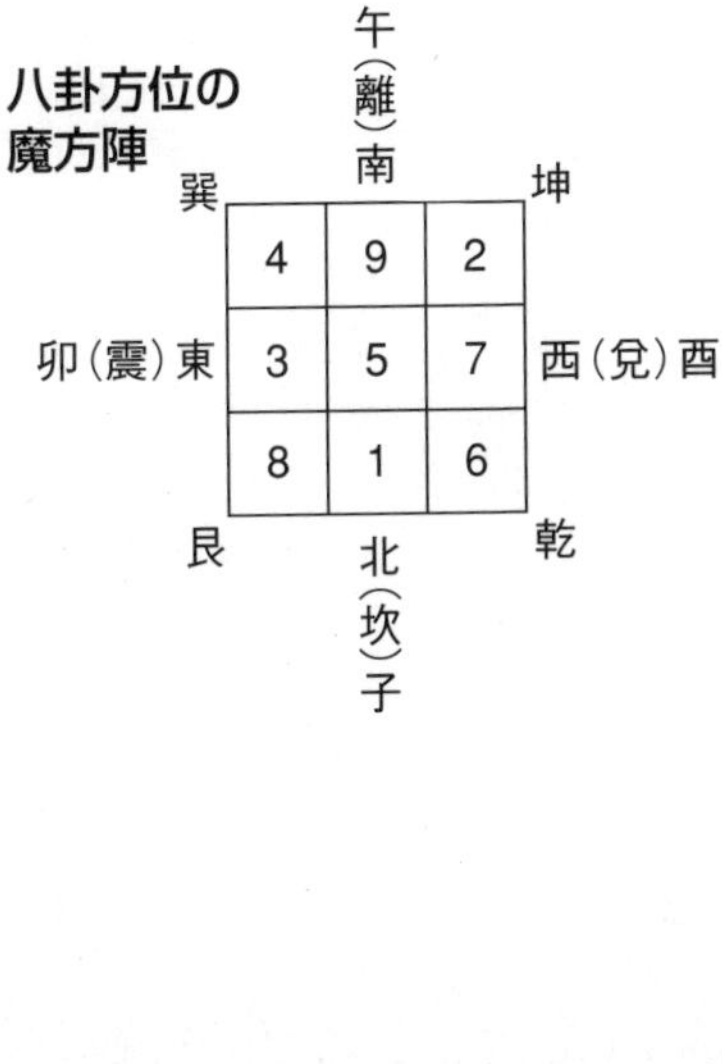
八卦方位の
魔方陣
午
(離)
南
巽
坤
4 9 2
卯(震)東
3 5 7
西(兌)酉
8 1 6
艮
乾
北
(坎)
子

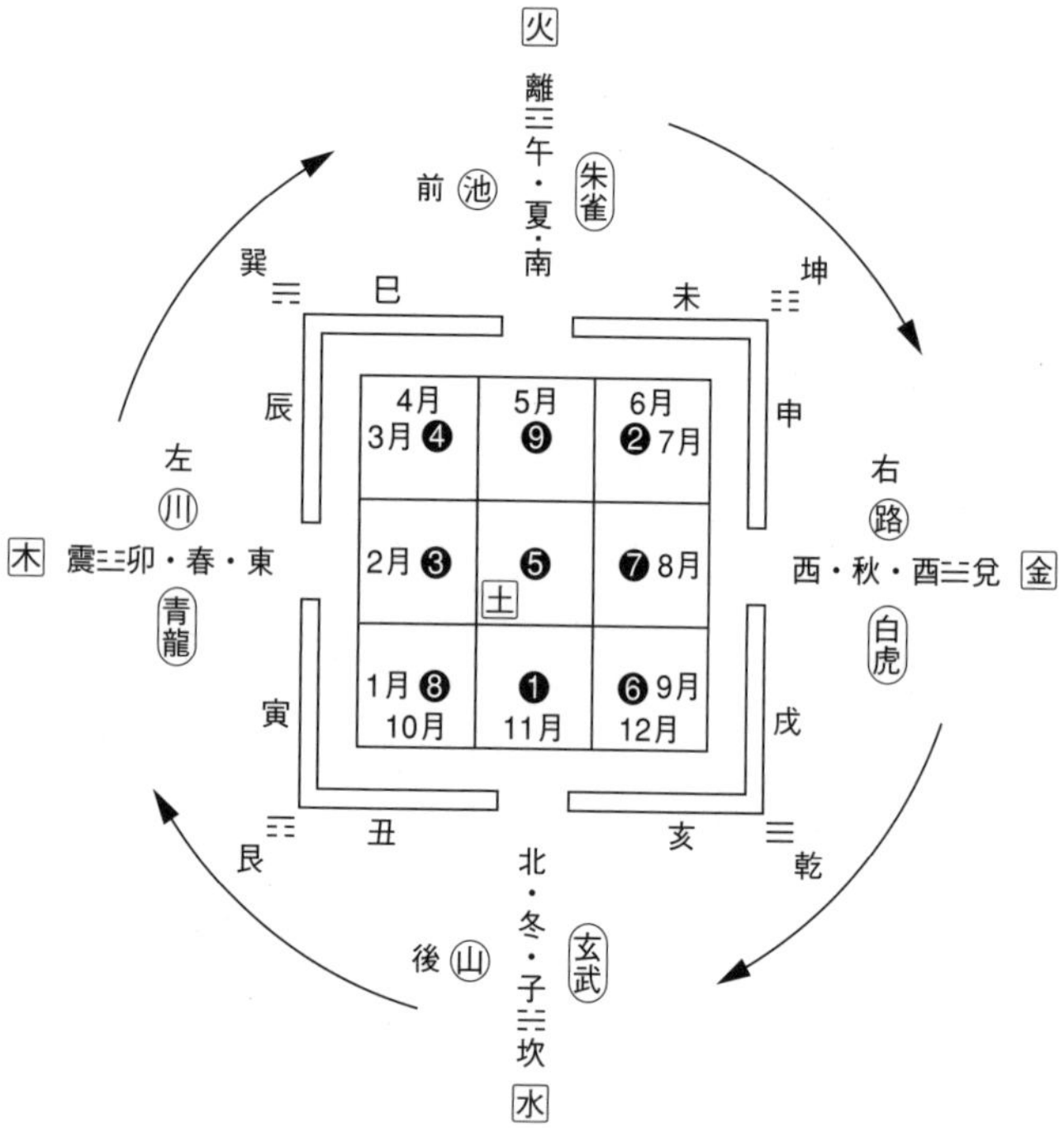

（『風水思想と東アジア』より）

天元と中原

魔方陣は、天の示す瑞祥《ずいしょう》や受命のダイアグラム（シグナル）と解釈し、天に九星（神）あって四方に部下神を持つ、と考えた。四方の神とは、四季を司り、春は東方の神として「青帝」、夏は南方の「赤帝」、秋は西方の「白帝」そして冬は北方の「黒帝」としたのだ。囲碁盤上の四の四である。つまり、三十六神（9×4）が天界を支配していると了解し、地界の三百六十五日と四分の一日に照応させるために、天界の一年を三百六十日と定めた。

三百六十日は、円周三六〇度に呼応するが、古代中国では一回帰年の長さに相当する三百六十五日と四分の一日を用いていた。これでは天界と地界の一年は一致しない。そこで三百六十に整合させるために、三百六十五日と四分の一日の端数、五日と四分の一日部分を斗数と呼んで「斗宿（北斗七星）」に収めた。「宿」というのは二十八宿の一つで、根拠は明らかではないが、天界の星群を二十八に分けて「宿」（二十八宿）と名づけたことによる。しかし、三百六十の元始となる一点を定めなければ、三百六十という数が示す天と地の広がりを特定する現実的な基準は得られない。この基準となる一点を定めるには、地界を支配する地点を求めて、その一地点と天界を支配する最高神の座居を照合一致させる必要があった。

天（宇宙）の支配神の普遍的座居は、北極星であった。地界の方位と万物の消長を定める基準となっている北極星に照応する地界地理上の結合点を求めなければ、「天と地と人」の相関を解く基準は得られない。この天と地を一致させる一点を一目とし、悉皆万物、森羅万象を説明するために地上での原地点を求める必要があった。それが「天元」であり「中原」と表現される天地人の接点となるからである。それでは、地界における一目「中原」とはどこか、それを特定しなければなるまい。

天文とは、天空の「あや」模様のことで、地理とは、地上面の「かたち」筋目のことである。天文に見られる規則性や秩序に従って、地上界の人々の生活や為政がなされるべしとする「天」即「神」と思い至ることから占星術は始まったのである。マクロ（宇宙）の世界で起こる諸現象によって、ミクロ（地上とヒト）の世界での自然現象を予測しようとする試み。それが、占星術というテクニックである。

先に触れた夏王・禹が洛水で観察した亀甲から「魔方陣」を読み取った頃は、いまだ天の「あや」に周期性や運行のメカニズムを看取するだけの十分なデータが得られてなかった。殷代の遺跡（殷墟）から発掘された甲骨文字や文から判断すると、亀の甲から「魔方陣」を看取し、天の啓示と考えていれば、「亀甲占」による予測が主流をなしていたと考えるのに無理はない。天文（恒星や惑星）による予測手法（占星術）は、判断の基準としての輪郭をなしていなかったと思われるからである。

天と地と人が相関（感応）しているに違いないと信じ、天文に科学的（客観的）な視点を向けていたとしても、それはいまだ概念にとどまっていたのである。占星というテクニックを駆使するためには、神秘的な天体の運行に周期性や規則性が認められなければならない。

無限の輝きを放ちながら、微妙に変化する星の世界に不動の姿を示す北極星と、広大で万象に満ちた地上の何処《いずこ》が、照合一致する拠点なのか。天地感応の相関を測る設計図を描くために、具体的なポイントが特定されていなければならないのである。

時代は下る。「夏」「殷」の治世を経て「周」に至る。この間、約千年。

「周」の開祖・武王の弟の一人・周公旦《しゅうこうたん》（生没年不詳）は、周代きっての名君とされている人物である。孔子が敬愛し、夢にまで憧れた人物が周公旦であった。原初の儒家は、周公旦を聖人として崇め、「周孔の道」と呼んだほどだ。先述の通り周公旦は、王朝の諸制度（礼）を定め、国の基礎を固めた中興の祖でもあった。それればかりか、周の一族郎党を華北平原一帯に封土して、東方の異民族を従属させ、さらには南方（長江地域）進出の足掛かりの拠点として、洛陽に都城を設けている。この洛陽は、「夏」の禹王が都を設けた所でもあり、要衝の地として重要な位置を占めていた。

洛陽は、現在の河南省告成鎮に所在する。この地は、直接現場で遺跡発掘調査を行った杉本憲司（中国古代史・考古学者）の伝えるところによると、

河南省登封県の東南約十五キロ、中岳嵩山《すうざん》の南麓に在り、潁河《えいが》を南面としている。潁河よりはるかに箕山《きざん》を望み、北を背に南に低く傾斜している広い台地一体に「陽城跡」がある。考古学上、この城跡が「夏」の禹王によって建てられた都城跡と認定している。この地は紀元前六〇〇〇年頃から唐代

（紀元八世紀）に至る遺跡の宝庫で、若干の時期を除いて確実にヒトが居住していたか、あるいは使用されてきた所である。（一四四〜一四六ページの地図参照）

いうまでもないことだが、居住地の立地条件は一つに農耕用の水利に便なること、その上洪水に備えて小高い平地の丘であることなどを満たしていなければならない。戦いを目的とする城であれば、撃って出るに易く、守るに敵情を察知する眺望の利が求められるが、農耕経済の管理を趣旨とする城（この場合は行政府となる）であれば、流通手段（運河など）として河川利用が重視されるために、小高い丘より平坦地のほうが利便となる。戦乱が世の常ともなれば築城は戦いのため、平和な時世となれば経済活動のためと、築城の立地条件は変わっていく。

陽城は、周公旦の才覚を示すように、和戦両用の条件を備えていた。

その周公旦が整理したと伝えられる最古の数学書として『周髀算経《しゅうひさんけい》』がある。原書は手元にないが、『中国占星術の世界』（先出）に一部解説されているので、概略紹介しておこう。

殷代以前から、知識者の間で、樹木の影によって年間日照時間の長短を計る思案があった。「句股弦《こうこげん》」と呼ばれる手法がそれである。これは、平坦な地面に八尺の棒（「髀《ひ》」という）を垂直に立てて、この棒が投じる日照の影の長さを「句」として、棒の先端と影の長さを結んで「弦」としたことから句股弦の法と呼ばれたものだ。この手法が、陽城内で行われたのである。棒の影の長さが年間で最短の時に一尺六寸。また、この地点（陽城内）から真南千里離れた所では一尺五寸。真北千里では一尺七寸。これらの観測結果から、陽城内一地点と南北千里の地点で一寸という差（緯度）が出ることを知った。つまり、一寸千里が空間を測る基準となったわけだ。

当時（殷・周）、太陽は一年の間に長さの異なる直径の円軌道をめぐるもの（天動説）と考えていた。最も内側の軌道が夏至《げし》、最も外側のそれが冬至《とうじ》。そして、この二つの中間にそれぞれ春分・秋分の時季が対応し、これらの同心円の中心に来るのが北極である。

このようにして、天を支配する位置は北極星にあり、地上を支配する拠点は陽城、とする天と地の結節点が得られた。陽城は世界の中心にあり、地上支配の総司令塔と考えられるようになっていく。これが中華思想の原風景であり、天元思想の源となったのである。

官僚体制を重要視し、組織的に社会（庶衆）を統括する行政手法を取っていた為政者は、天界（北極星を中央とする）にそれらを投映させ、天上界での諸現象を観察することによって、地上界での諸現象や出来事が予測できると考えたわけだ。だから、古代中国の星座の呼称は、宮殿をはじめ官僚組織や社会的仕組み、それに神器（祭祀用）や動物の名称を充てている。さらには、五行思想によって、天空の星座を五宮に分け、北極を中心とした周極星を含む星群を「中宮」北斗七星とし、東西南北に四宮を置く。四宮とは、四神を崇めた「東宮」（青龍《せいりゅう》）、「南宮」（朱雀《すじゃく》）、「西宮」（白虎《びゃっこ》）、そして「北宮」（玄武《げんぶ》）である。北斗七星は「帝車」とされ、天の中央で北極周辺を回り、四方に臨んで統治の任

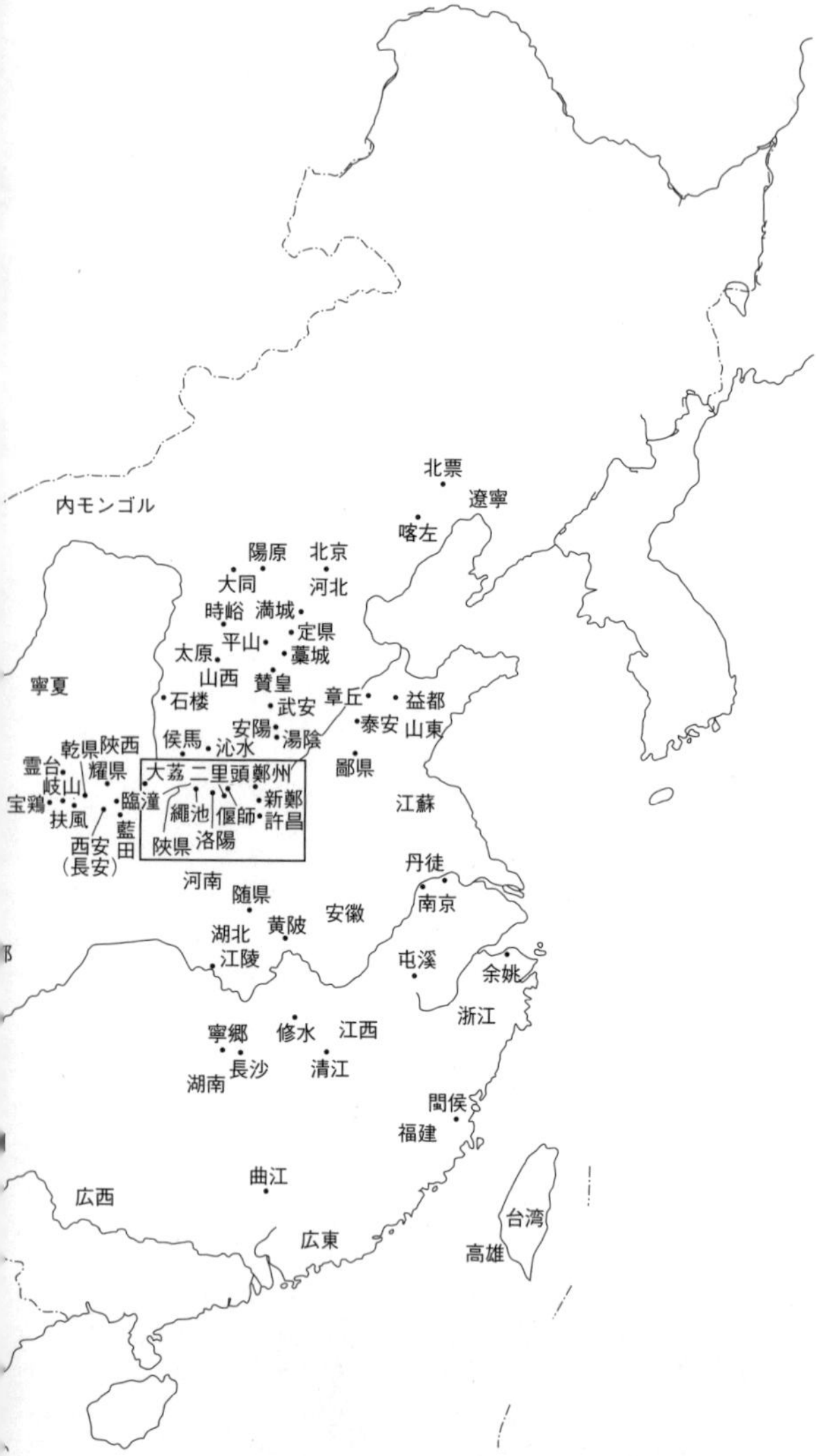
北票
遼寧
喀左
内モンゴル
陽原
北京
大同
河北
時峪
満城
定県
平山
太原
藁城
寧夏
山西
賛皇
石楼
武安
章丘
益都
泰安
山東
侯馬
安陽
沁水
湯陰
乾県
陝西
霊台
耀県
岐山
宝鶏
扶風
臨潼
藍田
西安
（長安）
大茘
二里頭
鄭州
新鄭
澠池
偃師
許昌
陝県
洛陽
鄒県
江蘇
丹徒
南京
河南
随県
安徽
湖北
黄陂
江陵
屯溪
余姚
浙江
寧郷
修水
江西
長沙
清江
湖南
閩侯
福建
曲江
広西
広東
台湾
高雄

中華人民共和国の主要考古遺跡

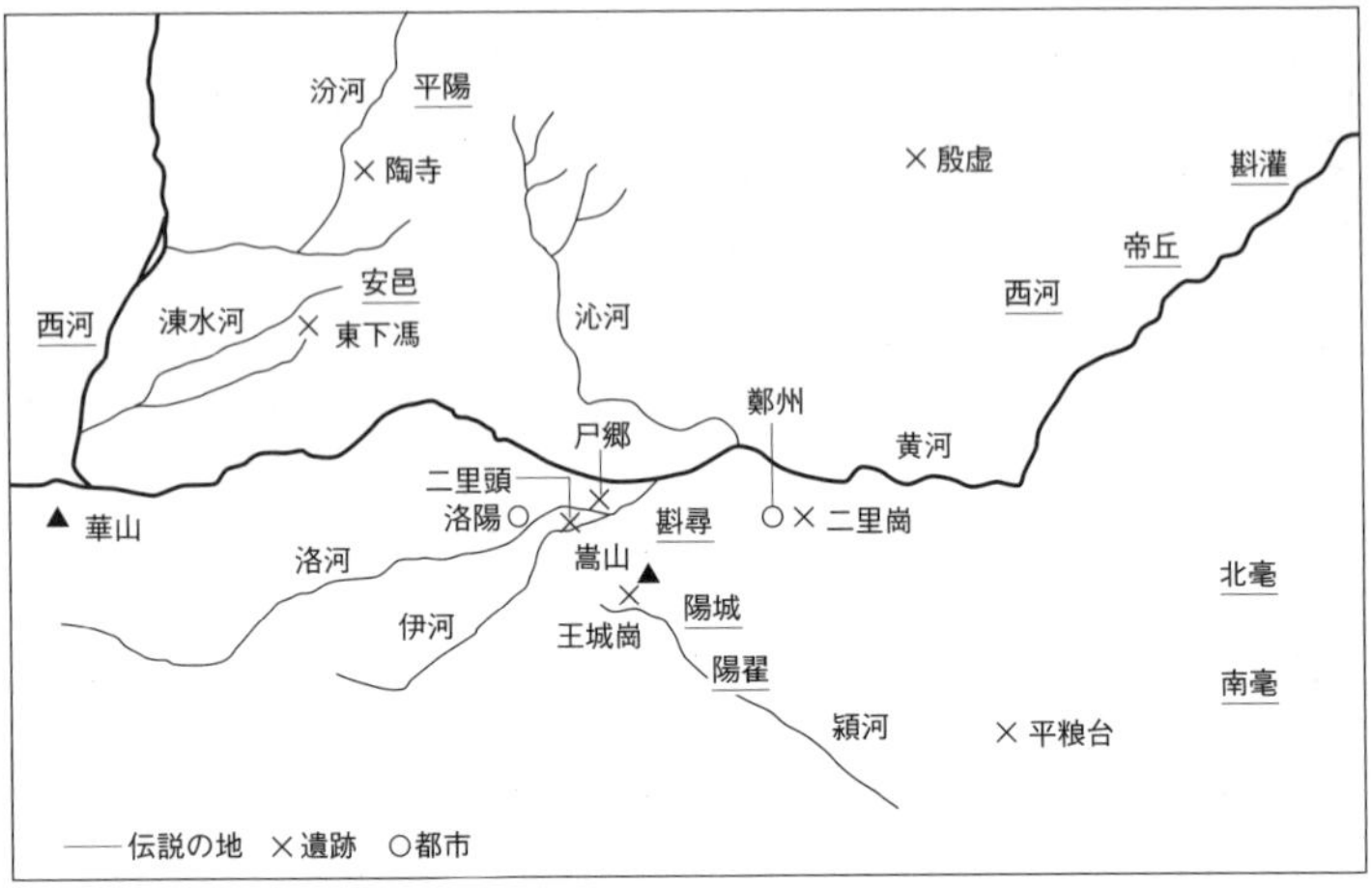
汾河
平陽
陶寺
殷虚
斟灌
帝丘
西河
安邑
涑水河
東下馮
沁河
西河
鄭州
尸郷
黄河
二里頭
洛陽
華山
斟尋
二里崗
洛河
嵩山
北亳
伊河
陽城
王城崗
陽翟
南亳
穎河
平粮台
伝説の地 ×遺跡 ○都市

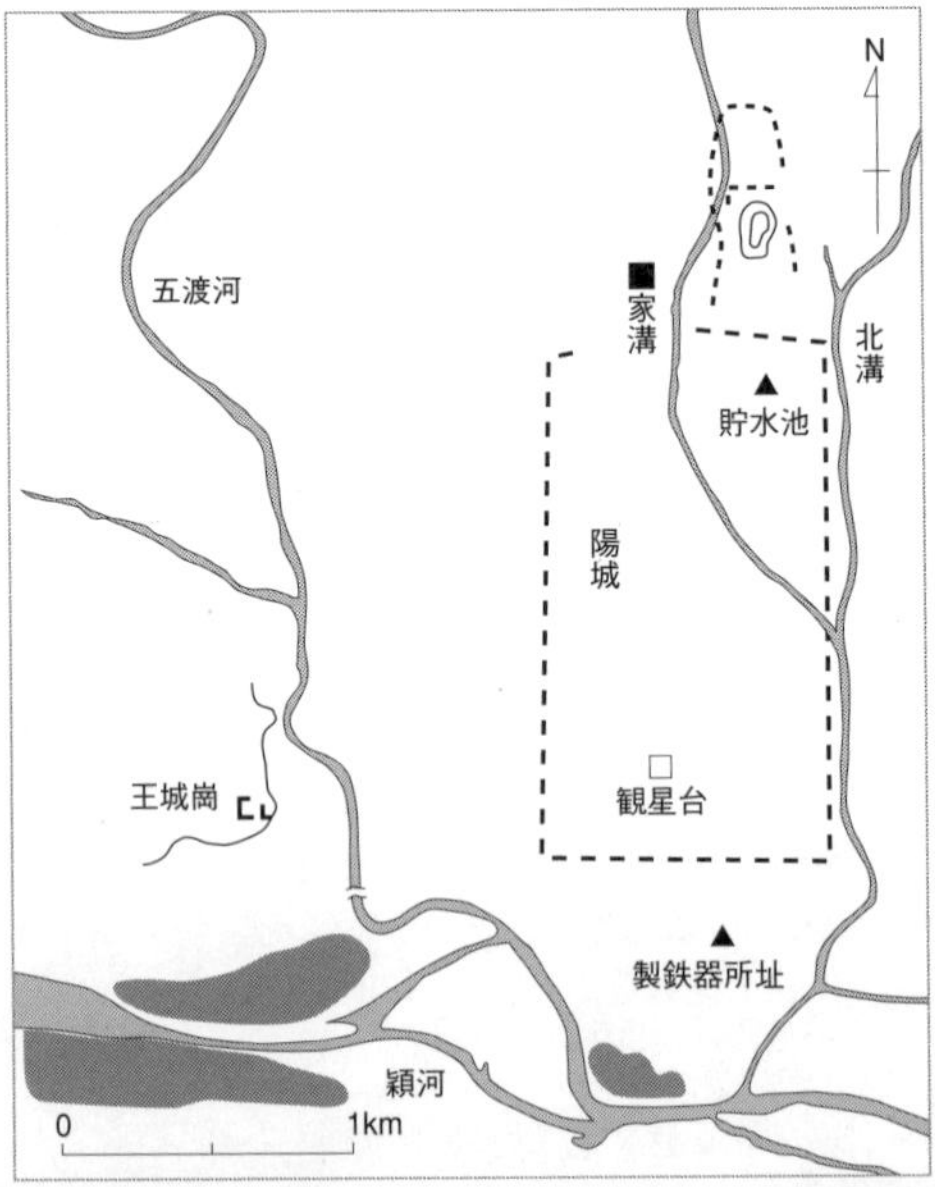
N
五渡河
家溝
北溝
貯水池
陽城
王城崗
観星台
製鉄器所址
穎河
0
1km

陽城址

に当たるとされた。

時代が下って漢代では、『史記』（天官書）で天上界の恒星と地上界の君主、皇族、藩臣のそれぞれのヒエラルキー的対応がなされている。

数千年の歴史を踏まえて「天と地と人」との相関（感応）の基準は特定できた。それでは、天と地と人とを結び繋げる脈絡は何か。これが次に残された課題である。この天地人を脈打たせるエナジーを「気」と呼んだのが、古代漢族の有識者たちであった。

古代中国では、大地を覆う「気」は地中の岩土の空隙《くうげき》をぬって「地気」が走っているとも考え、これを地脈「竜」と呼んでいた。大地は、「気」というエナジーに充たされた不可視の生命体と考えていたのである。つまり、エナジー全体を「気」と呼び、精神と肉体、心理と生理を一体化するパワーとする解釈だ。路傍の草木、山間の樹木、そして何よりもヒトが呼吸し生を得ている絶対的な証《あかし》として「気」を認識し、生命力と解していたのである。

気は無始無終で、永劫《えいごう》の流れを生み、間断なく運行変化し、普遍的に「在《あ》る」もので、分割できない絶対的な存在、と中国古代人は信じて疑わなかった。自然哲学ともいえる「気」の思想は、ヒト集団の社会形成とともに醸成されていった不文律の価値観であった。気の働きは、陰陽はもとより四季の変化に示されるように循環的で、ヒトの意思にかかわりなく、無為自然のもの。そして悉皆万物は、距離に関係なく相互に感応して創造される、という考え方である。

天地人の相関感応は、因果律とは無関係に働く「気」に在ると考えたこの思想は、後に「タオ」と呼ばれる教学として輪郭を現すことになる。
タオは、春秋戦国の世に出た諸子百家の思想の一つで、道家の主唱する思想のことである。道家の思想（タオイズム）は、儒家やインドから伝来（一世紀頃）した仏教と激しく競いながら、二十一世紀の今日までもなお漢民族の体内に連綿と脈打つ血液と表現してもよいだろう。陰陽思想や五行思想は、道家（タオ）が説く「気」の概念を前提としなければ成り立たない。これは、春秋時代以前よりはるかに遠い古代から漢民族の自然観として息づいていたと考えてよい。これについては、後に詳述する。

気

「気」の原字は「気」で、乙形に屈曲しつつ現れては消える蒸気、冷気に触れた吐息の白濁化や雲、その動く様を描いた象形文字である。この文字が伝える漢民族の自然観は、地上と空間（天）は一体であり、境界を持たない。そして、この連続した一体が、天と地と人とに相互依存関係をもたらし、互いに感応し結ばれている、と考えた。つまり「気」は宇宙自然に在り、それ自体がエナジーであって、地上界の万物や天変地異の現象は「気」が離合集散した結果、と考えたわけである。気の概念は、多様性に富んだ万物（モノ）や自然の変化（現象）の複雑な動きを観察したことから得られたもの、と理解される。

ところで、前四世紀頃に老子が記述したと伝えられる中国の古典『老子道徳経』（賛玄第十四）に、この「気」と「道」とを同義に置いて教説しているのではないか、と思われる部分がある。その部分を抜粋して一読に供しておく。『老子道徳経』は五世紀頃に名づけられた経文書である。古くは「老子書」という名称で呼ばれ、道家の主張する「無為自然」を一つの見識として伝えている書であった。

「これ視れども見えず……。これ聴けども聞こえず……。これ捕らえんとすれども得ず……。この三者は、致詰する可らず。故に混じて一《いつ》と為る。……これを迎うれど其の首を見ず。これに随えど其の後を見ず。古《いにしえ》の道を執りて、以て今の有を御し、以て古始を知る。これを道紀という」（……筆者省略）

老子は、諸子百家の中でも儒家と並んで、代表的な位置を占める「道家」の開祖とされる人物である。道家の教説（タオイズム）が、紀元二世紀頃、宗教色を濃くして「道教」に一部変容した折には、教祖として「太上老君《たいじょうろうくん》」なる神格を得たのが老子その人である。

〈現代的な知識〉

「道」（タオ）の理解を助けるために、「気」についての現代的常識を切り口にして話を進めよう。マクロ的に見れば、地球の自転によって地表面（大気圏）とともに流転している気体のことを「気」といっている。地上から見た場合、大気は高度五百キロメートル近くまで広がっていて、地上八―十八キロメートルまでを対流圏。その外側、地上五十―六十キロメートルまでを成層圏。さらに五十―百キロメートルより上層に、太陽から放射される紫外線によって酸素や窒素が破壊されてできた層があり、それを電離層あるいはオゾン圏と呼ぶ。

この広がり（電離層）は、太陽から降り注がれる地上の生物に有害な紫外線や高エナジーを抑制し防いでいるバリアとなっているのである。それだけではない。地上（球）から放逸《ほういつ》される熱・温度（エナジー）を生命維持のレベルに保つ。この熱量（エナジー）は赤道地帯で大きく、南北両極で小さいが、自・公転と対流を通じての熱放射、渦拡散《うずかくさん》などの現象により、地域ごとの気候に変化はあるものの、全体として大気のバランスを整えるよう機能している宇宙自然の力である。

気候に地域的な変化をもたらすのは、地型・地勢・河川、それに地球表面積の七〇パーセント以上を占める海洋である。具体的な例を挙げれば、世界の屋根といわれるヒマラヤ山脈が冬期にシベリア高気圧の発達を促し、東アジア（日本など）に寒冷な風（季節風）をもたらす。また、温暖な北大西洋海流が西ヨーロッパの寒期（冬）の気候を和らげる、といった具合である。基本的には、緯度の差によって生ずる日射量（日照時間）が気候変化をもたらす、と考えて間違いではない。

ミクロ的には、空「気」には容積比で、窒素七八パーセント、酸素二一パーセント、アルゴン一パーセント、二酸化炭素〇・〇三四パーセント等と、地域や時間で組成比が変化する水蒸気〇―四パーセントからなっている。酸素に比べ、二酸化炭素が微量にとどまっているのは、植物類の炭酸固定作用（同化作用）による酸素の蓄積化と、海洋による二酸化炭素の吸収によるものだ。

水蒸気（湿気）は、人体からはもちろんのこと、海洋河川湖沼をはじめ地表面の万物から蒸発し、上空に昇って凝結（相の変化）して雲となり、雨や雪を降らせるほか、さまざまに気象を変化させている。この水蒸気の相が変化するとき、地表面で得ていた熱が大気に放出、あるいは吸収される。この熱交換運動が台風、竜巻、洪水などのエナジー源となっているのである。しかし、これに月を絡めなければ、太陽と地球の関係だけで「気」を説明するには、概説といえども不十分であろう。

先にも触れたように、満月望《ぼう》から望までの月の「形」の変化する三十日間が一つの周期で、これを単位に一カ月と定め、暦が作成されたのである。その上、月の周期が十二回繰り返されると、三百六十五日ほどの期間が四つの季節に区分され、同じ季節を迎える周期性を示す。

常識的な説法を続けるようで恐縮だが、月の働きは、暦の目安だけにとどまっているわけではない。周知のように、太陽と月と地球の引力関係は、地球上の海洋に潮汐《ちょうせき》をもたらしているのである。潮汐の力は、月や太陽の直接的な引力によるものではなく、地球の中心と地球の表面での引力の差が作用していることから起こる。つまり、月の直下の点と、その反対の側で満潮になり、地球の自転（二十四時間）の半転（約十二時間）ごとに満潮が起こることになる。この満潮時の海面レベルの上下は、大気と同様、地形・地勢によって差が生じる。具体例としては、カナダ南東端のミナス湾で大潮のとき、潮位差は十四メートルにもなること。また、地中海とアラビア湾でも干満の差が顕著に観察されるなどもよく知られている。一般海岸での潮位差平均は、一メートル前後である。

これら因果関係の科学的な解明（今日では常識）は、一六八七年にイギリスの数学者I・ニュートンが「万有引力の法則」に気づいたことに端を発するが、その功績は一五四三年にポーランドの天文学者コペルニクスが唱えた「天体軌道公転について」（地動説）と古代中国の道教思想が発見した磁気（後に羅針盤として実用化）に与《あずか》って多といえる。この地動説が天下に知らしめられるようになったのは、コロンブスによる球体証明航海の約四十五年ほど後のことである。

太陽の照光、大気の動き、万有引力、潮の干満と並んで重要にして不可視のモノに「地磁気」が挙げられる。ややもすれば、等閑《とうかん》視されやすい「気」というエナジーの脈拍ともいえる地磁気（電磁波）に特別の関心を払い、これに注目する必要がある。科学的（磁気学的）に実証されるに至ってないが、鮭やイルカ、ミツバチやハト（鳩）などは地磁気に反応して回遊したり、帰巣すると考えられているのである。

それでは、この地磁気とは何か。地磁気の放つ粒子と波動のことを電磁波というが、これは電波と同義である。赤外線や紫外線、X線やγ《ガンマー》線などお馴染みの波長は、周波によって区分した電磁波の呼称である。「気」の概念が持つ哲学的側面を科学的側面から考えるために、しばし地磁気の世界に分け入ってみよう。

地球とその内部の概要は、ひび割れた半熟の卵《タマゴ》にたとえて説明するとわかりやすい。つまり、タマゴの黄身が地球の核部分（コア）に、白身の部分がマントルと呼ばれる地表面とコアの中間部分に、そしてタマゴの殻がプレートと呼ばれる地殻に相当する、という比喩的な表現で説明されるわけである。

マントルというのは、地下約三十五―二千九百キロメートルの部分で、プレートというのは地球の最表部を構成している岩盤部分のことだ。ひび割れた卵というのは、この岩盤が十数枚ほどに分かれて、大地を球形に立体ジグソーパズルのように覆っている、という意味である。

ひび割れているのは、地球の核（コア）が高温高圧下（六千度以上）で溶解していて、この高熱がマントルに対流をもたらし、地殻を突き上げているためである。地球は、自転し公転しているわけだから、マントルでの対流現象も、常に動き移動している。このため、プレートもそれにつれて動く。そのために、プレートとプレートの間に摩擦が生じ、摩擦熱が出る。この熱がマントルと地殻との間にマグマ（岩漿《がんしょう》）を発生させ、これが地上に噴出するのを火山活動と呼んでいるのである。

以上のように、地球内部、大気や海洋には常に流体（対流）運動が起きていて、渦と対流の双方が複雑に絡み合って渾然一体となっているのである。この三次元空間が地球の全貌である。これは、地球が生きていることの証といっていいだろう。

地球の核（コア）は、鉄やニッケルなどを主とした元素が溶解している高温高圧下にある。地核《コア》の中心から熱はマントルに伝わるものの、マントルからプレートに至るまでの間に熱は下がり（対流）、地上での生物の生存を可能にしている。その上、地球は自転しているから、コアを中心にマントルからプレートまでの部分が回転し、地球に磁性を生じさせる原理が働く。

半熟状態の卵の黄身は動かないが、白身の部分が動くので、黄身と白身の間に摩擦が生じ、これが磁性を持った場（磁場）をつくることになるからである。つまり電流が生じて磁場をつくっているのである。地球が磁石となるわけだ。これは、コアが磁石軸となっていることを示しているが、この軸は円状ではなく南北に棒状であると考えられている。また、地上の南北両極に並んでいるわけでもなく、南北両極も地球の回転軸とも一致していないという。話は難しいのである。因果関係はよくわからないのが真相だが、地球の自転でコマの回転が少しずれているような運動をしているのが、宇宙空間での地球の運行と理解されている。

地球が、太陽を中心にして楕円形を描きながら公転していることは知られているが、その様子を目視した者は誰もいないし、永遠に不可能なことである。太陽と地球の関係を縮尺モデルで描くにしても、地球を直径一ミリほどのビーズ玉にすれば、太陽は直径十センチほどのボール大となり、地球と太陽の距離は十メートルになる。このほか、水星や金星、火星や木星など九つの惑星が太陽を中心に公転しているのである。これを太陽系と呼んでいて、先述の縮尺モデルを作成したとしても、太陽系全体をヒトの視野に収めることなどできる相談ではない。

いくら科学技術が進歩したといっても、地球表面上の立体地図の作成は二十一世紀になってようやく緒《しょ》に就きはじめたばかりであるし、地殻下のマントルへの掘削は二十一世紀初頭に着手する国際的な「計画」がある、という程度である。地球内部深層探査船もいまだ建造されていない。特殊目的の仕様で建造される探査船など洋上に浮かべてやらずとも、地表面から掘削すればよいではないか、という反問があるかもしれない。

ことは、それほど単純ではない。地球の表面を覆う地殻は、陸域で数十キロメートルの厚さであるが、海底からでも最も薄いところで六―七キロメートルである。これを掘り抜けば、地殻を抜けてマントルに達する。ついでながら、この計画はアメリカ主導で、日本も参加しているが、水深二千五百メートルの海域で海底下七千メートル掘削できることを目途《めど》にしていると伝えられている。

さて、地磁気の話である。古代中国で考案された史上初の羅針盤は、小さな針がどんなときでも南北を示す力を利用したものだ。また、装飾コハク（エレクトリック）が軽いチリを引きつける力を持っていることなどにも古代の漢族は気づいていた。チリを引きつけるのは、コハクだけではない。静電気と称して、日常身の回りには、無数の電磁波（電波）が満ち満ちていることの証は、化繊《かせん》の衣類が肌に密着したり、ホテルのドアノブから軽いショックが伝わってくる等々、に示されている。

このほか、磁気を帯びた鉄が砂の中から砂鉄を吸い集めることも周知のことだ。しかし、この「力」は目に見えない。この目に見えない力が「磁力」と呼ばれ、その力を示す大元を「磁気」という。この磁気の働きは、モーターを動かし、ビデオテープで映像を描く。それればかりではない。CDやCG、MRI（医療検査器具）等々に及び、磁気の働きを利用した科学技術は数えきれないほど多種多様を極めている。

この磁気を出す物質が磁石（これは目に見える）で、地球自体がその内部に巨大な棒磁石を備えていることは前に触れた通りである。地磁気とは、北極をS極、南極をN極として交流している磁波の

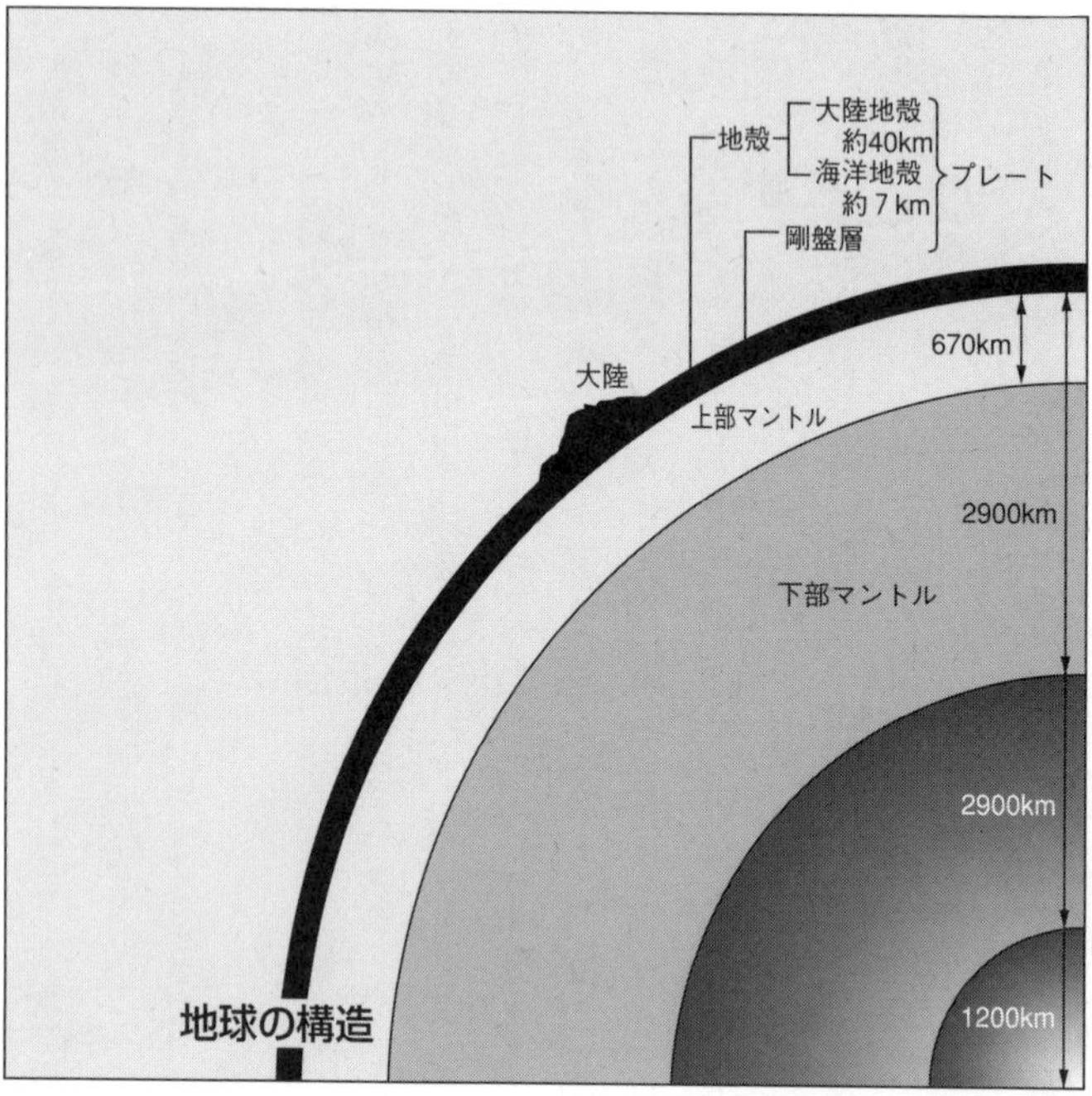

ことであるが、それだけではない。この双極（S極とN極）によって地球の周囲空間に生じた磁場（地磁気）は、磁力（エナジー）のほかに波調を持っていることから電波ともいわれているのである。

電磁波は、放射エナジーである。その実体は、粒子（大きさは直径約十のマイナス七乗ミリメートル）と、波動からなっていることも明らかにされていることだ。つまり、テレビやラジオの電波、光や音など日常生活とは切っても切れない一体となった関係にあるのが、粒子と波動からなる電磁波なのである。

この波調は、人体からも直接放射されていて、心臓（脈拍）が十のマイナス六乗ガウス、脳波では十のマイナス八乗ガウスと専門家は算出している。ガウスというのは、ドイツの数学者C・F・ガウス（一七七七—一八五五年）が、地磁気（波）の放射は地球内部の構造にあることを科学的に証明したことから、磁力測定の単位として名づけられたものだ。ガウス値は、小は十のマイナス十一乗から大は十の六乗ガウスに及び、地磁気は〇・五ガウスと算出されている。〇・五ガウスという値は、テレビ番組での囲碁教室の解説、調理法などのメモを冷蔵庫の側面に付着させるために使う磁石などが約千ガウスだから、これに比べれば小さいということになろう。

生物の存在する世界だけに限ったことではないが、温度（超高温を除く）あるところに電磁波あり、「光」を発し「音」の出るところに電磁波あり、というのが常識なのである。その上、電磁波は光の速度（三十万キロメートル／秒）で伝播するエナジーであることを再認識しておこう。

波（海）の音、弦楽器を弾くと出る音色などの音波（音速、約三百四十メートル／秒）は空気がなくては人の鼓膜（耳）に伝わらないし、光がなければモノは見えない。目で見ることのできるのは電磁波として光があるからである。

写真暗室では光を入れないのと同じように、ラジオやテレビ、その他ノイズ（雑音）の出す音波の入らない部屋がある。この部屋を無響室という。この無響室に入ったヒトは、普通ならば、しばらくすると気持ちが悪くなるという。多分、脳波に異常を来《きた》すのだろう。

地球が太陽を自公転することによって生じる昼夜、夏至や冬至の時季と位置の変化に地磁気は影響される。また、脳波は、日照と気温、それに環境ストレス等によって変化することが認められている。国際脳波学会用語委員会では、脳波を周波数によって四つに分けている。δ《デルタ》波（四ヘルツ未満）、θ《シータ》波（四―八ヘルツ未満）、そしてα《アルファ》波（八―十三ヘルツ未満）で、十三ヘルツ以上をβ《ベータ》波とする分類だ。

δ《デルタ》波とθ《シータ》波と呼ばれる電磁波は、ともに睡眠中に放射されている波長のことである。波長に幅があるのは、熟睡時と仮眠状態時に差があるからである。いずれも後頭部から、ほぼ左右対称に連続して出ている。ついでながら、新生児では脳波は検測されず、四歳頃になって七―八ヘルツ前後のα波が現れ、九歳頃になって十ヘルツ前後の波調（α）が見られるようになり、十五歳頃から安定的に十ヘルツに達して成人レベルとなる。

成人では、ストレスなどから解放され、リラックスした状態が維持されると、八―十三ヘルツ（α波）の脳波が検測されるが、いずれにせよ十ヘルツ前後が平常値とされている。β《ベータ》波（十四―三十ヘルツ）は、意識を集中させたり、極度に熱中している状態時に出てくる。しかし、脳波が三十ヘルツ以上を示すことはまれなことで、常態で三十ヘルツ以上を示す人がいれば超能力を備えているということになるだろう。キリストやブッダの頭上や背後に「後光」が放たれている絵画や彫刻がある。これらは、目視できるほどの脳波が超能力者であるご両人から出ていたからかもしれない。

申し遅れたが、「ヘルツ」というのは、周波数の単位で、一ヘルツは一秒間に波調振動が何度繰り返されたかを計測するために定められたものである。「ヘルツ」は、電気振動から電磁波の出ることを科学的に証明したドイツの物理学者Ｈ・Ｒ・ヘルツ（一八五七―九四年）の名に由来している。ヘルツ（Hz）は波の頂上から次の頂上までの振動周期が一秒間に何回繰り返されるかの値である。

血液（人体）中のヘモグロビンと呼ばれる血色素にかなりの鉄が含まれている。三大栄養素（蛋白質、脂質、でんぷん質）に加え、微量要素の一つとして健康には欠かすことのできない鉄分だが、強い磁性状態にあるわけではない。一万ガウスの磁場をかけても、体内での活性化を誘うことができないと専門家は指摘しているが、地磁気の渦中にあってヒトは生きているのである。否、地磁気によって「生かされている」ことを銘すべきであろう。

〈「道家」（タオイズム）の視点〉

古代の漢民族が、樹草の成長や日照時間に差があることを知って、自然界には目に見えぬパワー（エナジー）が在ると気づいたほか、山中や路傍の石片や岩にモノ（鉄など）を吸い寄せる現象が見られることに、重大な関心を持ったであろうことは想像に難くない。また、小さな針（磁気を帯びた）を、一八〇度回転させても、一定の方向に向いて南北を示すという不変性をもっていることを知ったとき、老子の伝え語りに示されている通り「気」には目視できず、触手もできないパワーが存在していると信じたことは正しい認識であった。

現代科学は長年の研究成果として、地球自体が巨大な棒磁石をその中心部（地核）に内蔵しており、その磁石が磁気を放射し、球体の大地を包み込んでいるとの結論を得たようだが、そのメカニズム（因果関係）を科学的に立証するには至っていない。地球が半熟卵の黄身と白身と殻のようになっていて、地球磁場が生まれているという説が、諸説の中で最も有力で、説得力があるということだけだ。ともあれ、大気中に触手できず目視もできない電磁気が満ち満ちていることは、たとえ科学的に証明されなくても、現代人にとって「引力」同様、身体《からだ》と頭脳《あたま》がごく普通のこととして感知している。しかし、意識するとせざるにかかわりなく、ヒトにはこれに対する自覚反応能力はない。

読者の抽象的（形而上）に考える能力、目視できないモノを脳裡に写実する感性、そのダイナミックな想像力を頼りにして話を進めよう。ダイナミックな想像力とは、紙面などに描かれている図形や絵画に、仮想上の点や線を描き込むことで図や絵の変化する様子《さま》を脳裡《のうり》に写生する思考能力のことである。後述するが、ここではこれを「位相幾何学」的な思考能力、と呼んでおくにとどめる。

さて、老子は『老子道徳経』（同異第四十一）で次のように言っている。

「…天下の難事は必ず易き事柄から起こり、天下の大事は必ず細事から起こる。聖人は事を未然に処理するから、結局大きい仕事はしないということになる」

将来への見通しができるから、問題となる事柄の芽を未然に取って難事（大きい仕事）を回避する、

と言っている。さらに、同（忘知第四十八）で、

「…学問を修めれば知識は富む。逆に、道を修めれば知識を得ることはない。ただ、無為の境地に達するのみである。無為の境地に達すれば、為し得ないものは何もない」

無為というのは「不自然なコトはしない」という意味である。為すべきは「自然に逆らわないこと」「学問知識だけに振り回されていては自然の本質を見失ってしまうから、自然の摂理から外れてはいけない」と、言っているのである。

さらに拡大解釈すれば、「道」を学ぶことは自然のメカニズムを知ることであり、「道」はヒトの知識や学問を超えたところにあるのだ、とも理解される。つまり、自然のメカニズムを「発見」しなければ、「発明」と称するヒトの創意工夫など生まれてこないではないか、と言っているのである。この自然の働きの中に磁気を感知し、南北を示す「羅針盤」を生活に取り入れたのが古代漢族なのである。

先述の通り、古代漢族の間では大地の中（地下）にも、土や岩の空隙をぬって「地気」が走っていると考え、これを地脈といい「青龍」と名づけていた。「気」というエナジー（パワー）が、大気のみならず地中にも満ちている不可視の生命体なのだ、と考えたのである。そこには、ヒトの能力を超えた天（神）の力があり万物の生命の源泉となっていて、自然現象は神の力を示すヒトへの啓示であり、逆らうことのできない存在と見なしていたのである。

漢族（古代）の自然観を現代的に見ると、例えば岩石に圧力が加わると電圧が生じ電流が起こると

いう事実関係に至る。事実、電流は地質構造、地下水の流れなどから常時発生しているのである。この地中環境に変化を起こす地異を敏感に察知して、ナマズが活発に湖面を動き、ネズミなどが大移動することになる。これはマントル対流によってプレートに異変が生じ、上述の電流変化が起こりナマズやネズミなどに働きかけているからだ、ということになろう。身体に感じない低周波地震などは好例といえるのである。プレートの複雑な動きによる電圧発生の原理（ピエゾ効果という）は、水晶時計（クオーツ）に実用化されている。この原理が、ガスレンジや簡便ライター、着火《ちゃっか》マンなどの点火装置として利用されていることなど、お馴染みである。

古代人にとって、天変地異は天（神）の啓示として受容され、それが何を意味しているかが、もっぱらの関心事であり、原因究明へ向けてどのように歩を進めるかが問題であった。例えば、「雷」現象が起こる。この現象を天の啓示として受け入れるか、あるいは単に自然界の特異な現象と見なすかの選択肢がある。前者を選べば信仰心(情念)、後者のそれでは好奇心(知性)、つまり宗教への道か、科学への道かの選択肢に立たされることになる。

知性も情念も、ともにヒトが人であることの証である。この知と情の隙間を埋めるのが感性と理性である。理性は、人知の及ばぬ出来事や現象を解決するための手段を講じるように、と語りかける。そこで、まず神（天）との対話へと歩を進める。そのために、ヒトと神（天）を仲介する人物（男女を問わず）の出現が望まれることになる。この人物が、並のヒトであっては解決の糸口を見出す手段にならない。天変地異と同じような異常な人物でなければ、神（天）の啓示を理解する媒体となり得ない、と考えたのである。

異常な心理状態を顕示し、ヒト並み外れた言動に及ぶ者こそ神（天）の意向を伺い知ることができ、ヒトの言葉でこれを伝えることができる。古代漢族の知性と情念に働きかけた理性は、人と天を仲介する者を選んだのである。選ばれた「者」を巫《ふ》（女）、覡《げき》（男）と呼んだ。現代用語では、以上のような「考え方」をシャマニズムといい、「者」をシャーマンといっている。天の放つ「何か」（この場合は雷）には、精霊、神霊、死霊などの霊魂があり、シャーマンはこれらと接触・交流して託宣、卜占、治病、祭祀の方法などを理解し通訳する能力がある、と信じたのである。このようにして、信仰への道を歩む。

ところで、ヒトの「心」に去来する霊魂への信仰をアニミズムと呼んだのは、スイスの精神医学者C・G・ユング（一八七五―一九六一年）である。アニミズムの「アニマ」はラテン語で「気息」「魂」を意味し、ヒトが「夢」や「恍惚感」などを経験することから、物体（モノ）の形を示さない形而上（抽象的）のモノであるにもかかわらず、意識の中に実体として存在すると解釈している。

アニミズムは、霊的な存在を認め信仰にまで昇華させる心理を意味している。無意識の中に「何か」がある、と発想しているのである。日常的にいうインスピレーション（霊感）とかヒラメキがこれに含まれる。霊感というのは、突如としてわき出る直感的で創造的なヒラメキのことだが、これは睡眠中の夢とかウトウトしているとき、あるいはボンヤリしているときなどの、意識を離れた状態にあるときに起こりやすいといわれる。これによって発見や発明創作のヒントを得たと語る学者や芸術家の多いことは、例記する必要はあるまい。

このように、古代から現代へという時の流れの中でアニミズムは生きている。古代文明という表現は、現代文明といわれる複合的大文明に対し、文明的に下位にあることを意味するものでもなく、また、遅行した概念でもないのである。

禹《う》が亀の甲羅《こうら》から「魔方陣九星」（囲碁の星目）を、伏羲《ふっき》が馬毛から『易経』（後述）の原理を引き出したのも、あながち迷信的神話として否定できる話ではない。このヒラメキ（霊感、インスピレーション）の正体（実態）は、現代科学の粋《すい》をもってしても明らかにされていないのである。「気」の概念は、易しくて難しい。しかし、古代漢族の「気」が、人類を含む宇宙自然界に満ち溢れているエナジー（パワー）であることを意味していたことは確かなようだ。この「気」という名のエナジーを、どのように受け止めるかはヒトの情念と感性、そして理性と知性の働き次第である。

〈天と地の狭間で〉

シャーマンに代表されるシャマニズムは、特定の人物が不可視のモノ（霊）と接触・交流する関係を持つために、精神統一への感性移入と瞑想を繰り返しながら異常心理状態に入り、その体験状態を通じて出てくる言葉を、精霊（神）の伝える問題解決の処方箋とする考え方のことである。

アニミズムというのは、心理に去来する霊や不可解な現象（夢、幻想、恍惚感など）への普通のヒトの信仰を指し、心理の深層で霊的な現象の存在を認めることを意味する。

アニミズムもシャマニズムも、ともに「霊」の存在を前提とした信仰概念である。シャマニズムの語源は、極東シベリアから中国東北部、アムール川下流域などに居住していた採取狩猟の民の総称「ツングース系諸族」の間で生まれた「呪術（古代では予測ノウハウ）を執り行う者」を指す「サマン」に由来する、といわれている。十七世紀に、漢民族を支配下に治め「清」国を樹立した女真族《じょしんぞく》（満州族）などは、ツングース系諸族の筆頭に挙げられるだろう。

古代社会でのシャーマンが、ヒト集団の統治などに主導的役割を果たしていたことは、これまでにも触れたことだが、現代の文明社会では、これをカリスマ的人物などといっている。時代とともに後を絶たない新興宗教の多くは、カリスマ性に富んだ人物を教祖としている点にその本質があるからである。カリスマ的人物が、社会や宗教集団を支配できるのは、そのカリスマ性を一般的な人々が受容し、情緒的に従順（入信）する心理の働きがあってのことだ。カリスマの語源はギリシャ語に由来し、奇跡をもたらし神からの預言を伝える特殊な能力、という意味の初期キリスト教会用語であるが、宗教的な意味解釈にとどまっていない。

社会学の巨人といわれるM・ウェーバー（一八六九—一九二〇年）は、社会集団に秩序を与え、これを制度化して統括支配する形態の一つとして合法的支配、伝統的支配のほかに、カリスマ的支配を第三の支配形態といっている。伝統的な政治社会体制が崩壊の淵にあるとき、カリスマ性に富んだ人物が出現して体制を再編改革した例は史実に見られる通りである。今日においても、シャマニズムは文明国であれ、大都会であれ根強く「存在」すると認めないわけにはいかない。文明は自然科学の進歩によって支えられるが、自然科学は人生の意味や価値を、必ずしも直接的に教えてくれるわけではない。

このように、呪術や占星術の基本的な考えが、シャマニズムあるいはアニミズムに在ることが焙《あぶ》り出されてくる。垣間見る「老子」を始祖とする道家思想（タオイズム）の「無為自然」の理念が、科学と哲学、そして宗教と深いかかわり合いを持っていると解される理由がそこにある。

現代と古代の整合性を「位相」的に語るために、老子を元祖とするタオイズム（道家思想）を取り上げた理由をあらためて説明しておく必要があろう。諸子百家では、儒家が今日的にも筆頭に挙げられている。春秋戦国時代の思想群像の中で、なぜ今、道家なのか。

『史記』の序文にあたる（太史公自序《たいしこう》）に、司馬遷の父・談《たん》が諸子百家の中でも代表的とされる諸家について論評した記述を遷が転書した部分がある。代表的に扱われたのは六家だが、この中から四家（陰陽・儒・法・道）について略々引用しておく。

まず陰陽家について、「その説くところは人間性の規制にある。しかし、禁忌を細かく設けすぎて拘束されることが多い。ただし、四季の運行法則を把握している点は無視できない」としている。

儒家については、「論説が多岐にわたりすぎて要点がぼやけ、無駄な努力が多すぎる。そのため全面的には従い難い。しかし、君臣、父子の礼を正し、夫婦、長幼の別（年功序列）を定めている点は不朽の説といえる」。さらに「儒家は、君主は天下万民の儀長であり、君主は主唱し率先するもの、臣下は唱和し追従するものと考えている。この通りに行うならば臣下が安逸《あんいつ》に流されるのに対し、君主は労苦が絶えぬことになろう」。

法家については、「厳しすぎて恩愛の情が欠けているが、君主、上下の分を明確にしている点に妥当なところがある」と。

そして道家について、「人間を無心の境に導き、作為を排して、すべてがあるがままによしとする。本質において陰陽家の説く四季運行の法則にのっとり、儒家やその他諸家の長所を採り入れ、法家の要点を把えている。時の流れ、事物のありように順応する生き方、これが教説の要点である。したがって、人間生活のすべてに適応できる。その主張は、簡単で実行しやすく、無駄な労働を使わなくてすむ」と結んでいる。

そして総括的に、「大道の要諦《ようてい》は、積極を捨て才知を斥《しりぞ》けて、自然に委ねることにある。精神は働かせすぎれば憔悴《しょうすい》し、肉体も使いすぎれば衰弱する。精神、肉体ともに弱っていながら、天地とともに永遠であろうと願ってもかなえられまい」と。夏目漱石の文学的表現を借りれば、「山道を登りながら、かう考えた。智に働けば角が立つ。情に掉《さお》させば流される。意地を通せば窮屈だ。兎角《とかく》に人の世は住みにくい。……」（『草枕』）ということになろうか。

司馬遷の父・談は、漢の太史令（吏官）で、朝廷の資料文件を職掌《しょくしょう》する役にあった。地位はそれほど高くなかったが、皇帝の主宰する朝会では臣下より上席の近側に侍《はべ》るので「太史公《たいしこう》」と呼ばれた。

「暦」学と「易」学を修め、自らが成さんとして果たせなかった歴代の指導者の諸事跡を著作する大仕事を嫡男・遷に遺言し、託したのである。その談は、「諸子百家はいずれも皆帰するところは同じで、その目的は天下を治めるにある。ただ立論の道を異にし、重点の置きどころが違うだけだ」とも言っている。

これより数百年も時代が下って魏・呉・蜀の三国時代に入るが、先にも触れた「竹林の七賢」にまつわる話を紹介しておこう。

七賢の一人、山涛《さんとう》は晋《しん》国の吏部尚書《りぶしょうしょ》の任にあり、人材登用の役を掌っていた。もともと竹林の七賢は、老子の無為自然の教説を理想とし、儒家の「礼」や法家の「法」をさげすんで酒を楽しみ、世俗を隔てて清談に耽《ふけ》るのを然るべき生き方としていたが、山涛は七賢メンバーの一人、王戎《おうじゅう》を引き入れ重用していた。この王戎は、利に聡く、象牙のソロバンを片手に時勢に乗る男であった。人材抜擢にも、実績よりは虚名を重んじることに何ら矛盾を感じることのない人物であった。メンバーのリーダー格であった阮籍《げんせき》の甥・咸《かん》の長男・譫《せん》が任官を望んで、王戎に面接したときのことである。

戎は譫に、「聖人(孔子のこと)は儒家を貴び、老子は無為自然の道を明らかにすることを重んじたが、この両者の趣旨は一体同じなのか、異なるのか」と。これに対する譫の答えは「どうして同じでないことがありましょうや」と、儒・道両家の思想の根本は同じであるとの考えを反語で答えたのである。これを受けた戎は、答弁内容の是非はともかく、その答え方にいたく感じ入って、譫の任官を決定したという。譫が答えたのは「将無同《ハタナカランヤ》」の三語で掾《えん》となったので、「三語の掾」として後世に伝えられている。

位相幾何的着想（トポロジー）

「道家」（タオイズム）の視点の項で、「位相幾何」的思考なる用語を使った。この用語は日常的には使用されず、聞きなれていない。これは、数学の分野での専門用語で、「位相数学」ともいわれている。易しい話を難しくするのが学問だ、といわれることもある。学者先生方の誤解を招く恐れのあることを覚悟の上で「位相幾何学」の概念に触れてみよう。とはいえ、方程式などを持ち出しコンピューターを使って解を得ようとする試みではない。

「位相」の基本的な考え方は、点と線、平面と立体に関するあらゆる分野に及ぶ。絶対的な「時間」という超次元の下で、位相概念は生活環境そのものを意味するものなのである。論理学はもとより、力学、地理学、心理学、政治経済学といった社会科学の分野とも無関係でないのが「位相」の概念というものだ。「位相」を定義づけることは、多岐にわたる分野を包括しなければならないために、ヤッカイなのである。

『広辞苑』などで読む「位相」という用語は、数学用語としてのほかに、理学、言語学、心理学などの用語としても扱っている。このうち、言語学用語は「位相語」といい、地域・職業・男女・年齢・階級または書き言葉と話し言葉の違いを指す、と解説している。

数々のアカデミー賞を受賞したA・ヘップバーン主演のミュージカル映画『マイ フェア レディ』は、

位相言語学を映画化したもの、といってよいだろう。また、理学用語では、振動や波動のような周期運動で一周期内の進行段階を示す量を意味する、としている。これまでに話してきた「気」や電磁波（地磁気）がこれに該当する。さらに、位相心理学というのがあって、人間と環境を含む生活空間の場を論理的に体系づけようとする分野を指す、となっている。

「位相」という語を構えて論ずれば、『広辞苑』で読む以上のような説明文にお目にかかるわけだが、単純に言えば「モノゴトはすべて相対的な関係にあって、集合と離散を繰り返しながら相互に頼り合い、絶対的な関係にはない」ということになろう。

〈漢　字〉

それでは、漢字の語源的解説ではどうか。漢字は表「意」文字である。その表意のために指示、象形、形声、会意文字などが用意されている。漢字の字形からの分析を体系的に行った最古の字書で『説《せつ》文解字《もんかいじ》』というのがあるが、著作したのは許慎《きょしん》（生没年不明）という紀元後の漢代（紀元一〇〇年頃）の人物である。「説文解字」の「文」は、それ以上分解できない単体表現（あや）で、「字」はいくつかの「文」が混じり合わされて作られた複体表現である。

『説文解字』では、原始の造字段階で用いられていた造字を分析して得られた原則を六項目に分け「六書」と定め、次のように解説している。まず指示文字だが、これは図形同士の相対関係から抽象的な概念を表す。例えば、丄(上)、丅（下）などである。象形文字は、読んで字のごとく、姿かたち（モノの）をそのまま図形的に示す。例えば日、月、木、馬など具体的な姿を絵画的に表現した造字である。

形声文字は、各文字の一部分でその属性を、他の部分で音（声）を表す。漢字ではこの形声文字が大部分を占めるとみてよいだろう。会意文字というのは、指示文字と象形文字を相互に入れ混じえて新しい意味概念を持たせた造字のことである。よく引用される例として「武」という文字がある。「武」の場合、「戈」（武器）と「止」（停止）が混合一体となって「抑止」することこそ「武」の本義とする、などである。

以上の四原則を補足、注釈したのが転註文字と仮借文字で、前者は文字の原義を転用した造字（信から誠をつくるなど）、仮借文字は音符としての字で原義とは無関係で「借用文字」（当て字）ということになる。以上が六つの原則である。

余談ながら、日本語は漢字だけではなく、カナ（かな）を使った論理的な体系（文法）を持っている。漢字だけでは助詞を求めるべくもなく、また語尾変化（動詞の時制）もない。上から順に下に漢字がタテに並べられて漢文ができるわけだが、同じ漢字でも位置によって名詞であったり動詞であったりする、と中国語の専門家は指摘している。漢文は文法があいまいのようである。このために、四角い文字が並んでできる文章では解釈の幅が広く、その伝えるところを読解することは非常に難しい。一言でいって、漢字はそれほど難しく、精通するには質量ともにかなりのエナジーを費やさなければならない。

サンズイヘン、ニンベン、ウカンムリ、ヤマイダレ、モンガマエそれにシンニョウなどが使われて、漢字一文字を窓としてみる世界は茫洋《ぼうよう》としている。しかし、四角四面の枠の中に図形的に表示されていることに変わりはない。それが漢字の特性である。つまり、「幾何」的なのである。「幾何」の「何」は、人が肩に荷をかついでいる姿を形にした象形文字で、「どれ」「いずこ」を意味し、荷（になう）の原字であることは先刻承知のことであろう。「幾」は、「いくつ」「いくら」のほか「ちかい」「ほとんど」を意味する会意文字である。会意を伝えるのは、細かい「糸」と「戈」（ほこ）に「人」（ヒト）を会わせて「戈の刃があとわずかで人に届く」とし、転じて「至極近い」あるいは「はした」の数（いくつ）を意味するようになった。なんとなく日常的に使用している「幾」も「何」もその根源は実体験と巧まざる思考から生まれた言語表記で、近似値を求めるとか、数換算ではどうか、という意味が「幾何」の意味内容である。

さて、この幾何に「位相」を付したのが「位相幾何」である。「位」は、「人」と「立」の会意文字で、人があるポジションにシッカリと立つ様を示す。これは、「囲碁」の「囲」（まるくかこむ）と同系の文字で、円陣をなして並び、所定のポスト（位置）を占める意味を含む。「相」は、「木」と「目」の会意文字であることは容易に理解できる。

漢字の成り立ちは経験の蓄積や自然界のさまざまな事象を考察することに端を発している。漢字を覚えることは、容易ではない。しかし、時間と知力（記憶力）を重ねてモノにすると、わずか一文字で、意思や情報の伝達に有力な手段となることも確かなことだ。ただし、これは漢字をモノにした者同士での話である。

〈アルファベットによる位相の概念〉

次に、それでは国際語（英語）での「位相」はどうか。位相幾何を、英語ではトポロジー（Topology）という。古代ギリシャ語（紀元前四世紀頃）で、「場所」をトポス（topos）といい、「学（問）」のことをロジア（logia）といった。アリストテレスやアレクサンダー大王のいた古代ギリシャ人の間では、トポスの概念を「議論に関係したコトガラや話題を見出す場所（論点、観点あるいは視点）」「象徴的なモノの所在場所」「居住空間としての都市」に置いていたようである。時代がはるかに下って十九世紀に入ると、トポロジーとは「空間の中の点、線、面および位置を示す法則を研究する学問」として位置づけられ、フランスの数学者H・ポアンカレ（一八五四―一九一二年）によって独立した学問分野となった。英語にしてもフランス語にしても、その言語体系はアルファベットの二十六文字からなる表音文字である。

漢字では「幾何」の意味合いが濃く、アルファベット文字では「位相」の感が深い。位相幾何学は、現代数学はもとより、社会科学にも及ぶ広い範囲で、深く浸透していることがわかるのである。

以上のことから、「位相」の概念が数と図形とは本質的に別モノではなく、一方は他方を表す。そして、点（数）の連続性（線）にかかわる特性を扱う学問である、と理解される。いうまでもないことだが、石を並べて個数を数える、あるいは片手五本の指を折って両手で十と数えるのが算術の始まりで、砂や壁（木片でもよい）に絵を描く、これが幾何の始まりだ。いわば点と線の区別が算術と幾何の違いといえば違いだが、線というのは点を連続させてできる「点の集合」である。

河原に行けば小石（石コロ）が「不規則に、無数に」コロがっている。この石コロを繋げて並べれば線になる。難しくいえば、離散と連続（集合）という対立した関係に統一的な考え方を働かせて、双方に密接な関係のあることに着目し、この関係をさまざまな分野に応用できないか、という着想が「位相幾何」の誕生となったわけである。問題は、点と線の関係をどう扱うかに視点（点）を置き、どういう考え方（線）で論理的に統一できるか。一見、無秩序に見える自然の中に、点と線にかかわるメカニズムが隠されていて、その隠された自然のメカニズムを発見し、生活の改善に役立たせようとする数々の試みが「位相幾何」の本質といえるだろう。

囲碁が「位相幾何」の本質を突いているといえば、八方破れの飛躍した語り口だとの謗《そし》りを受けるかもしれない。しかし、視野を限定してしまっては、新機軸の発想は生まれてこない。

黒と白のアメダマほどの石を、タテヨコ十九本の線を重ねてできる三百六十一点の結び目に並べてみるとわかることだが、点は線をなし、線は石一つで切れて二つにも三つにも分かれる。この離合集散の変化が、囲碁というゲームの「姿かたち」なのである。そういえば、恒星と惑星も離合集散の天の文《あや》である。

V　点と線と二進法

「天の文」と「地の文」

位相幾何は「離散と集合」、つまり点の連続性や非連続性にかかわること、そして数（点）と図形（線）とは本質的に個別のモノではないとする考え方であることがわかった。

さらに解釈を加えれば、部分（局）と全体（大局）、ミクロとマクロ、ローカルとグローバルに調和をもたらす視点を見出して解明することが、位相幾何学（数学）の仕事なのである。

ゲーム感覚でいうならば、囲碁などは位相幾何学の一隅を照らす典型的な実例と断定してよいだろう。

幾何学や物理学に限ったことではないが、体系化されて「学」と名のつくモノに歴史があるように、囲碁にも「歴史」がある。ゲームとしての囲碁を位相学と同一視しても間違いではないが、その生誕には元始があろう。囲碁がゲームとして一般社会に取り入れられるには、それとおぼしきプロトタイプ（原型）があったに違いない。

先に、『説文解字《せつもんかいじ》』で見たように、漢字は地上界の諸物や現象を観察し、その「文《あや》」（模様）から「字」

（文字学）が生まれた。同様に、天空に輝く日月星辰《せいしん》を「天の文」として天文学の入り口に立ったのが、占星術であった。四季の変化や年月日を暦として特定し、地上での人類の生活の指針としたことは「天と地と人」の相関を予測するためでもあった。

これに関して『史記』（天官書第五）には次の記述が見られる。

「天の中宮は北極星座である。その中でも最も明るいのを太一《たいいつ》といい、太一（の神）の御座である。……杓星《しゃくせい》は土地（地方）でいえば華北から西南の地……衡星《こうせい》は中原の黄河・済水の間の地……魁星《かいせい》は渤海・泰山から東北の地方を司る。北斗は天帝の乗車で、これに乗って天の中央をめぐり、四方（東西南北）を統一、陰陽を分け、四季を立て、五行の活動を滑らかにし季節を移す……政法を定むるは皆北斗の仕事である」さらに、「填星《ちんせい》（土星）は地侯《ちこう》ともいい、年を司る。……二十八年で天を一周し、その在る所（土星）に五星が従って集合すると、その下の国は徳が重く、天下を定めることができる」「天が初めて民を生じて以来、……五帝三代に至るに及んで日月星辰の運行を測り、民に時を知らせた。中国の地を内にし、夷狄《いてき》を外とし、中国を分けて十二州とした。天象を空に観察し、伏して種類を地にのっとった。天に日月あれば、地に陰陽あり、天に五星あらば、地に五行がある。天に十二州二十八宿あらば、地上に州域あり、日月星の三光は、陰陽の精気で、その基本は地に在る」

ここで五帝というのは、黄帝《こうてい》・顓頊《せんぎょく》・帝告《ていこく》・尭《ぎょう》・舜《しゅん》を示し、三代とは夏《か》・殷《いん》・周《しゅう》のことである。

もとより、大気圏（気象）と大気圏外（宇宙空間）の区別はない。

以上に関連して「二十八宿星が、鄭《てい》・宋などの十二州を司り、北斗七星がこれを兼ね治むることは、古来久しく伝えきたることである。……秦が他国（韓・魏・趙の三晋と燕・代）を併合し、黄河・華北以南を中国とした。その中国は、四海の中にあっては東西の地を陽とした。陽は太陽であり、五星では歳星・熒惑・填星であり、星宿では畢星《ひっせい》がこれを支配する。その西北は胡貉《こはく》・月氏《げっし》など弓を引く民族で陰に位する。……太白星（木星）の運行は中国の運命を支配する」と記している。

また、「…天の経《たて》の線で他に移らず、光には大小の差がある。闊《ひらき》と狭《せまき》とは常に定まっている。五星は天帝の五つの補佐星である。緯《よこ》、すなわち東西に連なって運行し、見えると見えない時と、一定の時がある。過ぎ行くところの伸縮に一定の度合あり、……およそ天変が度を過ぐればすなわち占う」。さらに、「常に位置を変えない恒星に異変が見られることは稀《まれ》であるが、日・月・星の異変を占うことはしばしばある。…天の客気は不時の来客のような客気で、その発見には大きな運命がかかっている。そして、その国の政事《まつりごと》と相応関連することは、天と人の持つ符節に近い」との記述がある。

以上のように、『史記』（天官書）では、恒星と地上を相関させるだけではなく、惑星も加えて変化を読み占うことを試みている。恒星は、北極を中心に時々刻々と回転しているが、目視確認できる動きではない。（後述）

惑星は、文字の示す通り、動きのある星のことだ。なかでも木星（歳星）と土星が注目されている。木星は、ほぼ十二年で天空を一回転することから、天空を十二等分して一年の木星の進行移動と地上を十二等分することに充てている。地上（地域）の吉兆は、木星の一年間の動き（遅速）によって定まると考えていたのである。

これに加え、天文の惑星の動きと、地上の五行を対応させ、方向や日付、季節に割り振って客観性の欠落したドグマ（主観的、恣意《しい》的判断）で読んでいたのである。年間は四季に分けられるので、五行を割り振ると一つ余るが、無理を押して、年央（夏）を土星に対応させて土用とし、魔方陣の中央「五」に黄河の「黄」を取り込んで五黄土星とした。ドグマの徹底ぶりも、ここまでくれば見事なものだ。

五行の特性は大気圏内の季節や暦に用いられても、大気圏外の天体（恒星や惑星）の動きとは無関係である。五行（説）を真理として不動のドグマ（教義）にすれば、天体の示す周期性やメカニズムという不変の真理とは整合されない。五行を不変の原理としたことで、宇宙天体のメカニズムとは乖《かい》離《り》した解釈が科学する頭脳の働きを抑止し、自然界のメカニズムを見えなくしてしまったのである。中国占星術は、天文学の門前に立ったものの、門前払いを食ったことになる。それだけではない。陰陽五行の思想は、驚くなかれ、十九世紀に至るまで中華思想の根幹となっていたのである。このようにして、中華民族の歩んだ自然科学への道は、西洋諸民族のそれに比べ、遅れたスタートとなった。

十九路盤三百六十一目の命運

さて、ここでは囲碁という盤上ゲームを生んだ遺伝子を特定することに視点を置こう。

「一目方格」による作図法で地上図ができ、地域が分けられたのであれば、「天と地」の相関を検測するためには天文図、つまり星図が必要になる。基準となるのは、タテとヨコの線分による結節点（交点）である。それが、平面空間と宇宙（天）空間の一致点を求めるために最も初歩的で合理的な手法として用いられた、と考えて無理はない。タテとヨコの線分で地図を転写することは今日でも行われていることである。地球の一地点を特定するのに北緯何度何分、東経何度何分で特定されるヨコとタテを使っている。これは、太平洋上の台風発生点や進行方向、位置を示すために、日常的に利用されていることからもわかる。つまり、二次元空間的な位置の特定方法である。

星図を作らなければ、星図上の恒星と惑星の位置関係、とりわけ離合集散のありさまを検測することなどできる作業ではない。星図（天文図）と地図が別々の基準で作られていては、天と地の相関は解読できまい。観測事実と実体験から得られる理論が、相互に絡み合って客観的な判断の基準を生む。科学への道は、経験と実験から得られる知識の積分から拓《ひら》かれるのである。

陰陽五行の思想が、自然の因果関係（メカニズム）を客観的に解読できる方向に修正され、積分された上で天の文《あや》を微分していたのであれば、中国占星術も近代天文学へと発展し、自然科学の発展に歩を進めたことであろう。しかし漢民族は、陰陽五行の思想を金科玉条《きんかぎょくじょう》とし、宇宙はおろか、地上の自然界に秘むメカニズムも理解できると判断してしまった。その強引ともいえる固定理念（ドグマ）は、「キリスト教徒に非ざればヒトに非ず」としたキリスト教会のドグマと比肩されても仕方あるまい。ただ、キリスト教徒は、古代ギリシャ科学を引き継いで世俗の富としたイスラムに触発されて、自然科学への道を見出す方法に成功した点で陰陽五行より先行したといえる。この遅行は、ヨーロッパ文明に多大な影響を与える諸件（火薬、羅針盤、印刷技術など）を持っていたにもかかわらず、先に引用した『史記』（天官書）から読み取れるままに、古代から中世へ、そして近代に至るまで、漢民族の人生観はもとより、社会・世界観の価値判断の基準となっていたことに原因があろう。

「天と地」の相関を、地図と天文図に求め、その解釈を陰陽五行の思想（ドグマ）によったことに陥《かん》穽《せい》があった。加えて、宇宙空間と地平空間の相関検尺としてタテとヨコの線（五本とか七本、あるいは九本）を用いたまではよかったが、恒星は地上から観察した「天の文」で単なる平面的な図形にすぎず、距離感はなく、また惑星は動き惑うために、時に応じて軌跡をたどる必要があった。タテとヨコの線で描かれる方格の目（交点）を基準として、刻々と動く惑星の軌跡を観測するために、惑星に代わるモノを置く必要に迫られる。そのモノというのが、石であったか、粘土で固めたツマミの付いたコマであったかは定かではない。しかし、方格の盤面に恒星の位置を定めて石（コマ）を置き、その周辺を動く惑星の移動を印すために、別の石（コマ）を使わなければならなかったのは確かなことだろう。つまり、恒星に対する惑星の関係を、黒と白などに分けて方格盤上に描く必要があった、ということだ。

恒星と惑星の関係を時系列的に観察することで、地上の各分野での出来事や現象を予見し、これらの照応を試みる作業が、タテとヨコの線分で描かれる網の中（つまり碁盤の目）で行われたと推理されるのである。この仕事は、とにかく五行思想の入る余地のない客観的な事実の「天の文」を転写することである。ドグマの入る余地のない転写は、言葉を換えれば、五行思想からは排除されるべき「天と地」の擬似相関、ということになろう。
タテとヨコの線分によって得られる「一目方格」は、地「目」と天「星」の「星目」を生んだが、占星する術との不整合が認識されるまでに時間はかからなかったと思われる。「碁盤の目」による天地相関の解読基準は、陰陽五行思想のドグマに否定される運命にあったといえる。

碁盤、とりわけ囲碁の生誕の秘密は、春秋・戦国の混乱にまぎれて市井《しせい》に流れ、点と線で描かれる盤面の文《あや》は、恒星と惑星が重なったときにはいずれか一方を除くこと、東西南北のタテとヨコは結びとなるが、ナナメの線が分断されること等々に着目して、二人のヒトが交互（恒星と惑星に分かれて）に着石するルールを生み、「一目方格」による地域面積の占有をめぐって競り合うゲームに変容したと推測されるのである。交互に着石することから生じる部分での占有面積の拡大と縮小。一方による他方の点と線の除去を三百六十一目数の中で興じ、多くの目数（面積）を獲得するゲームとして展開していったと思われる。そのゲームの展開は、二進法であり、結果的に位相の理論に根拠を持つものとなったといえるだろう。

ともあれ、五行思想は「天地相関」を探求するために十九路三百六十一目の盤面で行われた実験的な手法であった。それは呪術《じゆじゆつ》ではなかった。呪術ではなかったが故に、利用価値が減じられ、ゲーム化への道を歩まざるを得なかったのである。五行思想は、ヨーロッパにおいて「地動説＝一五四三年」（コペルニクス）、「万有引力の法則」（ニュートン）、「天王星の発見＝一七八一年」（ハーシェル）、「海王星の発見＝一八四六年」（ガレ）等々、キリスト教世界で実を結んだ数々の天文学上の発見や科学の外に置かれ、埋没していたのである。

『易経』（八卦）にみる二進法

日常的に、計算上の便法として、十進法が使われていることは言葉を改めるまでもない。この十を単位とする代わりに、二を単位として使う記数法を二進法と呼んでいる。二進法に従えば、二の二乗、三乗、四乗と続けていく計算に、位取りの原則を組み合わせれば、すべての自然数は〇（ゼロ）と一（イチ）のみを使って表すことができる。二進法は、電流が「流れる」（一《イチ》）、「流れない」（〇《ゼロ》）に対応させて計算したり、論理を組み立てる方法ともいえる。

さらに解釈を広げれば、ハムレットの名セリフ「永ろうべきか（一）、死すべきか（〇）」。物質（モノ）では「有るのか（一）、無いのか（〇）」。といったことにも相当するが、ヒトが生まれ出ずる（一）こと、そして生涯を閉じる（〇）ことにも繋がる。つまり、生死でいうなら「生は時間が与えられること（一）であり、死は時間を失うこと（〇）」でもあろう。ヒトが観察する宇宙自然では「動いているのか、静止しているのか（惑星と恒星）の関心事が、心理に働きかける二進法である。「ゼロかイチか」に頼る記数法は、物理と心理の双方に、そして数学と哲学に共通する。

釈尊（シャカ）に念仏のような話で恐縮だが、「二進法位取り記数法」を、以下簡便に説明しておこう。まず、普通の算術は十ごとに位が上がっていく。その際、〇《ゼロ》および一から九までを表記する〇、一、

二、三、四、五、六、七、八、九、といった「十個」の数字が使われる。十までいくと、再出発（元へ戻って）して、この「十」を一〇と記し、「十」の十倍つまり「百」は一〇〇、「百」の十倍つまり「千」は一〇〇〇、といった表し方でどこまでも続けていく。これが十進法だが、この方法の代わりに、「二」ごとに位が上がっていくという数え方を使うのを二進法というのである。つまり、先述の通り、〇と一以外の数字は使わずに、「二」までいくと再出発（元へ戻す）する方法である。この方法では、「二」は一〇、「二」の二倍である四は一〇〇、「四」の二倍つまり八は一〇〇〇、「八」の二倍である十六は一〇〇〇〇と表記していくわけである。したがって、

100	→	4
10		2
1		1
111		7

1000	→	8
100		4
1		1
1101		13

という関係が成立することになる。すなわち、二の一乗、二乗、三乗といった「数」がそれぞれ一個ずつありさえすれば、それらを合算することによって最高乗の数より小さなすべての整数をつくることができるということだ。このようにして、二進法は冗長な記数法ではあるが、九九《クク》の表を記憶暗算しておく必要はない算術なのである。この「冗長」な部分も、コンピューターがナノ・セコンド（十億分の一秒）で処理してくれる。これが現代の計算方法なのである。

お気づきのことと思うが、「八卦」（易経）の「卦」は⚋（陰）と⚊（陽）の棒（これを爻《こう》という）を、まず三本組み合わせて八種類（二の三乗）のパターン（八卦）をつくる。つまり、☰（乾《けん》）、☱（兌《だ》）、☲（離《り》）、☳（震《しん》）、☴（巽《そん》）、☵（坎《かん》）、☶（艮《ごん》）、☷（坤《こん》）の八つである。

これらは、それぞれ天、沢、火、雷、風、水、山、地を象徴することもすでに述べた通りである。これを重ねて（二の六乗まで）六十四種類にしたのが八卦である。八卦は、いうまでもなく占術である。この占術の辞は各卦の各爻ごとに付されているから、六十四種類の六倍で三百八十四種類となり、三百八十四の場合（ケース）を占辞できることになる。この『易経』（Book of Changes）は、五行のドグマによる解釈が加わって、人生観はもとより宇宙観（自然）をも備えているのである。

五行が『易経』に支配的なドグマとして介入していても、八卦の基本が二進法によることは確かなことだ。『易経』を呪術的な占術として決めつけることで、古代中国の科学する頭脳をあなどってはなるまい。

十八世紀のヨーロッパで、『易経』に示された記数法に注目したのは、数学史に微積分学で不滅の金字塔を建てた天才G・W・ライプニッツ（一六四六—一七一六年）であった。ライプニッツは、一七〇三年に、「〇と一の数字だけを使用する二進法算術の解説、ならびにこの算術の効用と中国古代から伝わる伏義《ふっき》の貢献について」と題する論文を王立科学アカデミー会誌に発表している。その論文の趣旨は、

「……『〇と一』による算法が、古代中国の王であり賢者として伝えられる伏羲が工夫した実線と破線からなる不思議な図形に潜んでいる……。基本的といえる八卦の図柄では、実線⚊は、つまり一、破線⚋は、零（ゼロ）つまり〇だ……。この図はおそらく現存（十八世紀）する世界最古の学問的文書であるから、これほど長く空白を置いてその真意が再発見されたことは興味深い。伏羲の図と私（ライプニッツ自身）の算定法との同一性は次の表に明確に示されている……。

☷	〇〇〇	〇	〇
☶	〇〇一	一	一
☵	〇一〇	一〇	二
☴	〇一一	一一	三
☳	一〇〇	一〇〇	四
☲	一〇一	一〇一	五
☱	一一〇	一一〇	六
☰	一一一	一一一	七

……私（ライプニッツ）は伏羲の思索の深遠さを極めて高く評価したいと思う。……二進法が大変素朴な手法に思えるのは、われわれが十進法に習熟し乗法を暗記しているからであって、十進法を極度に切り詰めれば二進法になるのである。

……伏羲は『漢字』の創始者だとも信じられている。しかし、彼の二進法から推測すれば、『数』

と『形象』(漢字)について、他のなんらかの重要な事柄を見出していたように思われる。ただし、漢字の中に普遍的記号法があるのかどうか、わからない」

さらに、キリスト教会(イエズス会)から「清」国に宣教師として派遣されていたブーヴェ神父(一六五六年――?)との文通で次のことに言及している。

「……『易経』つまり『変化の書』の中に六十四個の卦が含まれています。伏羲より数世紀も後、周の文王とその息子・周公旦、そしてそれより五世紀後の孔子たちは、その書物から哲学的神秘を探そうとしたようです。これらの人たち以外の人々は、その書から一種の土砂卜占(風水という地相占い)をはじめとする馬鹿げたことを引き出しています。しかし、実をいえば、この六十四個の図形は二進法算術を示すのであり、私(ライプニッツ)は伏羲より数千年も後になって、それを再発見したのです。にもかかわらず、後代の中国人は六十四卦を二進法的に捕らえようとはせず、一種のシンボルもしくは秘密記号とみなしてしまいました。以上のことは、古代の中国人が現代(十八世紀)中国人に比べて、宗教の面だけではなく、科学的知識(数学)の面でもはるかに優れていたことを物語るものです」

そして、ライプニッツは一六九九年の「中国の近況」報告書の中で次のように記述している。

「日常生活に役立つ技術（職人的）や、自然の統御策（灌漑《かんがい》）に関しては、『清』帝国のそれとヨーロッパのそれは互角である。しかし、思索の徹底性と理論的な学（科学）にかけては、われわれ（ヨーロッパ人）の方が優れている。論理学、形而上学、神学はもちろん、質料を捨象《しゃしょう》した形相のみの『学』、つまり数学においてもわれわれの方が優れている。中国人は、人間理性の偉大な力である『証明の術』を知らないように見える。

……戦争の技術においても彼ら（中国人）は劣っている。しかし、それは無知からというより賢明さに基づくもので、中国人は人間どうしの蛮行をもたらす一切の手段を退けているのである。……それは、決して臆病からくるものではない。中国人のそのような態度は、地球上に彼らだけが住んでいるのなら結構なことだ。しかしながら、世界の現状から見て、善人といえども、自分たちに敵意を持つ人間どもが暴力を振るわないように、戦う術を身に付けておかねばならない。

しかし、恥ずかしいことではあるが、実践哲学の面ではわれわれヨーロッパ人の方が劣っている。人間の生き方や日常的作法に関する学、つまり政治学の面では劣っているのである。……互いに不快感を与えあうことを防ぐ公衆的秩序体系の確立に、中国人の払った素晴らしい努力は世界に冠たるものだ、といわねばなるまい。……フランス国王（ルイ十四世）の庇護《ひご》とイエズス会の援助によって、宣教師とともに科学アカデミー会員四名の数学者が中国に派遣された。そして、この派遣計画にかかわった人々は、数学だけではなく哲学をも皇帝（康熙帝《こうき》）に教えようと考えている。こうした計画が、さらに推進されるならば、おそらくわれわれ（ヨーロッパ人）は学問のすべての分野で中国人に敗北することになるだろう。私（ライプニッツ）は、そのことで中国人を嫉妬しない。むしろ喜びたいと思う。そして彼ら（中国人）から実践哲学の応用部門と、極めて理性的な生活習慣（礼）とを教えてもらいたいと思う」

と締めくくっている。

G・W・ライプニッツは、一六四六年プロイセンの地ライプチヒに生まれたI・ニュートン（一六四二―一七二九年）と同時代の天才である。ライプニッツの生誕は、三十年間に及ぶ宗教戦争の終局二年前にあたる。国土が戦場と化し、人口が戦前の六〇パーセントに減少した社会での過酷な環境下で少年時代を送ったが、十二歳のとき、すでにラテン語とギリシャ語をマスターしていた。年齢を経るにつれ、言語学はおろか、法学、歴史学、神学、倫理学等のあらゆる分野での学識と経験を積み重ねていく。単に、数学における微積分学の生みの親にとどまっていたわけではない。神聖ローマ帝国の有力諸侯ハノーバー家やブランデンブルグ家にあって、宮廷政治家としての活躍ぶりは、フランス王国のプロイセン（ドイツ）への侵攻計画を、イスラムに向けさせる外交的手腕（エジプト計画）を発揮している点（実現しなかったが）にも見ることができる。それにしても、ライプニッツは二進法をコンピューターで処理することを予見していたのであろうか。

煉丹術と風水（火薬と羅針盤）

悠として迫らざる四千年の歴史を持つ中国は、中世のヨーロッパ人にとって先進国であり、文物ともに求心力の強い国であった。中世のヨーロッパ人は、中国漢民族の英知である火薬や羅針盤等を、イスラムとの戦いやキリスト教会の内部抗争（宗教戦争）を通じて研磨し、これを利してキリスト教徒による全世界布教を活発化（これについてはエピローグで触れる）させていったのである。

全世界へ向けての布教活動は、聖俗二つの側面を持っていた。聖なるキリストの教えを広めること。その布教活動は、植民地化によってヨーロッパ諸国民の富を増殖させる世俗的な欲求を満たすためでもあった。

それは、火薬と羅針盤を除いて達成できる活動（布教という名の植民地化）ではない。古代中国伝来の火薬と羅針盤は、道教の核心部分であるシャマニズムから生まれた呪術の技法である。羅針盤は、地相占い（風水）から、火薬は、「薬」の文字が示す通り、不老長寿の術（煉丹術《れんたん》）から薬を求めた結果である。薬物として水銀の神秘的変化に着目し、硫化水銀を「丹」と呼び、その扱い方で不老長寿の妙薬が得られると考えたのである。妙薬の調合に腐心する過程で硝石《しょうせき》を発見し、これに硫黄《いおう》と木炭を加えると特異な変化（爆発燃焼）を示すことを知った。

火薬は普通の燃焼と違い酸素がなくても燃焼し、爆発する。それは、硝石の内部に必要な酸素が含まれているからである。隋《ずい》・唐の時代（七世紀頃）の記録に示された黒色火薬の発見がこれであった。この火薬の製法が発明されて、武器として使われたのは十三世紀初頭の金（満州女真族《じょしんぞく》）が始めで、モンゴル族がこれを継ぎ、イスラムとヨーロッパに伝わったのである。

羅針盤の原理は磁石にある。磁石が南北の方向を示す指極性を持つ、と漢民族が確信を得たのは前四世紀頃（戦国時代）である。これは、陶磁器の製法技術に類まれな能力を示した漢族ならではのことだ。漢族は鉄針を南北に置いて加熱処理すれば磁針が作れることを発見し、この磁針を木製の魚に埋め込んで水に浮かべて方位を確認できるように工夫している。地相や家相を重視する道教（シャーマン）が方位を特定するためにこれを使用していたのである。羅針盤が、海洋航海の船に備えられるようになったのは十一世紀頃だが、これよりはるか以前、もっぱら地相（風水）に、そして中国の広大な陸域や北方モンゴル草原での方位付けに利用されていたことはいうまでもあるまい。この磁針の利用も、十二世紀にはイスラムへ、そしてヨーロッパに伝わったのだ。

さて、「風水」について少し述べておこう。「風水」術、つまり地相学的技法のことである。これは、地気（地磁気）がヒトの生活に作用すると考えたことから生まれた道教技術の一つで、その理念のとらえどころは、山脈、丘陵、河川水流などの地勢を観察し、陰陽五行によって潤色したテクニックにある。具体的には、山岳などの北（玄武《げんぶ》）を背にし、東（青龍《せいりゅう》）に河川があり南方に流れ、南（朱雀《すじゃく》）あるいは沢畔《たくはん》）は緩やかな傾面で見晴らしが良く、西（白虎《びゃっこ》）には丘陵が連なっている地勢・地型をもって理想とする。

この風水思想の根拠は、北は寒風と北狄《ほくてき》に対し天然の要塞となり、水利に良く、冬期には日照が豊かであること、そして西は西戎《せいじゅう》の侵攻に備えられる、という諸点にある。以上のような条件は、北半球中緯度帯では、いずれの地域でもほぼ同様に理想的とされる地勢である。その条件が、一国の都、一族の居住範囲にまで及び、祖霊を祀る墳墓にも適応されるようになる。祖霊の安寧《あんねい》と一族の繁栄は、生活の表裏であろう。「風水」は、疑似科学といえなくもないが、真理の一面をのぞかせているといえるのである。中国の地勢・気候風土については後述する。

以上のように、地相や墓相の可否が一国一族一家の盛衰を決めるという理念に従えば、道路（鉄道）敷設《ふせつ》、鉱山開発、大規模運河などの工事開発を場所によっては否定する者も出てくる。一国の栄華は官僚組織、一族の繁栄はその組織の高位高官の職（地位）を得ること、一家の富はその地位にある、となればなおさらのことである。「風水」は、是々非々《ぜぜひひ》の判定を下すために、南北の方位を正確に測定する必要から生まれたのである。

その必要性が、磁針（羅針盤）を工夫させた。これを、「必要は発明の母」であったと指摘したのはイギリス人科学史家で生化学者でもあったJ・ニーダム（一九〇〇―一九九五年）である。

これに対し、先述のドイツ人社会学者M・ウェーバー（一八六五―一九一〇年）は、中国の近代化、とりわけ産業資本の蓄積と開発投資の阻害要因となったのは「風水」にあり、官僚登用制度の科挙《かきょ》では数理哲学（数学）の教育が不足していたこと。さらには、孔子の説く「周礼《しゅうらい》」（儒教）が権力の隠れ蓑《みの》を提供し、有史前からの原始道教は数々の呪術（占星、甲骨占、地相占など）を育てた温床であり「呪術の園」であった、と断じてはばかっていない。

M・ウェーバーの中国社会論（シナ学）も、ライプニッツ同様、中国の地へは一歩も踏み入らず、もっぱら情報収集の分析によるものだ。

よく語り伝えられるように、歴史が真実を語る、という。ライプニッツは一八世紀、ウェーバーは十九世紀の中国を、前者は数理哲学の視点から、後者は宗教社会学的なそれによって、分析し判断を下したのである。

二十世紀に入って、本格的な中国研究を行ったのはフランス人H・マスペロ（一八八三―一九四五年）、そして二十一世紀に至ってオーストリア人物理学者F・カプラ（一九三九年―）である。J・ニーダム、ニーダムは、三十六歳（一九三六年）頃から、中国科学史に格別な関心を抱くようになり、四十二歳のときから四年間中国に滞在。帰国後、『中国の科学と文明』を編纂《へんさん》する意向を固め、その後も再々中国を訪れ、半生を同研究編纂に投じた稀代《きだい》の科学者であった。


コロンブスの航海は、中国伝来の羅針盤を利用してのそれであった。十六世紀以降、ヨーロッパ人の中国志向はますます増幅し、キリスト教会（イエズス会）宣教師を中国に送り込んで布教に努めるかたわら、中国の文物に関するあらゆる情報が収集され啓蒙《けいもう》されたのである。十七世紀に入ると、ヨーロッパでは中国の文化、芸術、学問について、やや誇大評価する傾向すら見えるのである。それは、先に引用したライプニッツの著作から読み取れることだ。そのライプニッツは、中国に向かう宣教師、使節団、旅行者などに諸情報の収集と調査を委託指示している。教会から中国に派遣される宣教師は、キリスト教の教義を科学的合理性で裏づけるために、ギリシャ科学との融合を目論《もくろ》んだ哲学（スコラ神学）に精通し、天文学、数学（ユークリッド幾何学）や物理学などの分野で理論武装したエリート中のエリートたちであった。

これらのエリートたちを情報源として、ライプニッツは中国を分析し考察していたのである。ライプニッツは次のようにも記述している。

「中国には哲学説、いやむしろ自然神学の教説といってもいいものに裏打ちされた称賛に値する公共道徳が存在している。それら哲学説はギリシャ哲学より以前、三千年前に確立され、正当化され続けてきたという点で驚嘆すべき歴史を持っている。中国人に比べて後から歴史の舞台に現れ、まだ野蛮な域を脱していないわれわれヨーロッパ人が、中国のそうした古い哲学を否定することは極めて愚かなことであり、厚かましいことだ」

火薬、羅針盤、そして製紙法と印刷術は、神父や教会の占有物であった聖書の大量発行を可能にし、一般信徒の手に届くようになって、プロテスタント派が結成され勢力を得たのである。ライプニッツは、このことを素直に認めざるを得なかったとも思われる。

Ⅵ　歴史の中のタオイズム(道教)

血縁・地縁的に結ばれたヒト社会集団は、同じ価値観を育み、共有し、社会を形成する。そのような価値観の発祥は、その社会の自然環境に与《あずか》って多とする。だから、自然環境が異なる社会では価値観も異なり、文化も異なるのである。異なる社会集団にあっても、日照と降水の条件が生存の源泉であることに変わりはない。そして価値観の基準は、社会集団の中の特定のヒトが定めるモノでもない。それは、集団社会的に固有な常識として、大方に受容される文化なのである。

ところで、道教の古里《まほろば》・中国大陸は、内陸北部に黄河、南部には長江（揚水江）という世界有数の大河の流れと、太古の昔から悉皆《しっかい》の生命を育む日照にも恵まれた中緯度地帯（北緯三〇―五〇度）に広がる地域である。この中国大陸は、南・北・中の三地域（エリア）に分けられる。分けなければならないのは、三地域（華北・華中・華南）が気候風土の上でかなりの相違が見られるからである。日本列島の諸地域（今日の）と対比してみると、緯度線上では北京と秋田が華北、華南では南京と鹿児島、上海と種子島が同一線上に位置し、福建省《ふっけん》（福州）が沖縄に当たる。華南は、さらに南方へ広がり、台湾、フィリピンとほぼ同緯度となる。

このように広大な中国大陸は、華北・中・南が有機的に絡み合って一体となっている。華北は、北狄《ほくてき》の侵略と寒気の流入を防ぎ、攻めては西北・東北へ進出する基地的なエリアである。ここは、政治的、軍事的、外交的な意味で重要な位置を占める。しかし、気候条件上からみて農業生産力では、黄河流域を擁《よう》しているものの、華中・華南（長江）に比べ劣位にあることは否めない。華中・南のエリアは中国全域の人口を賄《まかな》うほどの農業生産力を有しているが、政治的、軍事的に弱点がある。華南は、東と南を外洋（シナ海）にさらされ、東夷南蛮《とういなんばん》の異民族の侵入に対する防衛力を整備するのが難しい。このように中国全土の統一には、華北・中・南が相互に依存する密接な関係維持が要求され、強力なリーダーシップが欠かせないのである。その強力な統率力の強弱有無が、統一と分裂を繰り返す歴史を歩み刻んできたといえるだろう。

史実は、四―五世紀央に異民族の五胡の（匈奴《きょうど》・羯《けつ》・鮮卑《せんぴ》・氐《てい》・羌《きょう》）が華北に侵攻して建国、十―十二世紀には北東の異民族（契丹《きったん》族）による「遼」が華北の東部を支配、次世紀（十三世紀）には満州女真《じょしん》族が華北全域を支配して「金《きん》」国を建てている。さらに、十三世紀から十四世紀半ばまで、モンゴル族によって華北はおろか中国全土(元朝)を支配され、世界の中央に座した。元朝滅亡の後、漢族による「明《みん》」王朝が復権するが、十七世紀から二十世紀の近代まで、再び満州女真族によって「清《しん》」帝国が全土を支配したことは、史実が伝えている通りである。

中国より以北の北方モンゴル高原（北狄）や北東（東夷）の異民族は、騎馬遊牧の民か、狩猟採取を生活の糧とする民であった。

これら北狄、東夷、西戎《せいじゅう》に並んで、南蛮（ポルトガル、イギリスなど）が中国漢民族の育んだ自然豊かな生産力と求心力に吸引されたのも至極当然のことであろう。その求心力は史上類をみない。この求心力に惹かれて、夷戎狄蛮は漢民族との交易を望んでやまなかったのである。その交易の手段は、陽商陰盗のそれであったことは否定できないことだ。歴史の示す通り、中国漢民族のリーダーシップが欠落（政局の不安定）した折には、侵略のチャンスとして武力抗争に誘い込み、内部分裂を誘発させた夷戎狄蛮の動きは一度や二度ではなかったのである。

しかし、漢民族の育んだ悠久の文化と価値観は、征服した異民族の文化を受け入れるのではなく、漢族自らの文化に同化させ均質化させ、あたかもスポンジが水を吸い上げてしまうように、異質の民族文化を併呑《へいどん》してしまったのである。自らの体質を変化させることなく異民族を吸引した漢民族の文化は、奈辺《なへん》にあったのだろうか。

中国の生活空間から自然発生的に生まれた文化的価値観は、タオと呼ばれる思想哲学（タオイズム）である。漢民族の経験と知恵、感性と情念の赴《おもむ》くところに育った慣習と風俗がタオイズム、ということだ。歴史は、出来事の単なる時系列的な記述ではない。

この価値観の輪郭を描き、内容を語ったのが「道家」と呼ばれる一派であった。経験を記録する方法として文字（漢字）を創り、記録するのも価値観の一つであった。その記録の蓄積は世界史に比類がないほどだが、記録の判断基準となったのは紛れもなくタオイズムであった。道家思想（タオイズム）が文字で表現され教説となったのは、春秋戦国時代の諸子百家の一つとして顕在化したからであって、それ以前では文字で表現された教書として体をなす必要もなかったのである。言を換えれば、タオイズムは漢民族共通の深層心理として潜在化していたのであり、文字形式に改めて置き換える必要など無用であったからであろう。

文字や語りで教えを説くためには、論理性がなくてはならない。タオイズムは総称としての表現で、二つに分ける必要があろう。一つは、稠密《ちゅうみつ》な思考を抽象化し、論理体系を持ち、これを糸として織り上げた側面（道家思想）。今一つは、論理体系とは無縁の土俗風習の側面（道教文化）である。この二つの側面の核心となり、連鎖している部分が「不老長生」の思想である。

道家思想と科学技術について、物理学者F・カプラは次のように表現している。

「哲学者はタオの根幹を理解しても、その枝葉を理解せず、科学者は枝葉を理解しても、根幹を理解しようとしない。科学に神秘思想はいらないし、神秘思想に科学は不必要であろう。だが、人間（ヒト）は両方とも必要なのだ」と。

天才であれ、凡才であれ、国君であれ、小作農民であれ、ヒトは「生」を受けると同時に「死」を迎える。社会にあって、上下貴賤や貧富の差はあっても、等しく「死すべき」存在である。そして等しく「長生きを願う」生きモノなのだ。

永遠の生命は望むべくもないとしても、「生老病死」の「老」と「死」から免れるノウハウはないか、と考えたのが「道家」である。道家思想は、煉丹《れんたん》術から薬物を、気功や肉体的な鍛錬を通じて老化防止を、科学的に探求したのである。他方、世俗的な道教文化は、天（神）の恩顧（長寿）を受けるために信仰（神仙）という神秘性を追い求めた。

科学と神秘の共通点は「不老長生」の思想であり、「神仙思想」が接合部分となり、双方を橋渡ししたのである。「神仙」の根本理念は、自然が示す生命の循環（周期性）に天（神）の技《わざ》を感知し、その技から延命長寿の処方を学び取ることにあった。だが、天（神）の技を会得し、永遠の生命を持つ人物の存在を信じなければ、「技」を求める努力目標はない。その永遠の生命を持つ人物を「仙人」と呼んだ。「仙人」が、神秘的なるモノへの具体的な表現であった。

このようにして、「不老長生」と「神仙思想」は、同義となる解釈で一致したのである。漢民族の価値観の赴くところに、延命の処方を見出し、その処方箋に従って生活すれば「老」をストップさせ、「病」から逃れられるという願望があった。それは、とりもなおさず「死」を遠ざけることのできる唯一の道を求める、という理念であった。

タオイズムは、「不老長生」と「神仙思想」を合致させ、易（八卦）、占星、陰陽五行から、煉丹術、風水、卜占など数々の技法を編み出し、数千年の星霜《せいそう》を経ている。後世の人々が、これを「呪術」と一括総称するきらいがないではない。しかし、煉丹術と風水（北坐南向、背山臨水の理）などは比類のない成果を生んでいる。煉丹術は火薬を、風水は磁石（羅針盤）を全人類に共通の資産として提供し、ヨーロッパ・キリスト教文明の急速な発展（ルネサンス）に計り知れないインパクトを与えたことは既述の通りである。

しかし、神仙思想の理想と現実との間に、あまりにも大きい落差がある。漢の高祖（劉邦《りゅうほう》）より数えて七代目の武帝《ぶてい》（前一五六—前八七年）は、「この世に仙人など居るわけがない。どいつもコイツもいい加減のことを言いおって……。不死の薬などあるはずもないわい。暴飲暴食をせず、病のときはほどほどの薬を飲んで養生していれば、多少は長生きできるというだけのことじゃ……」（『十八史略』）と、語り残したと伝う。その武帝、七十歳まで生きた。

漢の武帝の本音は、道教の「不老長生」（不死）を願っていたのである。それが、わがコトに限ったことではなく、皇族一門はもとより、庶衆の深層心理を支配していることも熟知していた。武帝は、有能な政治家であった。己の本心はともかく、劉一族（漢）の権勢を確固として永続させるために、タオイズムの持つ神秘・呪術的な社会心理の側面を巧みに利用している。つまり、儒家思想の中核をなしている「長幼の序」や「忠孝」の理念を教説とした儒家五経（易・礼・書・詩・春秋）を国学と定め、教授を官職に充てる一方、劉一族の権勢と威光は、「神秘なる天より授けられた王権」であることを世俗の道教文化の寝所である庶衆の心理に据え付けたのである。ホンネとタテマエとを使い分けた武帝の政治理念は、儒家と道家の間に、見事に結実したといえる。

歴　史

原始道教としてのタオイズムは、文化の自然発生的な立ち上がりから、無理なく育った思想といえる。それが、アニミズムと同位項のシャマニズムに根ざしていることは人類史の断面に示されている。

その断面に描かれている風景（紋様）は、人類史のいずれの時点においても大同小異である。解釈が断面（デジタル）から得られるのであれば、連続したアナログの時系（歴史）の視点からの考察も欠かせまい。

タオイズムが漢民族の価値観として確立し、信仰集団として組織化されたのは紀元一世紀末（今から二千年前）になってからである。これを「道教」と呼んでいるが、同根ながら大別して二派に別れて誕生している。一つは「太平道《たいへいどう》」、今一つは「五斗米道《ごとべいどう》」がそれである。

当然のことながら、両教団の成立は世相を反映していた。当時の時代背景は、天災（飢饉《ききん》）が多発し、漢王朝という劉一族の支配と失政からの社会混乱、庶衆一般の生活は困窮に追い込まれ、疫病に悩まされていた。

貧困と社会不安は、庶衆を「救い」という信仰に走らせるのである。この群衆の苦走を受け止め、「太平道」という信仰への道に導いた人物がいた。その人物の名を張角《ちょうかく》（？—一八四年）といい、群衆を信仰集団へと組織した。それだけではない。五行説の循環律をそのままに、青色（漢王朝）から黄色（太平道）をスローガンにし、「蒼天《そうてん》すでに死す、黄天《こうてん》まさに起《た》つべし」と檄《げき》を飛ばし、反体制を鮮明にして反乱したのである。いわゆる「黄巾《こうきん》の乱」（一二五—一二一〇年）である。

張角の統率力は、人間味溢れる倫理の教えと心理的手法による病気治療にあった。天災と飢饉で没落した農民、犯罪に追われた疎外者の心を、罪のざんげと倫理的な生き方を説くことで救済したのである。罪のざんげは、病苦の「問診」を通して行われたようだ。病苦や精神的な悩みから起こるストレスは、聞き上手な相手に打ち明け、語り尽くすことで解放される。

環境の激しい変化は、人々に強烈なストレスをもたらす。問診や罪のざんげが、ストレス解消の隠れたる有力な処方であることは、現代人にとっても変わることはない。極度の心的ストレスや環境ストレスは、人体内に活性酸素を発生させる。活性酸素は、ビタミンCやBなどの不足をもたらし、動脈硬化や脳・循環器系障害の発症や老化、発ガンに関与する有害酸素である。これは医学的にも確認されている。

張角は、本能的にストレス解消法を承知していたのであろう。これより数百年後以降のキリスト教会で、神父（牧師）が悩める者（迷える子羊）の「ざんげ」を、影に身をおいて聞き入れ、倫理の道を説いて「救い」を与えていることと同位の処方である。

ともあれ、教徒集団の首領・張角も、激務の果てに夭折《ようせつ》し、「太平道」の結束が失われてしまう。

もう一方の「五斗米道」は、「太平道」よりやや遅れて四川省で発祥した。指導者として先頭に立ったのは張陵《ちょうりょう》（没年不詳）である。この人物が、信徒資格を米五斗（数十リットル）の供出による、としたことで「五斗米道」と呼ばれた。その教説は、「太平道」とほぼ同様だが、犯罪者には公共労役に就かせて免罪符的に処遇し、瀆罪《しょくざい》を全とうできるとした点が若干異なる。張陵は、張道陵《ちょうどうりょう》とも称し、漢の高祖・劉邦の功臣として名を残した漢三傑の一人、張良《ちょうりょう》一族の系譜で九代目にあたる、と伝えられている。

これが、張陵の孫・張魯《ちょうろ》（?—二一六年）に受け継がれ、「太平道」の理念を吸収して、タオイズムの主流となっていく。庶衆を迎合させる主流化の過程では、大衆化と俗習化が同時進行するのは避け難いことだ。つまり、シャマニズムに固有の土俗信仰と、それに伴う呪術性が混交して、抽象的な哲学と軽薄な呪術信仰の部分が渾然一体となってしまうのも否めないことであろう。

この渾然一体となっていく過程で要《かなめ》となったのが「神仙思想」であったことは既述の通りである。


ところで、漢王朝は、一時期、野心的革命家の王莽《おうもう》（前四五—後二三年）に席巻《せっけん》され、約十五年間「新」王朝の在位を許してしまう。「新」政権は、劉一族の劉玄《りゅうげん》（更始帝《こうしてい》）によって打倒され、漢王朝が再興された歴史的経緯がある。史家は、この王莽の「新」国を挟んで前期を前漢、後期を後漢と呼んでいる。


その後漢の末期、張魯は、祖父・張陵によって伝えられた「五斗米道」の教法を整理して教団を堅固に組織し、教法をもって行政手段とする宗教王国を建てる。後に三国時代の雄、魏《ぎ》国の曹操《そうそう》が、教団王国（五斗米道）を攻略し、敗北した張魯はタオイズムの具現者（タオイスト）としての地位を降りる。教団は漢王朝下での宗教的独立国であったが、漢帝国の求心力が失われていく過程での乱世にあって、三十年ほどで衰退する。後漢（漢帝国）滅亡への行方には三国の時代が待っていたのである。

しかし、張魯は、蜀《しょく》国の劉備《りゅうび》や呉《ご》国の孫権《そんけん》に比肩する逸材として評価され、諸葛孔明《しょかつこうめい》（一八一—二三四年）とも親交があり、孔明をして「稀代の傑物」と言わしめたほどの人物であった、と伝えられている。

「五斗米道」三代目教主・張魯の病気治療の手法は、問診（ざんげ）のほかに、霊符や呪水（キリスト教での聖水と考えてもよい）を使う呪術的なやり方であった。霊符の霊は「死者の霊魂」を示す。死者を鬼と呼び、死者の魂を霊と表したことから鬼神なる言葉が生まれたのである。

その最も敬すべき鬼神が、夏・殷・周の盛衰にあって、名君と称された歴代の王とその直参の官僚（つまりシャーマン）の事跡《じせき》であり遺徳《いとく》であった。諸王の遺徳は鬼神の頂点にあり、天界、地界そして人界を結ぶ。つまり、民族を指導し、繁栄をもたらした歴史上の人物の霊が現世を司っている、として「霊」を敬っているのである。この霊は「気」に通ずる解釈ができる点で、キリスト教でいう「神と子と精霊」の精霊に該当する。この考え方からする「鬼神」の流れを「鬼道」と呼んだ。「鬼道」は、シャマニズムの代名詞といってもよいだろう。

霊符や呪水への信仰は、超自然的な現象を招く力、つまり呪力に対する信仰である。呪力に頼ることで目的（治療）を果たそうとする技術が呪術（術数）なのだ。ヒトは、不幸に遭ったことの原因や理由を求める。これを偶然とか、運命という言葉に置き換えて諦めるのが普通だが、度重なる不幸や不運に決別する心理的解決法として、呪術がその役を果たすのである。呪術は埒《らち》もない迷信ではなく、必ずしも非科学的でもない証明は、ストレスが引き起こす体内活性酸素や磁石（磁気療法）の例を引き合いに出すまでもないだろう。

呪術は、不安を取り除き、自己暗示による健康維持に、心理的に有効な側面を持ち合わせているのである。呪術は、意図した結果が得られるのだから、経験値を基本とする科学技術に限りなく近い諸《もろ》刃《は》の剣《つるぎ》であるともいえる。古代人（それほど古くなくてもよいが）の失敗に終わった呪術を現代科学の劣位において貶《おとし》め軽んじることは、人類史を否定することにもなるのである。古《いにしえ》の人々の足跡をたどることは、実験を重ねてその結果を得ることと何ら変わることはない。実験のないところに科学はないからである。

ヒトの情念は、「長生きしたい」「病から免《のが》れたい」、あるいは「もっと豊かになりたい」等々の願望に示される。そのために、知識を修得し、理性を働かせることに吝《やぶさ》かではない。将来のことについては易に、卜占《ぼくせん》に頼る。その基本理念となっていた陰陽五行思想の限りを尽くして悩みを解き、薬物を求めるためにする努力が呪術（テクニック）の「姿」であり、信仰がその「かたち」である。

現世を「いかに生きるか」の一点と、その周辺の事象に重大な関心を払うのがヒトの感性である。道教は、広い意味で、これらの総称といえる。そこに、シャーマンの存在価値が際立つのも、至極当然のことであろう。

道（タオイズム）は、ヒトが集団化し家父長的一族となりつつ、社会を形成する過程で生まれた自然発生的なるものの産物である。これが、集団社会でのアイデンティティー（同一価値観）で結束され、自然法として文化にまとめあげられていった。

そのために、特定の人物が道教を定めたと考えるには無理がある。タオイズムの発祥は、自然の中で育った漢民族の思想である。この庶衆の価値観に骨子を加え、思想哲学にまで昇華させた人物が老子である。しかし、老子は謎の人物なのだ。老子は、タオイズムの開祖とされているが、生没年不詳である。老子の「老」という字は、毛と匕（＝化）とからなる会意文字で、ヒゲも髪も白くなる七十歳以上の年配者を示す文字だが、これは「考」と訓じることもできる。そして字形「老」と「考」は同属である、と『説文解字《せつもんかいじ》』では伝えている。

『史記』（老子列伝）によれば、老子の姓は李《り》、名は耳《じ》、字《あざな》は耼《たん》という、と記述している。老子列伝では、孔子との対話も記述しているが、孔子とは年代的にも辻褄《つじつま》が合わない。貝塚茂樹は、「姓は李」というのであれば「老子」ではなく「李子」とあるべき、と疑問を呈している。孔子は、老子を評して「……昇竜の如き捕らえることのできない人物……」と言っているのである。

類推の域を出ないが、老子は某国（周？）の有能なシャーマンの一人であったと思われる。人生の辛酸《しんさん》を知り尽くし、自然のメカニズムを経験的に熟知していて、国の盛衰、王の去就、天変地異の予兆などにかなり的確に判断を下せた人物（シャーマン）であったと思われる。老子の示した判断の基準が、研ぎ澄まされたタオイズムにあったことはいうまでもない。タオイズムの中に、老子がいたのである。シャーマンの能力は、単なる呪術（迷信的）を巧みに操るだけでは顕示されない。人心に感動と共鳴を与える全人格的な資質がなければ、シャーマンはシャーマンたり得ない。老いて現役を離れた数多くのシャーマンの哲学が、一人の代表者にシンボルとして擬せられた。それが「老子」と考えられるのである。

さて、話が少し逸れたようだ。歴史の中の道教はひとまず置くとして、道教の歴史はどうか。

神秘的で俗信的な側面と、哲学的で思弁的側面の両面が渾然一体となっていく道教の進展は、庶衆の中にのみ限定されるでなく上層官僚階級にも浸透して、三国時代末には「天師道《てんしどう》」と呼ばれるようになった。「天師道」は、元代（十三―十四世紀）には「正一教」と名を改め「道」は「教」となって今日（二十一世紀）に至る。その足跡を概観すると、北魏（五世紀頃）では国家宗教としての地位を得て勢力を誇るが、それより以前の二世紀頃になってインド仏教へ入信、改宗する者が増加していた点を注目したい。紀元前後の頃、すでに中国本土に伝えられていたと考えられる「仏教」は、道教の迷信的側面のみをとらえてナンセンスと決めつけ、激しく批判し、否定するようになっていた。本来、宗教的哲学思想の根本は、万民（人類）に共通の感性と情念にある。また、そうでなければ世界宗教の列に加わることはできない。道教思想（タオイズム）と仏教思想（ブッディズム）もこの例に漏れるものではない。だから、仏教は道教用語によって説明・翻訳され、中国に伝えられたのである。にもかかわらず、仏・道の対立は理論闘争となり、結局道教はこれに敗れ、教団勢力とその存在感を著しく損なわれた経緯があった。

三国時代から五胡十六国時代を経て、「北周」国の外戚であった楊堅《ようけん》が「隋」（五八一―六一九年）を建国して全国統一したが、「隋」帝国（楊一族）は、熱心な仏教徒で、仏教の保護には積極的であったことから、仏教寺院数三千七百余、僧尼二十三万という隆盛ぶりを呈す。しかし、「隋」王朝は三十八年ほどで、「唐」王朝に取って代えられる。「唐」は、隋の為政制度を踏襲し、長安（西安）を首都とし、世界の中心となってその栄華を誇ったことは周知の通りである。この「唐」国による全国統一（六一八―九〇七年）は、李一族（高祖李淵《りえん》）による。この李姓が老子の姓と同じであったことから、老子は「太上老君」として道教の神君に祭り上げられ、返り咲くことになった。

唐代では長安とササン朝ペルシャとの交流がシルクロードによって連綿と続けられ、ペルシャ文化の影響は日本にまで及ぶほどであった。隋の為政を踏襲した「唐」代では、インド起源の仏教も思想界で隆盛したが、栄華の後には堕落《だらく》が待っていた。第十五代武宗《ぶそう》（在位八四〇―八四六年）によって、仏教は排除されるべきと見なされたのである。李一族と同一姓ということで老子（李耼《りたん》）の教えである道教を行政に取り込んだからである。しかし、唐代はシルクロードを通じて、イスラム、キリスト教、ゾロアスター教、マニ教など西方の宗教文化が伝えられ、宗教思想は国際的な観を呈していた。この国際化の過程で、禅宗と浄土教が生まれる。唐朝後、「宋」王朝と漢民族の治世は続くが、満州女真族の侵略によって、「金」王朝（一一一五―一二三四年）が誕生する。漢族にとっては、再び異民族による支配下に置かれた百二十年間となった。

この時代脈絡では、仏教と道教の混交思想ともいえる「禅」宗が盛んとなっている。つまり、仏・儒・道、三教習合思想がそれであった。道教界でも、三教習合の思想を軸足にした漢族による道教新派「全真教《ぜんしんきょう》」が開かれている。道教新宗派を開いたのは王重陽《おうじゅうよう》（一一一二―一一七〇年）で、門人・丘処機《きゅうしょき》（一一四八―一二二七年）が長春真人の称号で教主となった頃、時勢はモンゴル族による中国本土統一「元」代に入るわけだが、そのモンゴル帝国の成立初期、ジンギス・ハンに招かれた長春真人はアフガニスタン北部まで出向いている。

ジンギス・ハンに謁見した長春真人は、ハンに「長生の薬はあるのか」と問われたのに対し、「養生の道はあるが、長生の薬はない」と答え、ハンの信頼を得たと伝えられている。

元来、モンゴル族は宗教的偏見を持たず、契丹《きったん》族の出自である耶律楚材《やりつそざい》らの進言もあって、寛容な思想を持って異民族と接触していた。このため元朝（一二六〇—一三六八年）ではハンの信頼を得て、道教を「正一教」と改称して重用している。「正一教」は、仏・儒・道三教のうち、道教的側面に光が当てられたことの証であろう。


モンゴル族による世界帝国は、遊牧封建諸侯国（ウルス）からなる。まずシルクロードを押え、遠くは東ヨーロッパからポーランド西部、中央アジアから西南、そして中近東（バグダッド）から中国本土北部へと勢力拡大が図られ、そして中国を含む全域に及ぶ制覇であった。つまり、中国本土の華南はモンゴル帝国完成への最後の詰めであった。そこで、「宋」代における漢族（華南地方）の被諸民族間での地位は、勢力拡大の順序に従って最下位に置かれたのである。身分制度上の筆頭は、モンゴル族、次いでアラブ系ペルシャ人（色目人）そして契丹族、女真族と北方漢族。この序列の最下位に置かれたのが、南方漢族（華南）であった。モンゴル帝国では、当然言語は多種に及ぶ多民族国家となる。そこには漢族社会で制度化されていた科挙の存続する余地などなかった。仏教や儒教は、モンゴル族の視点から見れば、ローカルな文化にすぎなかったのである。

「不老長生」へのあくなき追求、「煉丹術」による薬品の開発、方位を示す「風水術」の磁力（羅針盤）等、実利的側面の濃いタオイズムが評価される理由がそこにあった。だから、モンゴル族の支配から脱するエナジーは、儒教の持つ政治的思潮を保持していた華中の農民にあった。

その原動力（エナジー）が、農民の宗教観に基づく白蓮教信徒集団を生んだのである。集団を束ねたのは貧困坊主の朱元璋《しゅげんしょう》という人物であった。この信徒集団は、標識として紅巾《こうきん》で頭を包み彼我（敵味方）を区別。このことから、白蓮教の対モンゴル反抗集団を「紅巾軍」と呼び、革命動乱を「紅巾の乱」（一三六八年）という。この乱によって、漢民族の王朝復活に成功した朱元璋（在位一三六八―一三九八年）は、中央集権体制を整えつつ、移民対策に乗り出す。

「元朝」にあって、社会的身分を最下位に置かれ、圧制に苦しんでいた「宋」代の華南漢族（南人）は、モンゴル軍に徴兵編入され、海外遠征（日本への出兵など）の先兵の軍役を担わされていた。当然、遠征先に定住を決め込んで脱モンゴル支配を計る南人（漢族）が多く出ることになる。これが、今日でいう「華僑《かきょう》」の進展である。朱元璋は、モンゴル族を北方へ追放するにとどまらず再侵入に備え、有力武将を北方方面に諸王として封土し、「万里の長城」の構築に着手するとともに、「華僑」の帰環（朝貢）を求めたのである。この間、内乱を経験するが、北方で最有力であった燕王がこれを治め、明王朝第十二代目として永楽帝《えいらくてい》（在位一四〇二―一四一四年）となる。

永楽帝は、内乱の責任者と見なされた二代目の建文帝《けんぶんてい》（在位一三九八―一四〇二年）が海外亡命（華僑）に及んだと考え、これを追討し、併せて「元朝」末に海外に在住を決め込んだ移民（華僑）の中国「明」朝への忠誠と朝貢を促す目的で、海外大遠征と諸外国への示威行動に出る。これが明朝の移民対策であった。大遠征は、イスラム系宦官《かんがん》・鄭和《ていわ》に命じて大艦隊を編成（全長百三十六メートル、幅五十五メートル、乗員四百五十名の船、六十二隻）させた。東南アジアはもとよりインドシナ半島、さらにインド洋からアラビア半島のアデンに及ぶ広大な海洋世界への航海であった。鄭和艦隊は、羅針盤を使い、天測航海図をも備えていたのである。鄭和による大航海の成功は、イスラムの商船ダウの航海術と相まってのことであった。この「明」朝による大航海は、一四〇五年に始まり一四三三年まで計七回行われている。しかし、「明」朝漢民族が、諸外国を侵略征服することなく、植民地化しなかったことは注目すべき事実である。それは、コロンブスの航海（一四九二年）に先立つこと、八十余年前の漢族による世界史上初の大航海時代であったといえる。

海外での「明」の存在感が強く示されるに対し、内政ではモンゴル支配の反動が色濃く出て、モンゴル族（元朝）が重用した道教「正一教」は、厳格な統制を受けて伸び悩むのである。しかし、漢族からタオイズムを除くことは、民族史を否定することにもなる。十二代嘉靖帝《かせいてい》（在位一五二一—一五六六年）の治世に先立って、道教初の総合的経典として『道蔵《どうぞう》』が編纂刊行（一四四四年）されており、嘉靖帝自らが道教の熱心な信奉者であったと伝えられている。

『正統道蔵』として四百八十函、五千三百五巻がその経典で、五世紀頃から唐代に至る期間に著された道教関連の書籍の集大成であったが、経典編纂の契機を与えたのは仏教の啓典『大蔵教』に刺激されてのことであった。それは、道家思想（タオイズム）の対仏教策のためのタオイズム教理の体系化ということだ。

時代は移る。「明」朝の後、異民族（満州女真族・満人）による中国史上最後の専制君主王朝となる

「清《しん》」帝国が建つ。一六一六―一九一二年までの二百九十六年間、中国本土における満人支配の時代がそれである。永続した「明《みん》」王朝も十七世紀初頭から対外政策に疎《うと》くなり、統治は弛緩《しかん》していった。満州女真族は、明王朝の間接的な統制を受けていたが、元来この民族は、山間部や河川湖岸に開けた盆地に分散して住み、狩猟、採取に漁労、それに若干の農耕を営む少数民族であるが、戦いに巧みであった。「明」朝為政の弛緩による貧富の差が顕著となっていた社会情勢を契機に、女真族の中から、ヌルハチという指導者が出現し、明王朝を倒し全国統一に踏み出したことで歴史は変転する。ヌルハチは、志半ばで戦死（明軍の火器による）。後を継いだホンタイジ（皇太極）が、皇帝の位に就く（一六三六年）。女真族という少数民族（人口約五十万）では、人口数千万の漢族社会の統治は困難である。そこで為政に、漢人登用が不可欠となった。

「元」「明」から中国最後の王朝「清」へと時代は変遷する。ここで「元」の踏襲した漢族の文化・文明が「宋」王朝、とりわけ「南宋」時代に際立った思想哲学となったことを、概説しておく必要があろう。それは、「南宋」時代に画期的な学問体素を確立した朱熹《しゅき》（後述）についてである。それには、唐王朝時代から始める必要がある。

唐朝末、李一族の失政から動乱が起こり、九〇七年に唐王朝は滅亡する。唐朝六代目皇帝玄宗《げんそう》（在位七一三―七五六年）などは、道教に熱中し、他方で楊貴妃《ようきひ》を溺愛し、享楽生活に身を俏《やつ》すありさま。唐王朝は、これを境に急速に凋落《ちょうらく》していく。この結果、五代十国の乱世となる。この乱世を収拾し、再び漢族による統一がなされ「宋」代を迎えるのだが、この間（唐から宋まで）約五十年間の乱世を

「五代十国時代」と呼んでいる。この時代は、貴族による全国支配の社会から学識大地主（士大夫）階級による中国の分割支配への移行が実現した。各地に自主独立の政権が分立し、並立し、離合集散のあげく、華南（十国）が華北（五代）を経済的に凌駕《りょうが》した時代でもあった。

それは、貴族支配の社会から士大夫という新興勢力による分裂社会の出現でもあった。

つまり、李一族の既得権に固執した諸侯の建国による五代と、自主独立の気概を持って政界に地歩を進め、権力を手中にした科挙出身の官僚による十カ国の相乱れての抗争の結果であった。この乱世では、財政支出は赤字となり、庶衆への増税に歯止めがかからなくなって、農民の暴動を招く。

暴発した乱とは、「安史《あんし》の乱」（七五五―七六三年）とそれに次ぐ「黄巣《こうそう》の乱」（八七四―八八四年）のことである。「安史の乱」は、唐王朝が胡族《こぞく》（北狄《ほくてき》）の出身である安禄山《あんろくざん》を中心とする一派と漢族との混成軍を編成させて、辺境の守備に当たらせていた軍隊によるクーデター。軍の指揮を安禄山が掌中にし、落ち目の李一族（唐朝）の為政にクーデターを仕掛けたことに端を発したのである。つまり、唐王朝の傭兵《ようへい》による当局に対する武力革命であった。このクーデターにより、玄宗皇帝は死亡。楊貴妃は殺害された。

「黄巣の乱」は直接「唐」朝を滅亡に追い込む。先の「安史の乱」でタガの緩んだ貴族政治に対して、農民を中心とする改革運動が活発化し、王仙芝《おうせんし》が農民を束ねて山東地方で挙兵。数十万の勢力で、全国を駆け巡った。

これら一連の内戦反乱（八七四年）の顛末《てんまつ》を北方五代の国々と南都十国（独立政権）の時代脈絡として考察すると、中国貴族政治の終焉《しゅうえん》と新興勢力（官僚）の台頭という史的解釈に帰結する。華北五代の国々と華中・南で自主独立政権を建てた十カ国は、中原（天元）を舞台に興亡の歴史を刻んだ。大勢を決めたのは経済力の差であった。長江下流域の農耕生産力が飛躍的に増加し、富の蓄積は華北黄河域のそれを凌《しの》ぐ勢いであったからだ。唐朝滅亡の進行は、北狄（トルコ系）、東夷《とうい》（契丹《きったん》系と女真族）の漢民族王朝への為政干渉と武力によるものであった。

先述の通り、華南の経済力が華北のそれを凌駕していく過程で、地域間の分業が進展し、全国的に物流が促されたことが、前世紀と異なる価値観を育んでいった。この五代十カ国時代を一本にまとめたのが、五代の一つ「周」の武将・趙匡胤《ちょうきょういん》（九三九―九九七年）の率いる趙一族である。趙一族も、伝統的な中国歴代王朝の君主独裁による中央集権化の道を歩むが、五代十国の中でも華北に勢力を得た東夷（契丹族）と対立する。周から趙一族によって宋（九六〇年～）が建てられ、宋によって漢民族の存在感は回復されるのだが、契丹族が「遼《りょう》」王朝（九三九―一一二五年）を建国、北狄のタングート族も「西夏」王国（一〇三八―一二二七年）という自主独立政権を樹立し、相互に三つ巴の対立関係に入る。

さらに、満州では女真族が「金」王朝（一一一五―一二三四年）を建てて自主国家として独立する。他方、中央アジアではチンギス・ハン（?―一二二七年）の率いるモンゴル族が破竹の勢いで支配域を拡大していた。漢族から見れば、北狄東夷西戎の強力な独立勢力の中での「宋」王朝の統治が求められていたわけだが、これらの個性的な異民族独立体との外交と対立緊張の過程で、新しい文化・文明の展開が進んだ。

十一世紀初頭の宋国人口は六千万と推定され、経済の発展とともに物流が活発化した。流通経済は、黄河と長江を結ぶ大運河を動脈とし、「遼」との国境近くに当たる雄州から開封の地、そして長江と黄河の交差する地域に揚《よう》州、蘇《そ》州、そして杭《こう》州があって、宋文化の揺籃《ようらん》の場となっていく。「宋」の国都があった開封《かいほう》は、政治・経済の発信地となっていった。開封は、イスラム系アラブ・ペルシャ人やユダヤ人も居住する国際都市となっていったのである。

しかし、周辺独立体の二勢力、「金」と「遼」が対立し、「金」が勝利（一一二五年）して巨大勢力となったことで看過できぬ事態が生まれる。「宋」は「金」の圧倒的軍事力に抗し切れず、ついに国都「開封」を占拠されてしまうのである。この時をもって漢族統一国家「宋」は滅亡（一一二七年）したことになるが、南方における「宋」の勢力は温存され、河南の地・応天府に遷都して「南宋」として命脈を保つ。南宋は、対「金」反抗作戦を立て、趙一族の康王構《こうおうこう》が反撃の指揮をとって戦局を有利に導き、杭州に戻って国都を開く。

「金」と「南宋」の対立関係は、「南宋」が譲歩して、和議へと局を結ぶ。このようにして、「宋」帝国は「南宋」王朝として再び活況を取り戻し、経済発展も軌道に乗せることができるようになる。しかし、領土の半分以上（北宋）を失い、人口も半減したままの「南宋」が、依然として勢力を保つ「金」や「西夏」との軍事的外交に手を抜き、成り行きに任せる余裕などあるはずもなかった。国力を蓄え戦力を整えるためにも、海外との交易へと政策を転換し、広《こう》州や泉《せん》州（寧波《ニンボー》）を拠点とした貿易を進展させる必要があった。この時代に、景徳鎮《けいとくちん》などの陶磁器、絹織物、製紙・印刷業が活況を呈することになる誘因があった。この貿易を主柱とする政策が大成功を収め、漢民族文明の中心は、長江以南の地に移り、世界に冠たる繁栄を謳歌するのである。

道教思想では、医食同源が重んじられていたが、辟穀《へきこく》など穀類を避ける食生活もこの頃には後退し、海外をはじめ南方の食材が豊富に流入。快楽と欲望を満たすことは生命「長生」と肯定され、今日に伝わる中華料理が定着していく。これに、元代に入るとモンゴル料理（餃子《ギョーザ》など）や明代には燕巣や魚翅《ふかひれ》料理が食卓に出るようになっていくのである。

食い気のことはとにかく、「南宋」時代に最も注目すべきは学問分野においてである。それは、時代背景からして、貴族学問のそれではなく士大夫階級という新興勢力の知的発露からのものであった。したがって、儒教色を呈しながら、内容的には道教や仏教から受けたであろう側面が色濃い。

その学問体系は、「朱子学」と呼ばれているが、これは、朱熹《しゅき》（一一三〇―一二〇〇年）という先見の明と学才に恵まれた天才的な人物によって完成された。字《あざな》は元晦《げんかい》、号は晦庵《かいあん》、朱子《しゅし》というのは尊称である。十九歳のとき科挙受験に合格。成績は三百三十人中、二百七十八番目であったという。四十歳で、儒・仏・道の習合に一つの理念を覚え、これを分析基準として朱子学の体系を完成させたのである。朱熹の理念というのは、道教の「気」と仏教の「理」、そして儒教の「礼」による体系化である。

先述のように、南宋（一一二七―一二七九年）は杭州を都として臨安《りんあん》と呼び、中国華南に領域を狭められながらも、経済的影響力は北東アジアはいうに及ばず、広く東南アジアに及んでいたが、「金」

や「西夏」そして「モンゴル」などの異民族による外交的圧力は功罪相半ばする緊張感を生んでいた。そこに、漢民族（南宋）のアイデンティティーの再認識と啓蒙があった。異民族に優越した思想の顕示が、朱熹の民族意識をして「朱子学」を確立せしめたともいえるだろう。朱熹は、福建《ふっけん》省の出身で、主流の漢民族からすれば辺境の生まれ育ちであった。新学派「朱子学」だけが、対外関係の緊張から生まれ出たわけではない。ほぼ、同じ頃に道教新派「全真教」が誕生している。

朱熹の学識は、広く士大夫《したいふ》に及んで一派をなす。それを「道学」あるいは「新儒教」と呼んでいる。士大夫という新興階級層は、いわゆる「成り金」ではない。政治的には官僚の地位にあり、経済的には大地主、社会的には実力主義（学識）の集団である。その士大夫の価値観の中核に据えられたのが「朱子学」であった。

「朱子学」の骨格理念とは何か、簡単に解説しておこう。まず「気」である。これは、道家（老子）の思想と同じく「無」であるが、宇宙自然に満ち溢れているガス状の密なる不可視のモノ（物質）である。「気」は混沌としているが、宇宙自然の原素。そして「理」は、その「気」に内在するメカニズム、法則（周期性）であり秩序（循環性）である。不可視の「気」から、「理」によって可視の物質（モノ）が生成され、それらが地上の悉皆《しっかい》万物の「姿かたち」（形而下）となる、と論を結んでいる。

「気」は「理」によって収斂《しゅうれん》され、万物の存在を可能としているのであり、ヒト（人体）も例外ではない。「理」は、陰陽を元始として、混沌とした「気」を交合し調和することによって万物の形成が生まれるということに、「朱子学」の論拠があるわけだ。これは、四端七情論《したんしちじょうろん》として展開される。「四端」

とは仁（惻隠《そくいん》）、義（羞悪《しゅうお》）、礼（辞譲《じじょう》）、智（是非《ぜひ》）の分別を示す。七情とは、喜・怒・哀・楽・愛・嫌（悪）・欲の情念と感性を分類して示す。これに「格物致知《かくぶつちち》」（窮理）の考え方を導き入れている。「朱子学」で説く「格物致知」は、豊かな見識を得るために、勉学によって「知」を充実させて自己の内面と万物（物質）に内在（気）する「理」を追究し、究極的に宇宙自然にある普遍の「理」（格知）に達する努力（修業）を怠らぬこと、と説いている。「四端」は儒教に発するが、「七情」は「全真教」で代表される道教の「七星」（北斗）、仏教の「輪廻転生《りんねてんしょう》」と無関係ではない。しかし、朱熹の学説は、ヨーロッパ科学に見られた自然のメカニズムの分析といった方向ではなく、完全な人格、自己完成（人倫の道）への処方としての学識思想であった。自然のメカニズムに向けての考察に立ちつつ、自己研磨という主観の持ち方を説くことに論旨が据えられ、客体（客観性）と主体（主観性）の分科が見られないのである。

朱熹のもう一つの視点は歴史観にある。歴史に対する視点は、天地間に充満し、満ち溢れている混沌たる「気」が時の経過（時代の進展）とともに、次第に悪化していくという歴史観である。したがって、悪化への道は人間社会の衰退への道であり、時とともに下降線を描くとする。しかし、この下降方向への動きには、「理」の働きが復元力（ホメオスタシス）となって、抑止する作用をもたらすから、「理」に従って生きることが、人間社会の悪化、つまりは滅亡を抑止し、正常化へ向かわせるエナジーを発す、という。この考え方は傾聴に値する。現代的な解釈からすれば、感性と情念は知性と理性でコントロール（管理）できる、ということだろう。

このように、タオイズムが朱子学に生かされていることは、有史前からのタオ的価値観が数千年を経て、なお退化していないことの証である。

時代の流れは、荒れ狂う津波のようなモンゴル族の中国本土への侵攻と席巻によって、「金」「西夏」そして「遼」はおろか「南宋」も滅びる経過をたどるのだが、先述のとおり、タオイズムは「正一教」として存続していくのである。そして、「元」から「明」へと王朝国家は歴史を刻んだ。モンゴル族が統治した大帝国の版図《はんと》が、アジアはもとより中東からヨーロッパに及び、キリスト文明と東洋哲学（儒・仏・道）からなる東西の回廊は、異文化と文明の交流を風通しの良い環境に置いた。

次に、先に触れた道教一派「全真教」についてだが、やはり「朱子学」に類似した色彩が濃い。つまり、「全真教」も儒・仏・道の三教習合と調和に軸足を置き、道教の世俗的側面である迷信を否定し、無念無想の境に入り悟道を得る「禅」的理念を強調し、「正一教」として元朝で重用され「天師道」系の道教とは袂《たもと》を分かつのである。

では、道教の迷信的側面は、色褪せて消滅したのか。高邁《こうまい》な哲学思想と迷信的な土俗信仰が共存している道教は、儒・仏思想と比べるといささか特異な性格を持つ二重構造からなる。道教の通俗的な構成部分は庶衆一般の中に埋没し、道教そのものの堕落と見なす宗教学者（特に本家の中国で）がいないでもない。しかし、その通俗性は、いうまでもなく日常生活そのものであり、倫理と勧善懲悪の思想に同化して特異な信仰形態を取るようになった。例えば、『西遊記』の孫悟空は邪気・悪霊退治の法力を発する神（斉天大聖）として、『三国史演義』の英雄・関羽《かんう》は、戦えば負けを知らぬ必勝の神（関聖帝君）、そして科挙に落第して自殺した人物が妖気・災厄の祓《はら》い神となった（鍾馗《しょうき》）等々が、信仰の対象となって茶の間や町祭り、商店街の一角に祭祀されて彩りを添えていくのである。

このような素朴で民話的な信仰は、中国本土を離れた異国の地に定住する「華僑」と呼ばれる漢族の間で、至極日常のこととして生きている。それは、度重なる本国での政変や弾圧の外にあったからである。では、華僑とは一体全体どのようにして発祥し、今日に至ったのか。

先に少し触れたが、今日「華僑」と呼ばれる漢民族の海外での存在感は、ユダヤ人社会のそれに比肩される。ユダヤ民族の場合、紀元前後の頃、ローマ帝国によってカナンの地（東地中海沿岸）を追放され、約二千年後の二十世紀央に実現したイスラエル建国（一九四八年）、つまりカナンの地への復帰まで離散の民（ディアスポラ）として全世界に散住し、ユダヤ国籍を持っていなかった。これに対し、多くの華僑は「元」朝（十三世紀末）の圧制に追われて以来、国籍を中国本土に置いたまま、海外諸国に居住している。国籍の有無が、ユダヤ人社会と華僑の違いといえば違いであろう。

しかし、双方ともに本国と有機的なネットワーク関係（送金や情報交換）を堅持していることに変わりはない。つまり、ユダヤ人はイスラエルと、僑人（華僑）は漢民族国家チャイナ（中国、とくに郷里）と、それぞれに綿密な連帯関係を持ち、ともに世界史上最古といえる宗教を奉じていることで相似している。ユダヤ人は、紀元前五世紀頃に成文化された「モーセの五書」を柱にした律法（トーラー）、華僑は民族発祥以来の自然と祖先崇拝を基底とする道教（タオ）がそれである。前者（人口＝イスラエル三百万、そのほか千二百万）はユダヤ教（トーラー）を奉じることに、華僑（人口約二千五百万）は血縁・地縁を順守し、自然の「理」を神（天）とすることに価値観を見出している。

華僑

華僑人口は、「元」「明」から「清」朝への代替りと政変の時流に押されて顕著に増加したようだ。増加の要因は、いうまでもなく、「元」末「明」初までの異民族による圧制や政治的危機、それによって生まれた社会不安などの実生活面での圧迫からの逃避である。海外での生活は土地面積を必要とする農耕に依存できず、仲介貿易、つまり商業的機能に頼るほかはない。勢い情報の収集能力のいかんが、死活問題となるわけである。こうした華僑集団が、一八三〇年頃から七四年頃までの約四十年間に増加したのも、元代末に増加した離国移住の連綿たる僑人ルートがあってのことだろう。

この増加は、清代末（満人支配下）の苦力《クーリー》貿易（後述）に基づくもので、アヘン戦争（一八四〇—四二年）の絡んだ数年の間に、五十万の華僑が発生したものと推定されている。苦力貿易の後、自由移民による華僑が増加して、今日もなお進行中と考えられる。華僑の地域分布は八十カ国に及ぶが、これにはシンガポールと香港はカウントされていない。シンガポールは、独立（一九六五年）後、人口約三百万のうち八〇パーセントを占める華僑がシンガポール人となり、香港は準独立国（一国二制度）で自ら香港人と称し、漢族と一線を画しているからである。

しかし、多くの華僑の国籍は本国在である。したがって、先に挙げた華僑人口約二千五百万に関しては、この数値をかなり上回ると考えられる。しかも、華僑のよって立つ生活基盤は情報収集能力とその処理にあるため、本国の伝統的文人（儒教的）教養ではなく、現代的科学知識を習得した高度に実務的な語学能力と技術能力にある。例えば、コンピューター技師、医師、教授や弁護士などの分野に活路を求めている。もっとも、華僑の大多数が高度な科学技術を駆使できる人材というわけではないが。

いずれにせよ、それらの技能職にありながら、華僑は血縁的人間関係と歴史的伝統に育まれた文化性を失っていない。伝統的な歴史観に基づきながらも、国際的教養を備えている華僑の多い点が見逃せないのである。つまり、祖先崇拝の心、自由と平等を護守する思考構造に支えられているのが、華僑集団ということだ。そして、他国に永住しつつ、華僑仲間で「幇《ぱん》」と呼ばれる共同体的組合を結成している。この組合結社「幇」は、ある意味では自衛目的的であり、政治的色彩も濃く、居住地や中国本土の体制にも裏面的に関与するようになってきている。その「幇」の根底（拠所）にあるのがタオイズムなのである。

ユダヤ人が、ディアスポラとなって他国に移住しても、ユダヤ人教会（シナゴーグ）を建てて集会所とし、その地で律法（トーラー）を拝し、秘密結社的な組織活動を通じ、当局に政治的に強く関与（例えばアメリカのユダヤ人）していることと同位にあるのが華僑組織「幇」である。

華僑の故郷は、中国本土といっても華南地方に集中している。つまり、広東《かんとん》・福建《ふっけん》・潮州《ちょうしゅう》・海南《かいなん》（客家）の四エリアからの出自が圧倒的に多い。理由は、この地方が東・南シナ海に面していて海外への移動が容易だからである。

しかし、エリアごとに各々方言があり、同じ華僑といっても会話では共通する点が少なく、話法による相互間の意思疎通はほとんど不可能、というのが実態のようだ。ただし、文字表現では漢字で統一されている。もとより、同じアルファベッドの二十六文字で表音言語体系をなしているヨーロッパでも、フランス人とドイツ人あるいはイタリア人が相互に母国語での会話では、意思疎通できない。

華僑も必然的に、四エリアごとの団結「幇」の形成となる。そして、会話では漢語（北京漢話とか広東語）よりヨーロッパ語（英語など）に精通していくことになる。理由は、十六世紀頃のヨーロッパ諸国が、東南から北東アジアへとヨーロッパ文化・文明を携えて、顕著に進出してきたからである。華僑は、それら異民族間の意思疎通（情報の収集と提供）の仲介役として、国際的に重要な活躍をしているのである。

まず、ポルトガルである。ポルトガル船が中国沿岸にその姿を現したのは一五一八年、そして一五八二年にはイエズス会宣教師イタリア人、マテオ・リッチ（一五五二―一六一〇年）がマカオに到来する。いずれも、中国では「明」朝の治世であった。キリスト教にとって宿敵イスラムに対抗するために、当時世界最大の経済的繁栄を誇っていた中国に接近することが、世俗的にも宗教的（布教）にも急務となっていた。

これら異民族（ヨーロッパ系）は、タオイズムから生まれた火薬を火砲に、羅針盤を航海術に利し、キリスト法衣の下に鎧《よろい》と短銃を持ち、スコラ哲学で理論武装していたのである。M・リッチが、一六〇一年に北京在住を認められ中国全土でのキリスト教布教の許可を得て以降、ヨーロッパの科学知識で理論武装した有能な宣教師が、次々と中国での布教に入ってくる。この間、一六四四年に完成した

「万里の長城」の東端にあたる山海関《さんかいかん》から満州女真族のヌルハチが侵攻し、漢民族国家「明」を征服して「清」王朝（一六四四―一九一二）を建てたことは先述したが、王朝変転のプロセスにあっても、キリスト教の布教は続いていた。

この「清」王朝（満人）の中国に白羽の矢を立て、ヨーロッパ科学文明によるシナ学の発端を拓《ひら》いた学者の一人が、天才ライプニッツであったことは詳述した通りである。この間に、華僑人口が増加し、漢族伝統の道教は海外で温存されることになったということなのだ。華僑「幇」は、このような状況下で育ち、同質性と同業性を看板とするギルド的結合社会（組合）として理解されるが、同時に漢族の伝統が異民族文化に希釈《きしゃく》されることなく、また侵されることもなく連鎖され、四千年来の民族として二十一世紀において命脈を保ちつづけているのである。これは、世界の民族史上類例を見ない強《したた》かな生命力といえる。

中国本土の統治権を掌握した清王朝四代目、聖祖康熙帝《こうきてい》（在位一六六一―一七二二年）は、ライプニッツより八歳若く、ところをかえて同時代に生きた名君の誉れ高い傑物であったが、反抗する漢人（特に華南地方）には徹底的な弾圧を加えていた。

華僑は、生まれるべくして生まれ、海外で逞しく育っていったのである。他方、一六八三年、台湾に在って満人支配による清王朝に激しく反抗していた鄭成功《ていせいこう》（日本人を母）の死後、台湾は清国の領土として編入されている。異民族の支配による清王朝とはいえ、康熙、雍正《ようせい》、乾隆《けんりゅう》の三帝時代を通じ、漢族で編成された軍隊を指揮して女真族的戦略と戦術を駆使し、版図を広げていった。このようにして、モンゴル、ウィグルそしてチベットを征服した清政権の権益は、現在（二十一世紀）の領域に匹敵する中国史上最大の国土に広がった。

康熙帝は、文武両道に並外れた才能を持ち、学問にあっては「朱子学」に精通し、その調和の思想を政治に運用している。また、ヨーロッパ人宣教師からも積極的に、幾何学、物理学、天文学などを学び、為政の糧とした聡明さは漢民族も誇りとしているほどである。

しかし、五代雍正帝はキリスト教徒による中国の儀礼に対する無理解から禁教令を発布。ローマ法王庁にあっては、プロテスタントの急速な発展によるイエズス会が弱体化、カトリック系キリスト教の中国での布教は途絶してしまう。

イエズス会に代わって、プロテスタント系のイギリスが麻薬アヘンを懐に入れて現れる。当時のイギリスは、産業革命への道を一直線に走っていた。産業革命は農耕畜産力の衰退を招き牛乳の供給不足を来す。そのうえ本国イギリスはもとより生水《なま》を直接摂取できない飲用水事情下の諸植民地では煮《しゃ》沸《ふつ》の必要が生じ、茶の需要がそれに伴う。イギリスは、中国から大量の茶の買い付けを行うが、物々交換（バーター貿易）に相当する商品を持たず、決済手段は銀によらざるを得なかった。

六代乾隆の経済的繁栄はこの銀の流入に支えられ、イギリスは銀の流出に悩まされていた。イギリスが茶の輸入による決済手段としてインド産アヘンを充てたのは、一つには以上のような国際収支と金融上の問題があったからである。問題の解決にアヘンを用いるなど言語道断である。しかし、イギリスは後世に汚名を残す所業をあえて行った。国策の「東インド会社」にアヘン取引の独占権を与え、ジャーディン・マセソン商会などの私企業を通じて密輸出させたのである。これによって、清王朝の財政は圧迫される。清国経済は、インフレとなって社会生活に打撃を与え、失業者の増加、内乱と海外移住（華僑）を加速させるという結末を生んだ。

これに追い打ちをかけたのが、対外的には「アヘン戦争」（一八四〇年）であり、対内的には反満抗清の反乱「太平天国の乱」（一八五一年）である。これら内外の激動が華僑の伸張、清王朝の権威失墜と裏腹の関係にあったことは史実が雄弁に物語っている。

ヨーロッパ・シナ学の変節

ここで、強制移民つまり苦力《クーリー》貿易について触れておく必要があろう。苦力というのは、英語でcoolie（クーリー）といい、インド人や中国人からなる人夫のことである。苦力はクーリーに英文字を充てたのか、クーリーを「苦力」と漢字で表示したのかどうか定かではない。しかし、識字程度の低い未熟練労働者層、つまり「人夫」である。英俗語では、「機関車のかまたき」を示す。苦力という呼称について、これ以上の注釈はいらないだろう。

強制移民といったのは、非識字労働者（人夫）が、なかば強制的に海外へ渡航させられたからである。それは、清朝当局の行政目的があってのことではない。遠因は、ヨーロッパ列強国の植民地運営のための労働力確保にあった。大航海時代、つまり列強国による植民地開拓時代では、植民地での労働力の確保が必要不可欠な条件であった。十七―十八世紀頃では、その労働力需要は黒人(アフリカ)奴隷を供給源としていたが、十九世紀に入るとキリスト教的解釈による反省から、アフリカ黒人を対象とした奴隷制度が批判されるようになり、一八三三年のイギリスに始まり一八七〇年のスペインを最後に奴隷制は廃止されている。黒人奴隷による労働力の調達方式から労働人口の多いインドや中国に、形式上はとにかく、内容的に変更されたことから苦力貿易が行われるようになったのである。「清」王朝にあっては、この苦力貿易はアヘン戦争直後から急激に増加している。清国は十八世紀以来、人民の海外渡航を事実上禁止していたが、官憲の賄賂や黙認が絡んで未熟練労働者層(人夫)の海外への出稼ぎが行われていた。列強国は、その人夫たちに目を付けたのである。イギリス、スペインそしてアメリカはアヘン戦争で勝利したことで約定した北京条約(一八六〇年)の条項に、中国人民が自己意志により、単身あるいは家族ともどもにイギリス船舶で列強国の植民地へ渡航し、産業資本と雇用関係を持つことを清王朝当局が容認する旨記載させ、合法化させたのである。

産業資本家(欧米)が目的としたのは、世界の主要鉱山(銀や石炭)や植民地農業(プランテーション)、鉄道敷設工事(アメリカ大陸横断鉄道など)での労働需要に対する供給の確保にあった。この苦力貿易は、一八七四年、マカオ(ポルトガル領)における苦力募集の法的な禁止処置が講じられて終息する。

しかし、帆船が汽船に代わり就航(定期便)が安定すると、華僑は加速度的に増加していく。苦力貿易は華僑の動脈となっていたのである。それは、海外で既在住の華僑を結ぶネットワークとして整備されていくプロセスでもあった。

アヘン戦争は、十九世紀までの諸民族による国際構造に決定的な変革をもたらしたと断定してよい。

清朝末期に至って、苦力貿易という国際的な労働力の移動とともに、中国（漢民族）の対外政策「朝貢貿易体制」と、ヨーロッパ人（アングロ・サクソン族）の「国際条約体制」との衝突によって中国内に列強国の侵攻を招来し、漢民族の敗北となった。異民族の清王朝が、漢民族の伝統と歴史に輝いた体制を引き継ぎ、天元を抑えながら周辺諸国を併合しつつ版図を拡大、多民族国家としていったあげく、ヨーロッパ諸国の軍事的圧力と国内保守勢力（漢族）の反「清」運動の内圧によって崩壊していく姿が、アヘン戦争で浮き彫りにされたのである。

中華思想の表現の一つである「朝貢体制」は、諸外国を上下関係、つまり中国を宗主とし、諸外国は属国と見なすものである。これに対し、ヨーロッパ諸国は互恵の対等関係に基づく「契約」によって外交の基本とする。つまり神とヒトの契約は、諸個人間での契約関係にも及ぶとする解釈がキリスト教的実務の基準となっていたのである。これによって両者間の対立が惹起《じゃっき》された。劇的にも、歴史的な国際社会の構造変化であった。

中国の朝貢体制は、漢民族の衿持《きょうじ》（プライド）であり、周辺諸外国群を未独立国（属国）として扱う外交である。諸属国による漢民族（宗主）への定期的な献上物の貢ぎに対し、これら属国への反対給付として絹織物や陶器などの高級品を下賜《かし》する。この「朝貢」と「下賜」が漢民族を統合結束させる思想、つまり儒教的な意味での「礼」であった。これを、相互平等の「契約」（条約）を旨とするキリスト教的価値観は受容できず、東西の文明は衝突。軍事力が外交の決め手となった。この衝突に黒白をつけたのは、タオイズム（道教）の生んだ火薬と羅針盤に数学を織り込んだヨーロッパの軍事技術の力であった。

十九世紀以来、ヨーロッパ人（アングロ・サクソン族を主とする）の対中国観は、十八世紀のライプニッツと康熙帝の時代のそれとはまったく逆の方向へと変化していく。それは、ヨーロッパ人の持っていた世界観の変節であり、中国（漢民族）は文明的に下位に貶《おとし》められてしまうのである。その変節は、C・ダーウィン（一八〇九―八二年）の著した『種の起源』（一八五九年）の論旨が国際社会へと拡大解釈されたことによる。よく知られているように、ダーウィンの『種の起源』に著された進化論は、進化そのものを意味しているのではない。それは、所与《しょよ》の環境に最もうまく適応（順応）した種体に有利に働く、という自然淘汰《とうた》説（適者生存）を根本思想としているものである。つまり、生存のための食物と生活のための空間を求めて、生物間に能・受動的な闘争が起こる。その闘争のために、より良く装備された生体（個別生物）は繁殖し、命脈を保つ。このような考え方を自然界の一部である人間社会（人類）に取り入れることに妥当性を見出し、人種差別思想に転写し拡大解釈したのである。

しかし、この人種間優劣の考え方が、中国漢民族に代表されるアジア（黄色人種）に対する脅威と表裏の関係にあったことは否定できない。ライプニッツのシナ学に代表されるように、ヨーロッパ人にとって中国人は倫理に優れた哲学思想を持ち、道徳を重んじる文化人であり、その文明史的存在感は否定すべくもなかった。ライプニッツは、既述の通り、漢族の一つの着点「二進法」に注目し、康熙帝（女真族）に対し「野蛮人による武力攻撃を防ぐ方法を知っておく」（一八七ページ）必要性すら説いていたのである。

ヨーロッパ人は中国人に対する脅威の念を払拭（アヘン戦争）できたことで、キリスト教的白人文明を真の文明と過信したが、他方では中国の存在感を除去できなかった。そのために、この未熟なままのダーウィンの『種の起源』の拡大解釈を消化できぬままに、「黄禍論《こうかろん》」を煽《あお》り、人種的偏見と差別を当然のこととする視点が、顕在的にせよ潜在的にせよ、隠然とヨーロッパ人の間に定着したといえるだろう。

しかし、さすがに現代の科学技術は両刃の剣である。超音速旅客機や大量輸送手段（タンカーやコンテナ）、それに通信衛星による地球規模でのリアルタイムの情報伝達と相互の交流は、「黄禍論」を根底から希釈させせて、「白禍論」に転じることもあり得よう。

さて、清王朝の弱体化は、ヨーロッパ列国と日本の介入を許し、半植民化の状態に陥った。そして、一九一二年二月、王朝十代、二六九年間の治世に終止符を打つ。女真族（満人）をはじめとする他の少数民族は、漢民族の版図の中に刷り込まれたのである。ウェーバーはこのことに関し次のように記述している。「雲海の如き漢民族に支配権を樹立した数々の異民族王朝（元や清など）は、確かにその権力と威光を誇ったが、それはあたかも権威で艤装した豪華船を大海に浮かべて大海を支配したと勘違いしていたのに等しい」と。
そして漢民族と混交同体となって「中華人民共和国」（一九四九年）の誕生となったことは、ここで詳述するまでもあるまい。
ここにおいて、儒・仏・道教は疎外され、マルクス・レーニン主義、そして毛沢東思想という新思潮へと流れが変わっていく。新思潮は、宗教（信仰）を否定する流れであった。中国本土では、道教の存在価値が否定されても、容認保護されることはないはずである。しかし、道教思想は、雑草の持つ草根の強さと歴史を持っていた。タオは、司馬遷《しばせん》の父・談《たん》が語り伝えたように諸子百家の前提となっていた論拠であり、歴史的習性に根づいた思想である。歴代の異民族帝国の支配を経て、漢族と異民族が混交し、今もなお道教思想（タオイズム）は中国人の身体の一部となっている、と考えてよいだろう。

革新派階級にとって、圧倒的多数の中国民衆の深層心理に深く根を張っている道教は、歴史と伝統で培われたイズム（主義）である。古代漢族が二十一世紀の今日に至ってなお、世界史上に類をみない存在感を呈示している理由がそこに見出せるのである。

既述のように、華僑と本土中国は有機的な働き（ネットワーク）の中で絡み合っている。華南地方を中心に全世界に離散し、道教神を心の糧としていることに不死身の存在理由が求められるということだ。

一九五七年、中国道教協会が設立され、北京の「白雲観」を本部として道教文化の遺産保護に努めることになった。しかし、再度大波が起こった。それは、政界と学会の激突から生じた。文化革命の大義名分の下で波立った革命運動ではあったが、革命の主宰者（四人組）が打倒されて後、道教を含め国内諸宗教は保護の対象となり、再興の道を歩む。

華僑による道教（タオイズム）の継承は、多分に世俗的ながらも台湾を中心にホンコン、シンガポール、マレーシア、タイ、フィリピンなどで保たれている。いずれも水面下にあって、それだけに除去できない性質を持つ。急激な国際社会の近代化への変化発展とともにあって、伝統的な道教は前近代的迷信と見なされるきらいがないではない。とはいえ、道教は漢族の間で生まれ育ち、四千年以上もの歴史を繋げてきた土俗信仰を底辺にした、日常的な価値観である。タオイズムは、どのような近代化の波の中にあっても、内外環境の変化に順応し、これからも存在し続けることであろう。

日本においても、明らかに道教神を祭祀していると見なされる街がある。お馴染みの横浜中華街、神戸、大阪、長崎はもとより、北海道は函館などが代表的な例として挙げられる。

ところで、中国漢族の育んだタオイズムが「華僑」に継承され、中近東で育ったユダヤの神（ヤハウェ）はトーラー（律法）を厳守することで、互いに数千年の歴史を刻んでいることに言及したウェーバーは、トーラー（ヤハウェ神）と中国の神（天）や君主の地位とを比較して、次のように記述している。

「対外政策をその専門領域とし、戦争（運命論的）の神であったヤハウェに対し、中国の非人格的な神（天）は内政に軸足を置いて、社会秩序（礼）の恒常性と妥当性の追及を専門的領域に置いた。このような中国の神（天）の下における君主は、倫理的美徳に基づいて呪術的カリスマ性を標榜して、農耕収穫と社会秩序を実現持続させることで、その君主としての地位と存在価値を示さなければならなかった。『礼』を重んじる儒教には、カリスマ性という神秘の世界『呪術の園』たる道教思想を温存することが重要な意味を持っていた」（宗教社会学論文集より）

「礼」を重んじる儒教は、土俗信仰に根ざした道教を無視することができなかったこと。それが王権神授の思想を育て、為政に利用されたことを、ウェーバーは指摘しているのである。カリスマ的支配は、世襲性（君主王権の血統紐帯と遺伝）によることを庶衆に容認させることで王権を存続させたのであり、必然的に呪術的恩恵が授けられるという点に君主の存在価値がある、ということを意味している。つまり、個人的資質であるカリスマ性が、儀礼偏重主義（儒教）と哲学者（孔子をはじめとする）たちによって倫理化され、ルール（儀式）通りの生活を固定化し艤装させてしまった、ということであろう。

ウェーバーの指摘を、さらに拡大解釈すれば、異民族による征服者王朝（元、北魏、清など）のすべては、それが儀礼上のルール（礼）に誤りなく適合すれば「妥当な」王朝として受容し、遇せられた。言い換えれば、古代漢民族の指導的立場にあった学識経験者は、自らの民族より実質的な正義、つまり倫理的な自己抑制の教化を優先させた、ともいえる。

以上のような国家体制は、記述の通り「清」王朝の滅亡とともに崩壊する。つまり、伝統的な旧体制の根幹となっていた儒教的価値観が否定されたことになる。しかし、ウェーバーの指摘する「呪術の園」（タオイズム）は、華僑によって温存され、さまざまな「科学技術の園」として生きてきたのである。それが、「呪術」という実験を重ねて得られた結果であるという事実を看過してはならない。これについて、「近代科学の起源となった呪術を無視し、科学のすべてを偶然に帰してしまうのは、人間精神の啓発形態としての歴史の破産を宣言するようなものだ」とニーダムは語っている。

さまざまな呪術は、元来「魂の救済」（死後の安寧《あんねい》）を願ってのことではなく、現世での「長寿」と「富」と「自由平等」を追求するための手段であった。つまりは「地獄・極楽この世にござる」という現実主義であり、現世利益優先の思想に基づくものだ。だからこそ、万物がその終始にあり、「混沌」（気）の世界が現世（現実）であり、「気」が万物の元素と考えたのである。

ギリシャ哲学（キリスト教的）では、モノ（物質）と心（精神）とは、唯一神（創造主）によって分けられていると考えているのに対し、タオイズムではこれを分別せず目視できるモノから無へ、あるいはその逆の移行があって「唯一の実態」があると考えているのである。

このタオイズムが、華僑に順守されないはずはない。これに関して、仏教で説く「輪廻転生」と道教の求める「不死不老」の願望は一致する、と指摘したのがH・マスペロ（一八八三―一九四五年）である。不死を得るための現実的な道教的「技法」が、仏教の思想「転生」にあるのではないか、と理解したからである。仏教の唱える涅槃《ねはん》とは道教の不老寿であり、仏教の聖者「羅漢《らかん》」（悟開高僧）は道教の「神仙」（仙人）と同一視することが、いとも容易に受け入れられたのである。

仏・儒・道の習合に、タオイズムの持つ「茶の間」的憩いが華僑の心となって残った。他方、この三教習合を「東洋的神秘」として高邁《こうまい》な哲学思想ととらえているのがヨーロッパのシナ学者であり、物理学者であるF・カプラである。F・カプラは、東洋の神秘思想は、現代科学（特に物理学や化学）の進展と裏腹の関係にあり、科学文明を拓《ひら》くサイバネティックス的役割（自動制御作用）を果たしているると前置きして、次のように語っている。

「東洋思想（インド、中国、日本）には二つの側面がある。一つは、実際的で鋭い社会認識であり、二つには現実離れした理想を求める意識である。前者は「礼」に示された秩序。後者は「仙人」に示された待望される人間像を追い求める意思。この二つの側面は、さらに次のように説明される。インド仏教は、中国人（漢人）の間では儒教の実務的特性を重視する立場に転写され、道教の精神修行法に外延的に取り入れられている。この修行は、漢族では「禅」（チャン）と呼ばれ、紀元一二〇〇年頃日本に伝えられて独自に展開し「禅」（ゼン）として完成され、現在に至っている。「禅」は日本人特有の人生観を顕《あらわ》し、インドの神秘思想、タオイストの自然の道、そして儒教の礼という伝統を失っていない。そして、この三教習合に日本的解釈が加味されて、新機軸ともいうべき文化を生んでいる。茶道、華道に要求される作法、弓技や剣技が弓道、剣道などの実用面（修行）での武道に及んでいる」

F・カプラの学問的論旨は、哲学的に表現される「神秘的体験」が、物理学における「科学的実験」として理解される。この点において、ニーダムの考察に一致しているといっても的外れではないだろう。

Ⅶ　哲学と自然科学

中国への仏教伝播《でんぱ》以前、儒教と道教は長寿への願望とそのための実践の面で、思想を共有していた。つまり「天子（皇帝）の徳（仁・義）をもって絶対万能」とする儒教の唱説は、道教の「真なるモノは死滅することはない」とする考え方と相容《あいい》れる。「仁」は、隣人への思いやりや忖度《そんたく》、つまりヒューマニズムを意味し、「義」は道理（筋道の通った考え方）を貫くことを示す。しかし、儒教は、ヒト集団社会に秩序をもたらすための手段として教えを説いているから、道教思想の全体系「始めにヒトありき」が前提とならなければ、「徳」や「礼」は根拠を失うことになる。道教の体系は、諸個人（ヒト）の自由を重んじ、その自由から自然に醸し出される秩序の形成を重視している。諸個人の集団、つまり庶衆が不在であれば、「礼」「易」「詩」や「春秋」（歴史）は何ら意味をなさない。集団（社会）不在に秩序の有体《ありてい》などないのである。

「見えざる手」が市場（秩序）を形成する、と言ったのはイギリス人道徳哲学者A・スミス（一七二三―九〇年）だが、スミスは、その著作『諸国民の富』で、不可侵の自己保身（自然権）から発せられる「利己心」（見えざる手）に基づく活動が、平和な秩序ある社会を構築する、と説いている。「利己心」は、孤独な心理社会では生まれない。大衆や集団の中で、個人の意思として発露される本能の部分が「利己心」である。

タオイズムは、A・スミスの思想を数千年前に先取りしていた。中華漢民族の深層心理にタオイズムが潜んでいたのである。M・ウェーバーの言を借りれば「儒教と道教の相違は、官僚社会と俗世の相違である。双方に要求される倫理思想は、前者が皇帝君主の『徳』を重んじ、後者は世俗の『自由』を重視したという点で、『正』と『不正』（儒教）、『利』と『不利益』（道教）に等置される」ということだ。つまり、双方ともに現世をいかに生きるか、について同根である。しかし、庶衆（道教）あっての皇帝であり、官僚の地位である。

その庶衆と皇帝（官僚）を繋げ結んだのが「呪術《じゅじゅつ》」という為政の技法であった。「呪術の園」の管理人は、シャーマンと呼ばれた。皇帝（官僚）はシャーマンでもあった。しかし、呪術は是非の結果を出す実験であり、前科学的な側面を持っていて、結果が「非」であればシャーマンの為政上のカリスマ性は失われる。そして、その地位から引きずり降ろされ、その存在価値を失うのである。呪術は、「奇跡」（カリスマ）か「虚言」（迷信）の諸刃《もろは》の剣《つるぎ》であった。

殷《いん》から周へ、そして春秋戦国時代にあって、肉体的に筋力が衰え戦闘能力を失った「老人」は、事実上存在価値のない者として社会的には脱落していく。その老人の中には多くのシャーマンがいたことだろう。老人の中には、経験豊かで知識に富み、人生の辛酸《しんさん》や機微《きび》を熟知していた者が数多くいたと考えられよう。こうした老人にとって、現世を離れた隠退によって、達観的哲学への思索が巧まずして可能となったはずだ。その隠退（居）生活が、老人（シャーマン）が自ら要職を棄てたか、あるいはカリスマ性を失った不運の結果によるものであったかは問題ではない。老人の思索が、「自己救済」（不死）を現実的に求める方向に働いたであろうことが、重要なのである。自己救済ということの具体的な意味は、「生き永らえること」（長寿）と「気力に頼ること」（肉体に頼らない）に活路（生き甲斐）を見出すことであった。それが、世俗を離れ「孤高に生きる老人」の価値観となっていく。

かつては、カリスマ性を貴ばれ、呪術が思惑通りの結果を得ている限り、そのカリスマ性の個人的資質が認められ、社会的地位も高位にあって、権勢と富を享受できた。しかし、呪術という前科学的な手段では、予測的中の確率は小さい。それにもかかわらず、カリスマ性が儀礼化され、政治権力の保持に利用されたのが中華思想の今一つの特徴であった。

いわば、非日常的な能力であるカリスマ的資質が、為政上のルール（行政基準）となり、庶衆の好むと好まざるとにかかわらず、ルールということだけで権勢が維持され、自由が拘束されていく形式だけの現実があった。皇帝は、官僚を従えて、行政特権となったルールの最高司祭となって権威の維持に努めればよかったのである。ただ一度や二度だけの神秘的体験による「利」や「正」の結果をカリスマ的能力の顕示だとしてルール化（礼）し、そのことだけで王権を保つことは、単なる政治力の強権発動にすぎない。そのような必然性（科学的根拠）のない、偶然とも解釈される結果をルール化し、行政の規準としてしまえば、シャーマンの存在価値は失われる。有能なシャーマンは要職を追われ、君主（皇帝）は呪術の非科学的側面が露呈されることで、最高司祭（権力者）としての地位を失う。そうしたことにより、庶衆は「話が違うではないか」とルール化された政治権力を否定することであろう。そのあげくが、反乱を招き、政治体制の変革となったのが中国史の足跡に見られるのである。

これを裏返して解釈すると、為政のルールを順守し、庶衆の意向にかなった政権の舵取りを行い、誤りなく行政が行われれば、正当な「王朝」として容認し、服従することが漢民族の変わらざる価値観であった、ということになろう。ルール（礼）を重んじ、伝統儀礼を尊じ奉ずる支持者は、いうまでもなく儒教系の文人たち（文官）であった。

これに対し、諸個人の自由意志と総意が「国の姿かたち」として形成されることを理想と考えていた道教系のタオイストは、為政のルール化に疑義《ぎぎ》を主張するか、あるいは放置（無為自然）するかの選択を余儀なくされた。疑義を声高に申し入れるのであれば、儒教の説を論破できる根拠を持って理論武装する必要がある。また、放置（無駄な論争はしない）すれば、それは諦観《ていかん》ともいえる達観である。

その儒・道いずれにも属さぬ隙間に、世俗の迷信的価値観が育った。儒教の説は「民の義を務め鬼神を敬《けい》してこれを遠ざく　知と謂うべし」（『論語』雍也《ようや》第六）として土俗の信仰慣習に介入せず、道教のそれは自由放任として認める立場をとったからである。儒教でいう「鬼神」とは、抽象的で形而上のモノ（土俗文化）を示し、「人知（文人）の及ぶところではないモノ（世俗）に深入りはしない。迷信的なコトに慣れ親しむことはしないが、さりとて否定もしない」と語っているのである。

この世俗の迷信的価値観をM・ウェーバーは「呪術の園」と解釈したようである。ウェーバーは、ライプニッツより百年ほど後の社会学の巨人だが、中国へは足を踏み入れていない。このウェーバーよりさらに百年後（十九世紀末―二十世紀央）に直接中国に入って資料渉猟に努め、シナ学で名声を得たH・マスペロが『道教』（「紀元前後の道教に関する研究」一九四〇年）を著している。

この後、二十世紀を通じて、J・ニーダムは半生をかけて中国文明と科学技術の考究に注力している。もちろん、ニーダムは中国に長期滞在し、また数度にわたって訪中し、有能な中国人研究者たちの協力を得て、表意言語（漢字）と表音言語（アルファベット）の壁を打ち破って赫々《かくかく》たる成果を上げた。さらに、二十世紀末頃から顕著となった異民族文化の交流や習合に着目し、道教と儒教と仏教の三教習合の思想に格別の関心を払い、三教習合の思想を「東洋の哲学」と呼称し、「西欧の科学」と対比したのが、F・カプラである。そしてカプラは、両者が等位にあり、物理学と哲学の同根一致を論説して注目を浴びている。

多分に恣意的な意図があってのことだが、先に挙げた五学者のうち、宗教学の分野ではH・マスペロただ一人であることだ。他の四学者は、数学、言語学、法学、言語歴史学、天文学、社会学、そして物理・化学に精通した諸学界の巨人たちである。これに国際的な視点から考察したアメリカ人歴史学者、J・K・フェアバンク（一九〇七―九一年）がアメリカ人の中国観に多大な影響を与えている。また、J・ニーダムは、儒教と道教の妥協と相克の絡みから生じた緊張が、科学技術の萌芽を育んだ豊穣《ほうじょう》の時空となっていた点に注目、科学技術（文明）や文芸（文化）の驚異的な発展をとげた西欧ルネサンス（十六世紀―十八世紀）中期までの科学技術は、古代から中世にかけての中国漢民族が培《つちか》った呪術という名の疑似科学的実験にそのプレリュード（前奏曲）があった、と指摘している。具体的には、鉄鋼（鋳造レベル）、火薬、製紙、羅針盤はもとより、機械時計、駆動ベルトとチェーン、一輪車の発明と利用、回転運動の直線上下運動への変換、航海術、外輪船の建造などを列挙している。

さらに、ニーダムはルネサンスが中国においてではなく、西欧において開花発展したのは、漢字による中国語にその理由を見出すことができるとしている。この点では、M・ウェーバーと同意見といえる。その理由は表意言語（漢字）を用いたことによる閉鎖性（文人学識者のみ）のために、文人教養のレベルから職人技、あるいは職人技から文人教養への相互交流が滑らかでなかったことを指摘している。中国の文明が技術的には体系的科学の域に達しながら、職人間の識字欠落の中に埋没し、科学技術として理論化されることがなく、それ故に外部に放出されなかったからだとしている。つまり、記数（号）法による数学的手法の応用、あるいは演繹《えんえき》的手法による体系化が試みられなかったことを指摘しているのである。漢字の読み書きのできる一握りのエリートたちは、教養（漢文）の有無に差別をつけて、職人的技術を通俗的な生活の知恵と見なし、技能職人を社会的に劣位に置くことをもって衿持（プライド）とする価値観に耽《ふけ》っていたということだ。

だが、ニーダムはそのことを非難してはいない。むしろ、その文・技の差別は中国文化の緩やかな「恒常性」（ホメオスタシス）を健全な方向で働かせていたと考えている。とはいえ、漢民族のエリートが「呪術の園」では磁石の示す電磁波が磁力（遠隔作用）によるものであり、波動が連続的に伝播することを感知しながら、それを目視（肉眼）できぬ故に、呪術としての利用範囲にとどめてしまった事実は否定できないだろう。

Ⅷ 「魔方陣」その後と「謎の微笑」

算術は、片手五本の指を数えることで始まった。算術は呪術への入り口に立っていた。呪術（魔術）は科学的側面をのぞかせながら、宗教心（信仰）に訴える技法として利用されていたのである。科学は、何度実験を重ねても同じ結果が得られることで証明される自然のメカニズムの発見である。実験を重ねるためには仮説を立てなければならない。仮説を演繹《えんえき》的に実証すること、つまり前提を置いて論を進めなければならないということだ。しかも、実証可能なことかどうかは主観的に推論できても客観的論理体系に欠落する。

実験を積み重ねて得られる結果は、主観や憶測の是非、つまり「真」か「偽」という真偽のほどを直ちに明らかにしてくれる。実験の基本は、「数」で示すことによって客観的となり、「学」（科学）として特定される。これに対し、宗教は「信じる」か「信じない」かを前提としている。信不信は、実験や検証とは無縁な心理心象である。

呪術は、結果によって検証が可能なので疑似科学の一端を担っているといえる。疑似科学といったのは、呪術は主観に頼る部分が大きくなるきらいがあるからである。前提は、主観や直感によって設けることができるが、それが独断と偏見からなる教義（ドグマ）で理由づけられ、潤色されてしまえば、科学への道から外れる。しかし、呪術から科学技術を得た例は少なくないことは、既述の通りである。では、その現代の科学技術が、将来に向けてもなお、有効（真）か無効（嘘）か。今日から見れば、呪術であった古代の技術が、実験によって現代の科学技術に発展したまではよいとしよう。そうであれば、その現代科学の枠が、将来のいずれの時点においても、人類の生活上「正」（真）か「不正」（偽）か、という問題を残していないと断定できるであろうか。

正不正といったのは、将来（未来）のヒト社会（人類）に至福と生命財産の安全を保障できる真理かどうか、という問題提起である。いかなる民族も、歴史的、経済的に民族を取り囲む環境（自然と文明）を合理的に理解し、異常を感知した場合にはこれを除去あるいは回避しなければならない。そうでなければ、種の連鎖（民族の存続）は不可能となるからである。

人類が、昼夜（陰陽）を一日と定め、三百六十五日ほどの「数」の間に四季の周期性を知り、「暦」を作ったまではよい。自然のメカニズムを暦という数に置換し、それによって経済生活（農耕）の先行きをかなり正確に把握できるようになった。しかし、経済事情の好・不況は心理と先行き見通しという主観的な価値判断によって動く。とはいえ、原因不明の疫病、地震や洪水・旱魃《かんばつ》、戦争やテロで先行き見通しや心理の働きが狂ってしまうことは、日常的に経験していることである。

自然のメカニズムを解明し、それを生活に資することはヒトの英知というものだが、自然のメカニズムを知れば知るほど、それに比例して不可解な部分も多岐多様に増えるのである。科学技術は万能ではない。その科学技術の門戸を開くマスターキーとなっているのが数学である。算術（幾何）は、実験と記号（数）法によってあらゆる科学の頂点にある。その数学を、ライプニッツは「哲学」であると言い、またあるインドの数学者J・G・ジョーゼフは紀元前五〇〇年頃のインド天文暦法書『ヴェーダンガ・ジオティーサ』から「孔雀の冠の如く、あらゆる知識の上に数学がある」を引用して、『非ヨーロッパ起源の数学』（一九九〇年）を著している。

「数学は哲学」といったライプニッツは正しい。数学が完璧の学として諸学の頂点に君臨するには、なお未熟といわざるを得ない古くて新しい、そして「判じモノ」と思われる哲学的分野が残されていることを等閑《とうかん》に付《ふ》すわけにはいくまいと考えられるからである。

それは、古代中国の漢民族に起源する洛書『魔方陣』に見られる神秘性である。「夏」王朝（前二〇七〇—前一六〇〇年）を建てた禹《う》王のヒラメキから生まれた「魔方陣」（既述）は、九世紀頃になってアラブ・イスラムとインドに伝わり、ユダヤ民族を通じてスペインへ、そして十四世紀頃イタリアを経てドイツに入り、全ヨーロッパに伝えられた漢族オリジナルの哲学的（神秘）数学といってよいだろう。

さらに、「魔方陣」は十六世紀初イタリアの数学者G・カルダーノ（医学者であり占星学者）の関心を誘い、十七世紀ではフランスの数学者P・フェルマ（確率論、解析幾何学者）、十八世紀ではアメリカの政治学者B・フランクリン（電磁気学者）など多くの学者が、純粋数学の対象として本格的な考究を重ねた足跡が見られるのである。

しかし、二十一世紀の今日に至ってなお、四千年来の「魔方陣」に数学的体系は見出されていない。その意味では、「哲学的神秘数学」あるいは「呪術数学」という学問分野を設ける必要があるのかもしれぬ。

そこで、従来的な数学的視点からではなく、神秘的な「数」の魔方陣に今一度目を向けることにしよう。そこには古代中国からの道教の密教性が隠されているようにも思える。

禹王の着想とされる五行思想や伏羲《ふっき》の八卦（易）に代表される天地人感応思想が、数学や幾何学を総動員しても解けない神秘性を帯びているように思われるからである。

「魔方陣」については既述したが、お浚《さら》いを兼ねて話を進めよう。正方形を九つに区分したマス（升）の中に、一から九までの数（字）を配列するとできる方陣図は、マス目の中央に「五」を配する場合にのみ前後左右と中間それぞれの数の和が「十五」となる。天地人感応の思想から升目九つを九星と呼び、十干十二支、「八卦」を組み合わせて占星術の基本としたことも既述の通りである。そして、天空の恒星座標を二十八に分けて二十八宿と名付け、七宿ずつ四方（7×4）に配し、地上の四象（春夏秋冬）と対応させた。二十八宿の起源は明らかではないが、『書経』（尭典《ぎょうてん》）では「朞三百有六旬六日　以閏月　定四時　成歳」とあり、四象は春分・夏至、秋分・冬至を区分する基準としていた事実が窺える。しかし、これでは地上の四分暦、三百六十五と四分の一日としたために、周天度の三六〇度に対し端数（五と四分の一）が出る。そこで周天度と整合させるために端数を「斗宿」（大熊座）、つまり北斗七星に収めて対応させていた。そして、五行の「五」を、魔方陣の中央に据え、不動とするドグマが定着していったのである。

いずれにせよ、原型魔方陣は一から九で成立し、定数は十五。これが、後の魔方陣の展開に際しての第一段階となって、三魔方陣とも呼ばれている。これを展開させてできたのが九魔方陣である。九魔方陣は、一から八十一（9×9）までの数を第一列から第九列まで順に並べ、方陣の各行に含まれている数で三位の魔方陣としたものだ。このようにしてできた九つの三位の魔方陣を、各方陣の中の最小数（四、九、二など図中△印）を手掛かりにして完成させる。いわば三魔方陣を合成したもので、中心に対称な位置関係に置いた二つの数は、互いに補数となる。これを称して合成魔方陣といい、図（合成九魔方陣）に示す通りとなる。合成魔方陣は、三十七から四十五までの数を中央（図中○印）に据えて、前後左右の和が倍数となるように配列して整えられる。

魔方陣（洛書）も九世紀末頃（唐代末）、つまり道教を国教とした李一族（武宗の治世）によって仏教が弾圧（八四五年）される頃には格別な関心は払われなくなった。その理由は、占星呪術的な効果が経験的（実験）に正当性が認められなくなったからだと推測される。そして、単に神秘性のみが強調されてしまうようになったようである。その神秘性は五行思想のドグマ（教義）で覆われていて、魔方陣をそのままに、森羅万象の解を得る努力が十九世紀末（清代）まで行われていたのである。

ドグマ（教義）というのは、哲学的主張のことであり、言動の是非に関する独断的な価値判断であ

合成九魔方陣

31	76	13	36	81	18	29	74	11
22	㊵	58	27	㊺	63	20	㊳	56
67	△4	49	72	△9	54	65	△2	47
30	75	12	32	77	14	34	79	16
21	㊴	57	23	㊶	59	25	㊸	61
66	△3	48	68	△5	50	70	△7	52
35	80	17	28	73	10	33	78	15
26	㊹	62	19	㊲	55	24	㊷	60
71	△8	53	64	△1	46	69	△6	51

る。是非はともかく行為や発言内容が一貫していて、その結果について責任を持つことを前提として使われる言語表現がドグマというものだ。それは、起承転結という一貫した真理命題として求められなければならない。だから、宗教思想を理知的にではなく、啓示的かつ主観的に解釈すると、真理から逸脱し、限りなく大きな誤差が生じる危険性がある。啓示的に解釈すれば信仰と切り離して考えないわけにはいくまい。頑《かたく》なにドグマに拘《こだわ》ると、感性の虜《とりこ》となって、理知の働きが封じ込められてしまい、科学する目が開かなくなるのである。

合成九魔方陣からできる「19路361目の碁盤」

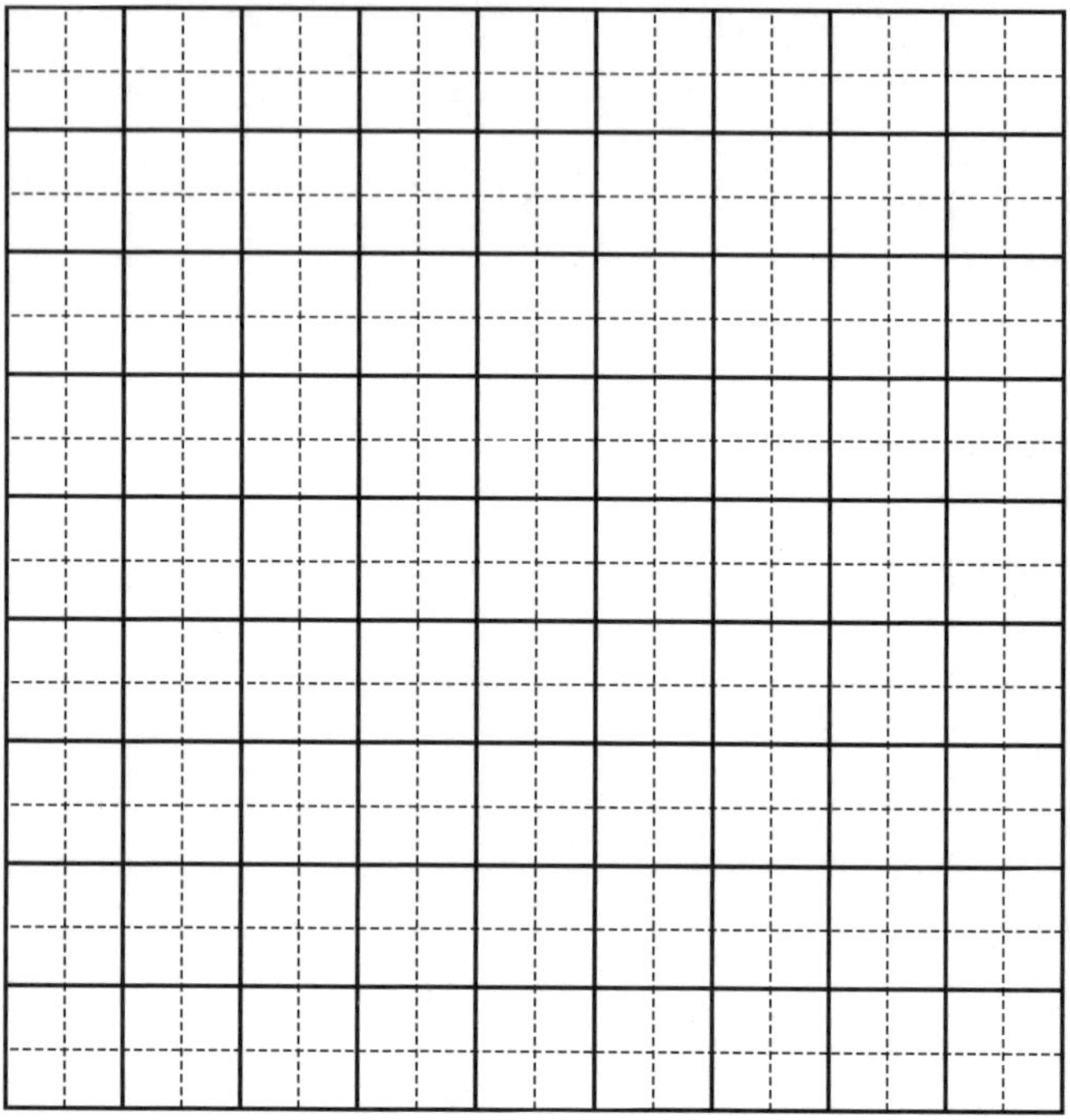

さて、周天度を三六〇度としたのは一回帰年を三百六十五と四分の一日としたことから定められ、大地が球体であることと一致し、経緯度にも共通する数値となって19×19と決められた。19×19、つまり三百六十一の交点（日数）が決まったのである。三百六十一目（交点）の一点は、天（神）の在所であり、九神（九官）の支配者としての神が中央に座居。換言すれば、「一目方格」の八方は一点からの視座とし、八方に分神を配し、自らを含めて九神（官）。中央の「神」（天）は、「皇帝」（地）と相関感応して、全宇宙に拡大

解釈され、九官の官僚を組織して統治の要諦としたわけである。

天地人の相関感応の測定基準を点と線で描かれた十九路盤に求めたまではよかったが、点と線で描かれた二次元空間という客体にドグマの入る余地はない。陰陽五行のドグマを優先させれば、十九路盤の示す客観的な基準は「排除されるべき」となる。しかも、升目の中の「数」を升目の中央（八方に配列する）に据える「点」に置き換えるためには、合成九魔方陣に前後左右に等分する「線」を入れて交点を得る必要がでてくる。そうすれば、合成九魔方陣が十九路三百六十一目（交点）となって天地相関の基準とした経緯度十九路盤と合致して、全地球を包括する網の目と一致する。魔方陣に示された「数と和」を「点と線」に代えて、五行思想のドグマで潤色してしまったことは、「数と和」を神秘的な啓示と受け取ったためであろう。

ドグマは信仰へ向かって独走し、刹那《せつな》的な現実主義、つまり科学する技法の発見努力への道を外れてしまったのである。だから、合成魔方陣のそれぞれの升目の中央の「数」を「点」と見なすことに何ら抵抗を感じることがなかったといえるだろう。

このように二次元空間で地球を考えてしまうと、大地が球体であるという三次元空間の着想は生まれない。上下空間より前後（左右）平面に思考が固定され、有機立体的な動態より、無機平面的な静態に思考は収まってしまうのである。

十九路三百六十一の交点（目）が、科学へではなく呪術にとどまり、経験的に呪術の真偽が遅からず明らかになる。呪術としての効能が疑問視され、現実主義を満足させないことから、為政の手法から脱落するのである。しかし、啓示に偏執した思想（五行）は、無限の可能性と不可能性の同居する神秘のベールを被った哲学として残った。魔方陣は、占星呪術の道具として利用され、謎に満ちた「数」を護符として信仰のシンボルと化したまま、アラブ・イスラムやインドへ、そして地中海からヨーロッパに伝播《でんぱ》した。それでもなお、ヨーロッパをはじめ各地では多くの数学者や科学者たちによって研究され、「数」の論理の問題として扱われるようになっているのである。

数学体系の一部分として扱われながら、「学」としての体系化が未完のまま、というのが魔方陣の今日の姿かたちである。

その姿は、霧のかかった意味不明（mystic）なままである。欧米人が、東洋人の意味のわからない「笑み」に対面して mystic smile と表現するのが「モナ・リザの微笑」（mystic smile）と重なっているのであれば罪のない話である。

「モナ・リザ」の微笑

「モナ・リザ」……といえば、誰しもレオナルド・ダ・ヴィンチ（一四五二―一五一九年）を想起する。現代でも「万能の天才」として語り継がれているルネサンス期の盛期を代表する人物である。ルネサンスと史家のいう時代は、コロンブスの航海が成功し、スペインとポルトガルが先陣を競って球体の大地と海洋を征《ゆ》き、左手に聖書を、右手に銃を持って植民地を求めていた頃である。「大航海時代」

とも呼ばれるが、ただ単に大冒険ロマンを追い求めていただけではなかったことは、後にインドの植民地化や中国でのアヘン戦争の史実に示されている通りである。

ルネサンス期のヨーロッパ諸国の中でも、イタリアは安定した経済環境にあり、文化芸術や科学技術の保護者的存在として富豪の名声と外交的威光を誇ったメディチ家が栄華の時代を迎えていた。このような環境の下、フィレンツェの片田舎で、比較的富裕な一族の庶子として生を受けた人が、レオナルド・ダ・ヴィンチである。レオナルドは、経験を重視し、簿記や契約書の作成について学ぶことが現実的な処世術と考えていたようだ。数学者であり複式簿記の発案者ルカ・パチョーリに知己を得て、数学と簿記を学んでいる。他方、化石の発見から、出生地の自然に格別の関心を持つようになったレオナルドは、後に地質学に必須であったラテン語を独学でものにしている。

どちらかといえば、好奇心の強い職人気質の「独学者」であったレオナルドにとって、自然は恐るべき力を持ち、人類を圧倒する巨人に見えた。生来の天才的ヒラメキは自然を観察することで研磨されていくのである。しかし、レオナルドの自然観察は、同時に人間観察ともなって独自の宇宙観を抱くようになっていった。それは、大自然のメカニズムは卑小なヒトの持つメカニズムと同じ構造をなしている、とするものであった。つまり、既述の天地人相関感応の思想である。この思想は、中国の古代ではこれまでに述べた通りであり、ギリシャでも古代からあった。レオナルドの非凡さはこの「天地人相関感応」思想を完璧なまでに昇華させ、「自然の神秘が創る力、その創造力の秘密を奪い知ることでヒトは高次の存在を得ることができる」と考えた点にあった。

自然の持つ激しい神秘的創造力は、土・火・水・気の四元素にあると考えた上で、この四元素の原初となる第五元素が在ると思考を広げたレオナルドは、四元素を有機的に機能させる力、それが第五元素であり、それを霊（気）と呼んだ。自然とヒトを等位に置いて思考を究めたレオナルドは、ヒトに欲望があるように大自然にも欲望があると考え、霊気はヒトと大自然を繋ぐ、と解釈したわけだ。

つまり、自然が優美と残酷の両面を示すのは、自然自らの欲望を満足させるためである。ヒト（人類）は、生死の合間に、富裕や増殖、安寧と地位の向上を求める。同じように、巨大な自然の欲求も、「最終的な目的」を満たすために情念を燃やしている、と見なしたのである。自然にもヒトにも、初めと終わりがある。初めと終わりというのは時間（時）で示される。自然は、自らに与えられた「時」が失われる前に、その欲望を満足させようとしている。

そのために、多くの動植物が互いに自然の餌《えさ》となるように定め、悉皆《しっかい》万物（動植物）の生態系を操っているのだ、とレオナルドは考えた。ヒト（人類）の死滅は、自然の食欲であり、その食欲を満たすための餌である、というのである。

では、自然の終焉《しゅうえん》は何か。レオナルドの結論は、「原初に戻ろうとする欲求である」と。原初は、カオス（混沌）であり、四元素（土・水・気・火）に先立って存在する「美しい生命体」すなわち「極めて希薄な微粒物質」なのだ、との視点に立っていたのである。そこで、レオナルドは今一つの結論を出した。

その結論は、あたかも、地球温暖化や環境ホルモンの問題（後述）を暗示するかのように、「水の元素は失われ旱魃《かんばつ》、乾燥した大地は抑止力を失って膨張し、空気を破壊し突き抜けて火の元素に達する。

このとき、大地は炎上し、灰燼《かいじん》と化し、そして終焉を迎える」と。「美しい生命体」への回帰、それが自然が求めてやまない終局なのだ。その終局は、ヒトにとっても終焉を意味し、それに気づかぬヒト（人類）の愚かしくも哀しい存在を「微笑」に映《は》えさせて描き伝える。

「モナ・リザ」という高貴な人妻の名を借りて、その肖像画の表情に「終焉」を諦観した「微笑」を描き表したのが「モナ・リザの微笑」といわれている絵画であると思われるのだ。レオナルドの手による「モナ・リザ」の背景絵は、大地と森林、水と地質断層で描かれている。この人物と自然のオーバーラップによる表現は、天地人相関感応を一枚のキャンバスで「表意」している、と解されるのである。

自然の欲望の根源が「時」（時間）に在るとすれば、その「時間」とは何であろうか。ヒトにとっては「老化」であり、やがて「死」に至るプロセスである。このプロセスの中に重要な役割が秘められていることを指摘し、「自然の嘲笑」に相関することに論を進めていこう。

自然の嘲笑

ヒト（人類）は、自然の姿かたちの写実であり、その実体が自然のメカニズムである。そのような前提に立つならば、ヒトの本能的機能を知ることは自然のメカニズムを発見することになる。ここでは、ヒトに固有の機能（本能的メカニズム）を二つ例挙して、「自然の嘲笑」の謎を解いてみよう。

一つは、ホメオスタシスという恒常性、二つはサイバネティックスという自己制御性がその機能である。

まずは、この二つの命題を教科書的視点から繙《ひもと》いてみることから始める。

恒常性（ホメオスタシス）

日本語で「恒常性」と訳されているホメオスタシスの定義づけは、それが有機的な機能にあるために極めて難しい。この機能は、単に個（ヒト）に限らず、群集や群落などの生物の生態環境（社会）や地位（女王蜂、ボス猿、女王蟻など）の安定性向にも見られる。これらの生態系の概念に着目し、体系的に理論づけを試みた最初の人物は、フランス人生物学者C・ベルナール（一八一三―一八七八年）だが、後にアメリカ人生理学者W・B・キャノン（一八七一―一九四五年）が発展させ、ホメオスタシスと名づけたとのことである。

人体（ヒト）におけるホメオスタシスは、多細胞動物の生態にも見られる。それは、体内の複雑な機能（内部環境）の原動力となっている血液によって働いているからである。血液の成分は、酸素、二酸化炭素、脂質、塩類、ブドウ糖、各種タンパク質で、これらは俗に三大栄養素と呼ばれている飲食物から摂取されるようになっている。栄養素には濃度、ph（酸アルカリ）、粘度、浸透圧、血圧、血糖などが密接に影響して、健康を保つために必須の条件となっていることは周知の通りである。これら、素成分や性状を一定に保つ機能そのものを「恒常性」（ホメオスタシス）という。わかりやすくいうと、年齢や季節の変化に順応して、食欲や食彩・食種が変わる、という至極正常なコトを示す機能（メカニズム）をいっている。このメカニズムは、人体の生理系（健康）の維持を説明しているが、感性という心理的側面から表現される喜怒哀楽についても示唆している部分がないではない。糖尿病が自律神経の失調を、カルシウムやビタミン類の不足がストレスを、などなどが喜怒哀楽の表現原因となっていることは、近年明らかになっていることだ。それでは、「微笑」はどこから生まれるのか、「微」妙な問題提起といえるだろう。

ホメオスタシス適用の範囲は、生理の事柄から生物生態系など種々の階層での安定した動的平衡状態に及ぶ。その意味でホメオスタシスが、自然のメカニズムを説明していることは確かなようである。

この恒常性機能が、宇宙空間の太陽系の惑星の一つである地球にも働いている。というよりは、宇宙空間の働きが地球上の生物の生命保全を確かなものにしてくれている、といった方が現実的な表現だろう。

十九路三百六十一目の経緯度線分の記述では、煩雑になるのを避けて単純化し、省略していた点について触れておこう。太陽系第三番目の惑星・地球は、太陽の周りをやや楕円形を描きながら公転している。自らも回転（自転）していて、自・公転が地上での地域に日照時間の差を生じさせていることも既述のとおりである。このほかに、地球の核心を貫いている北極と南極の垂直線（子午線の軸線）が、太陽に対して二三・五度ほど傾いていながら自転しているのである。

だから、肉眼でも長期に観察すればわかることだが、北極星は地球の北極点の天頂でクルクルと回って見える。地球は、よくいわれるように、やや疲れた回転ゴマのようなコマ（独楽）振り運動をしているということだ。天の北極星と地上の北極点には以上のような差があって、地球は自・公転している。これを、地球の歳差運動と呼んでいるが、このため数千年の間には地球上から見る恒星の位置が少しずつ変化していることになる。実際、紀元前に名づけられた星座の位置は、二十一世紀ではかなり移動した位置に入れ替わっている。面白いことに、「星占い」は紀元前の星座位置のまま、星占マニアの運命を占っていることになる。笑いゴトではないかもしれないが、ホメオスタシスが微妙な変化をしているということだ。

地球を包んでいる空気は、地球から遠く離れるにしたがって希薄になるが、地上の生命を維持してくれる範囲までを大気圏と称し、電離層（オゾン層）によって天文宇宙と地上気象を分離するバリア（防御帯）を形成していることも先述の通りである。地球上の生命に直接関係するのが大気圏内で、この圏内で日照時間の長短や海流によって起こる熱交換作用を通し、四季を成し、生命は循環連鎖している。地上の各地域ごとに、季節の相違があるのは自然のホメオスタシスを具現した「姿かたち」なのである。個と全体、地域と全球体、宇宙と地球という相関感応の運動がホメオスタシスの広義の意味といえる。

自己制御性（サイバネティックス）

ホメオスタシスは、神秘的で、荘厳で、緻密で、秩序に裏打ちされた自然の姿を示した表現である。ヒトに関していえば、このホメオスタシス始動は「脳」の働きにある。この「脳」の始動から、体内組織の機能維持力を説明し、人類の至福に提供できる科学技術へ転化できる、との視点に立ったのがサイバネティックスと呼ばれる科学分野である。語源は、ギリシャ語の「舵取人」を示し、情報処理システムと制御システムを扱っている科学である。船の舵取人は、ヒトの「目」に相当するレーダーや気象衛星などを使って方向を定め、船速を決めて操船していることから生まれた言葉であり、日本語では「自動制御機能」という。つまり、ヒトの「目」は、人工機器の作動センサー（感知装置）ということになる。

つまり、サイバネティックスの基本は、有機体生物（ヒトなど）でも無機体機器（工業用ロボット）でも、通信情報処理、そして制御というメカニズムで同一化することができるとする点にある。ヒト（人間）の発明（メカニズムの発見）は、目的があってのことだから、有機対無機の関係が成り立つのは当たり前のことであろう。ホメオスタシスとサイバネティックスの接点は、ヒトの「脳」であり「脳波」にある。生物の生命運動を司っている神経系の働き（つまり脳からの指令）を解明し、そのメカニズムを機器装置類の設計に組み込むことができるのではないか、と着想したことから生まれた科学が、サイバネティックスである。名づけ親は、アメリカ人数学者N・ウィーナー（一八九四—一九六四年）で、理論生理学とシステム工学（物理）を数学的に結び付けた理論家である。読者は、この科学が単に科学と呼称できない側面のあることにお気づきであろう。ホメオスタシスを軸にしたサイバネティックス自動制御システムは、神秘哲学（生命の起源）を軸にした科学技術と同位に等置されるからである。そして、この学問分野が積極的に開拓され、記憶、認識、学習教育、言語、知能、安全保障などの問題解決に応用されているのである。この分野が科学技術として確立されていることは、今や常識である。

一例を囲碁ゲームに見てみよう。このゲームの展開には、ミクロ（個）とマクロ（全体）の調和が必須の条件となる。

地球規模で諸事を考えなければならなくなって久しいが、マスメディアのコラム「天声人語」に次のような記述があったので、引用して話を進めよう。このときの「天声人語」（天地人感応を意識してのコラムかどうかはわからないが）では、「センス・オブ・プロポーション（平衡あるいは軽重感覚）に触れて、次のように記している。

「囲碁ほどセンス・オブ・プロポーションが必要とされるゲームはないかもしれない。広い盤上（といっても十九路三百六十一交点目）を見渡して、どこが重要（有利な点）かを常に判断しなければならない。これを囲碁では大局観（つまりグローバル）という。初心者（のゲーム運び）を見るとよくわかる。戦いが始まると、そこにしか目がいかない。局地戦（つまりローカル）にズルズルと巻き込まれて、身動きが取れなくなる。無駄なあがきをして、ますます戦局（事態）を悪くする。つまり全体が見えていない」（カッコ内筆者）

このコラムは、プロ棋士による囲碁名人戦に寄せて記述したものだが、二十一世紀の「日本がそうなっていないか、少々気がかりだ」と結んでいる。

囲碁というゲームは、黒白それぞれ百八十個ほどずつの石を使って、十九路三百六十一目（交点）の盤上で黒白一対一で勝負する。一方にとって、相手は対局者となるわけだ。その対局者が交互に着石し、それによって変化する盤上面（局面）を戦略的、戦術的に読み、判断することでゲームの進行が図られる。相手（対局者）の一手（着石）で当局者の判断も変化する交互のやり取り、つまり二進法に従ったルールが基本である。将棋やチェス、あるいはトランプなどでは、それぞれ駒やカードに機能を持たせてあるが、囲碁の黒白の石は一石とて機能を持っていない。盤面を目視し、脳の働きで判断した一交点（目）に着石する。黒であれ白であれ、一つの石に何の機能もない。置いた石が働くか働かないかは、打手（対局者相互）の脳裏にあるということである。この黒白の戦いを、ライプニッツが「最も簡潔な記数法」といった二進法で進め、位相幾何学的に展開するのが囲碁というゲームである。

その上、対局者が交互に三百六十一交点（目）に着石するわけだから、相手の着石したところに当局者は石を置くことはできない。いわゆる「真似《まね》る」ことはできないのである。だから、ゲームの展開例（棋譜《きふ》という）は三百六十一の階乗（361!）通りあるわけで、勝負の結果（棋譜）は超天文学的回数あることになる。よほど暇がなければ試算してみる気分にもなれない回数である。コンピューターを利用しても、膨大な費用と労働時間を必要とするだろう。

この囲碁ゲームをホメオスタシスとサイバネティックスと一括して、やや理屈っぽく説明しておこう。

三百六十一交点（目）の一つ（一点）へ「石を置く」と決めたとき、その決断は部局（個）と大局

（全体）の調和を得たと対局者が判断（間違っているかもしれないが）したからである。これは、全体（大局）を脳裏に描き、一点（個所）がゲームに勝つための最適条件を満たすと判断したからにほかならない。判断は「脳」が決める。最適条件を満たす、という情報が脳に送られたからである。そこで、脳の指令によって、腕が碁石の入っている容器（ゴケという）に行き、指先で石をつまむ。つまり、脳と指先の系統筋肉が働くわけだ。この動作では、まず全体と個の調和を計るホメオスタシスが働いていることになる。

次の動作、腕と指先の動きは、サイバネティックスの働きである。このサイバネティックスは、ヒトの脳神経系の指令による腕と指先と着石までの動作、つまり系統的な動き（システム）で、当事者の意識外で働く。そこで、このヒトの有機的な働きを、無機的な機器の制御システムに設計し組み込めば、脳波の働きのシステム工学化が完成されることになる。この論をさらに進めると、道教の「無為自然」がホメオスタシスを示し、現代科学の「実験作業」がサイバネティックスを示す、ということになろう。

具体的に実用化されている例としては、義肢《ぎし》足や臓器生体移植など医療関係で成果を上げていることはよく知られている。心臓は動いているが、脳の機能が失われてしまってはどうにもならない。「脳死」を死と定めている理由がわかるのではないか。さらに、義肢や人工器官を使って、医学的に生体改造された生物が研究の対象となり、サイボーグと呼ばれる無・有機的複合体（ロボット）の創製が試みられている。この研究は、劇画や漫画の絵空事の世界のそれではないのである。

囲碁が「相手の石を囲む」だけのゲームでないことがご理解いただけたと思う。

さて、ゲームとしての囲碁はとにかく、問題はゲーム化以前にあり、そのルーツの背後に秘められた思想である。その思想が、天地人の相関感応、陰陽五行のドグマから王朝の興亡、皇帝の去就、戦争の結末を予測する技法の一つであったことは詳述した。その思想と技法が、遅くとも「夏」王朝時、あるいはそれ以前に萌芽を見たと指摘したのは、禹（夏王）の「魔方陣」や伏義の「八卦」（易）に鮮明に見出されるからである。「夏」王朝は神話伝説の彼方のもの、と見なす史家は多い。しかし、西暦二〇〇〇年十月九日、中国政府当局より「夏殷（商）周代断工程」と名づけられた国家プロジェクトとして実施された研究は、四年の歳月を重ねて次のような結論を出した。

「紀元前二〇七〇年に最古の王朝「夏」が成立。同一六〇〇年に『殷』に滅ぼされ、『殷』は同一〇四六年に『周』に取って代わられた」

この国家プロジェクト「夏殷周代断工程」計画は、歴史学、考古学、天文学、科学年代測定などの専門家約二百名によって一九九六年から実施された。北京で、記者会見したプロジェクトの組長・李学勤によると、各王朝の遺跡出土品の放射能測定を進める一方、甲骨文や鼎《かなえ》などに彫られた古代文字、さらに膨大な天文気象に関する古籍（データ）の記述に着目し、日蝕、月蝕などの周期に基づき、それ（王朝）が建てられたとみられる時期を割り出した、という。

中国史でこれまで確認された最も古い年代は、司馬遷の『史記』に記された紀元前八四一年だったが、この研究結果によって一二〇〇年間にわたる古代年代記の奥行きと暗部に光が当てられたことになる。

禹の伝説は、科学の光に的てられて神話の世界から史実として刻印されたわけである。ところで、陰陽五行と易の思想をドグマと断じ、そのドグマによって十九路三百六十一交点からなる網の目(碁盤)が排除されたのではないか、と推理した。この推理は、「禹」物語が神話でないことを前提にしなければ論理性を失うことになる。これまで、読者とともどもに推理した結論が、決して「的」を外していなかった、ということである。

ただ、十九路盤という客観的な測定技法は、球体である大地を二次元空間として特定したものであった。これが、三次元空間的な発想を妨げていたことは、先にも記述した通りである。しかし、二次元と三次元のいずれかの一方に偏った考え方では「現世《げんせ》」を語ることはできない。二十一世紀の現代においても、世界基準として経緯度線分で地点(平面的)を特定しているからである。等身大の目線からモノを見て考えることが現実的であり、ホメオスタシスの機能する範囲であることに疑う余地はない。この機能範囲から遠く逸脱していない価値観こそ恒常性を維持する基本的条件であろう。このことは、次の事実に気づくことで明らかとなる。

「天」が動いているとしたプトレマイオスの天動天文学に対し、「地」が動いているという地動天文学を開示したのはコペルニクスで、「コペルニクス的転回」と称して「大逆転」の例によく引き出される。

地動天文学は、科学として証明されたのだから、「日の出」(sunrise)とか「日没」(sunset)、太陽が中天に来て「正午」(high noon)と、日常的にも常識的に表現しているのは本末転倒であろう。二十世紀を代表する文豪の一人、A・ヘミングウェイでさえ『陽はまた昇る』(The sun also rises)と、書題名に使っている。陽は昇るのではなく、また没するのでもない。地球の方から太陽に「向かい」、「見送って」いるのだから。

ライプニッツは、「言語における述語の概念は、表示的にもせよ、言語の概念の範囲から逸脱してはならない」と前置きして、次のように述べている。

「通俗的な意味で外観から語るならば、われわれは魂がある仕方で身体と感覚の印象に依存するといわなければならない。それは、太陽が昇ったり沈んだりすることが問題であるとき、われわれは日常語法に従ってプトレマイオスのように語るが、思惟《しい》はコペルニクスに基づかなければなるまい」

さて、問題は「自然の嘲笑」である。それは凄味《すごみ》のある「笑い」でもある。記述のとおり、ホメオスタシスは自然の力であった。「治するは医師、癒すは神」といわれるが、ここでいう「神」は自然の力(時間)だ。睡眠、寛《くつろ》ぎ、腐蝕、風化(還元)や消化、脳波の働き、生物の消長そして人生(生《しょう》老病死《ろうびょうし》)などなど、すべて「時」(秒)が刻まれなければ「無」である。すべては時間(時)という名の「神」のなせる業である。神の力、それは時間力と言い換えてもよいだろう。時間はエナジーなのである。つまり、神の存在は「無為自然」のこと、といえるからである。重力、磁力、核力に第四のエナジー「時間」を加えねばなるまい。

自然は、生きとし生けるモノの元始であり、それは時間を生み、時を刻むエナジーそのものである。時間を関数とすれば、解けぬ問題はなく、時間を与えなければ問題は解決しない。だから、時間力という自然を損ねてはいけない。自然を損なうことは、生命を失うことに帰結するからだ。

「自然の嘲笑」は、さまざまな声調と強弱を伴い、人類に浴びせかけられているが、以下二様の「嘲笑」を挙げておこう。嘲笑の一つは「地球温暖化」、今一つは「環境ホルモン」という形声である。

〈地球温暖化〉

まず、「地球温暖化問題」の国際的斉唱に耳を傾けてみる。このことを自然の嘲笑の一つと見ているわけだが、その笑いは自然の顔相にも表れてきている。問題は、地球全体が人為的に高温化され、自然や生活環境に多様な変化（悪影響）を与えている点にある。つまり、人災である。この多様な変化による諸現象は、人類社会の高度文明化に伴って顕著になっており、自然が反応していることのメッセージととらえなければならない。何が、地球全域を温暖化するのか。それは、人類の独善的な高度化志向、文明拡大化への一本調子の経済活動が発出する温室効果ガスのためである。

温室効果ガスには、二酸素炭素、メタン、オゾン、フロンなどのガス類が含まれるが、とりわけ二酸化炭素ガスはその排出量が増加の一途をたどっていることで問題となっている。ガスの増加問題は、文明社会の構築と存続のために、エナジーとして使用される化石燃料（石油や石炭など）の消費によって加速される。では、言葉の響きから、問題となりそうな温室効果とは何か。これは、地球の大気圏内の気温に影響をもたらし、さまざまな異常現象を起こす原因となっているものである。先述のガス類が、地球と宇宙空間の間、つまり大気圏と大気圏外の間にあるバリア帯（電離層）を破損する原因となっているからである。バリア帯は、太陽から地球に降り注がれる大量の紫外線や、その他生命に有害な放射線を防ぐ、文字通りのバリア（防御）なのである。だから、バリア帯の破損は、生命に適した環境の破壊と同義となる。大気圏内で増加した温室効果ガスが、地球のホメオスタシス機能を狂わせる原因ということである。

少し難しくなるが、話を進めよう。成層圏に達するほどまで増加した効果ガスは、バリア帯の中にまで及び、ここで直接紫外線と接触する。そこで効果ガスが、紫外線に照射されて分解し、塩素原子を放出する。この塩素がバリア帯（オゾン層）の酸素と化合して、バリア帯そのものの機能を損なうことになるわけである。バリア帯の機能が損なわれると、地上への紫外線の直接照射が有害なレベルまで増え、人体に悪影響を与える。生体免疫力が低下し、健康障害に直結する問題となる。それだけではない。問題は、海洋水面が上昇し、海抜の低い洋上の小島群は水没するなど、海洋生態系（海藻や魚介類）や、植物類にも及ぶ。

普通、温室といえば風や寒気を防ぐガラスなどでできている。ガラスは、外気を防ぐと同時に、日照（射）を受け入れて温室内から外へ放出される赤外線放射（熱）を吸収する。このようにして、温室ができる。二酸化炭素ガスは、日照（射）を素通りさせながら、地表からの赤外放射を吸収してしまう。つまり、温室に使うガラスと同じような働きをするのが二酸化炭素ガスで、地球温暖化（温室効果）を増長させている。赤外線は、地表面から宇宙大気圏「外」に熱を放出させて気温を一定に保っているのである。

それが、正常な地球の機能（ホメオスタシス）の一つなのである。この機能の修復は容易なことではない。国立環境研究所（日本）の調査（二〇〇一年時）によると、文明先進国が今後十年間ほど、二酸化炭素ガスの排出量（化石燃料の使用量）を年五パーセントずつ削減しても、大気温度は二度以上上昇する、としている。自然生態系の混乱、破壊は、自然の人類に対する報復反応となって顕在化する。この反応は、人類を指して「愚かな奴めが」と凄味のある笑いを浴びせているのか、「クスクス」と笑っているのか、いずれにせよ警告という無言のメッセージであることに間違いはないようだ。

〈環境ホルモン〉

今一つの例は、「環境ホルモン」。ヒトの生体内外に限らず、生物の成長を円滑にする機能（情報伝達）には、もろもろさまざまな物質が関与している。これらの機能を持つ物質のことを、「ホルモン」と総括していっている。この情報伝達と駆動（動作）機能は、生有機体の細胞活動に重要な働きをしている。つまり、ホメオスタシスの働きと同義である。

問題は、これらホルモンが正常（恒常的）に機能しなくなるような生活環境が目下進行中である点にある。生体内臓のさまざまな器官が、相互に有機的に働き合って、生体の全体的なバランスを調整している。この調整を可能にしているのは、主に自律神経系とホルモンなのである。ホルモンは、脳下垂体や甲状腺、副腎など各種の内分泌器官で作られ、血液によって全生体内を駆け巡り循環する。人体を正常に機能させるためには、大別して脳骨髄筋肉系、消化器系、循環器系、呼吸器系、神経系などの諸機能のバランスが保たれなければならない。このバランス機能を狂わせる「化学物質」の総称が、環境ホルモンと呼ばれるものの正体である。化学物質が、人為的に製造された科学技術の申し子であり、内分泌攪乱《かくらん》化学物質でヒトに害を及ぼしているのであれば、バランス機能不全シンドローム（症候群）は「人災」といわなければなるまい。

環境が問題といったのは、日常生活で使用する食器類や洗剤などの化学物質（製品）なしでは、不便となった生活環境ができてしまっているからである。ヒトの成長、生物の生殖機能や行動に変調をもたらすのは環境ホルモンに原因がある、と認められたのは近年のことだ。つまり、環境ホルモン問題は人類社会に浸透し、顕在化していることを意味する。しかし、抜本的な解決方法は確立されていない。

本来、ホルモンは外環境（皮ふなど外気と接触する空間）と内環境（内臓器）のヒト生体全体に及ぶ機能を持っているから、異常ホルモン（環境ホルモン）によって生体のバランスが崩れたり、狂ったりすると地球温暖化問題と相関した現象（症状）が起こる。身近にある化学製品そのものも、その分解物が地球環境（大気や海沼河川）に放出されて悉皆《しっかい》万物の生態系に異変をもたらすからである。具体的には、街のレストランや学校や諸施設での給食用に使われている食器類に含まれている化学物質、ＰＣ（ポリカーボネイト）樹脂が例に挙げられよう。この樹脂が熱湯で溶解されて、微量のビスフェトルＡが抽出される場合がある。この微量物質が、生殖機能に影響を与えているのではないか、と問題になっているのである。

そのほかポリ塩化ビニル、つまりプラスチックとして利用されている物質も「問題あり」と指摘されている。しかし、このような有害物質が、どのように生体内外に悪影響を及ぼしているか、詳細には解明されていない。ただ、幼児期に取り込まれた場合、生まれたときのごく短期間にでも微量の環境ホルモンにさらされただけで、成長後の生殖機能や生活行動に変調をもたらすと危険視されている。環境ホルモンは遺伝子にも影響を与え、人類はもとより、地球規模で生命に危険信号を発しているのである。

科学技術の成果として生産される諸物質が、人体に実験的に使用されているようでは本末転倒である。家庭の居間や食堂は、断じて実験室であってはならない。

とはいえ、「地球温暖化」と「環境ホルモン」の二例だけで、自然科学の技術の進歩と発展を否定するのは手前勝手な了見というものだろう。

エネルギー技術（天然ガス、原子力発電など）、金属材料（半導体素子、形状記憶合金、セラミック生体用金属材料など）、航空技術（ハイテク・ジェット旅客機電子式操縦システム、フライトレコーダー、ブラックボックス）、人体科学（内視鏡外科、磁気共鳴像映法、生体移植、人工臓器、遺伝子治療）などなど、自然科学の技術分野での功績は紙面の限りを尽くしても尽くしきれない成果を上げている。これは、大いに評価されてしかるべきである。問題は、倫理と科学の滴定《てきてい》が求められなければならない、ということだ。

「滴定《てきてい》」という表現を倫理と科学との関係で使った学者は、筆者の知る限り、J・ニーダムが最初である。滴定の意味は、「濃度既知の溶液を試料物質に加えて、反応するのに必要となるまでに要した体積から、試料物質の濃度を決定すること」となっている。つまり一般的には、滴定量によって試料物質の量を求め、その濃度を知ること、と理解される。自然を試料物質にたとえ、濃度既知の溶液を倫理にたとえて科学の限界を計り見極める、とも比喩的に解釈されるわけである。

科学技術万能主義が、「行け行けドンドン」では自然の秩序を破壊し、中庸《ちゅうよう》が求められなくなって許容限界が見えなくなってしまう。今日こそ、滴定によって倫理と科学の調和点を見定める必要があるのではないだろうか。

不老長生は、古来人類の夢である。老子の説く「無為自然」は、不老長生への道を拓《ひら》くための思想であった。それは、人類誕生以来の感性と情念の求めてやまないヒト本能の源である。自然科学と技術の進歩は、ある程度その夢を可能とする道を拓いたといえるが、自然破壊という犠牲を支払った代償であり、結果でもある。人類に進化があるとすれば、その進化の舞台が「自然（宇宙）環境の下」にあってこそしかるべきであろう。

その「自然環境の下」が、どれほど大きな裾野を呈しているかは、即断できないことも確かである。

『西遊記』での孫悟空が、天界を荒らしまわり、悪業の限りを尽くしても、所詮「釈尊仏陀」の手のひらの中に収まるとすれば、二十一世紀の人類に浴びせかけられている「自然の嘲笑」は笑いゴトですまされるのかもしれない。地球温暖化で洋上諸島が水没し、大陸沿岸部への浸冠水の弊害が惹起《じゃっき》される。しかしその結果、これまで不毛の地であった砂漠大陸を少なからず緑地に、永久凍土を湿潤な草原や耕地にしてくれることも考えられないことではない。また、気候の変化による民族の移動なども史上たびたび経験してきたことである。

科学へのあくなき追求は、大自然の一部分としての人類のささやかな努力として許容されるともいえるのである。ただ、ヒト一人にとって、生涯が大自然の僅かな瞬《まばた》きにも及ばない刻秒であってみれば、降りかかる火の粉を払う心理の動きも非難できないことであろう。日常生活での幸不幸は、心理と近い将来への見通しによって決まるからである。

中華思想に敬意と称賛の言葉を贈ったライプニッツは、次のように記述している。

「未来は疑いもなく、決定されている。しかし、ヒトであるわれわれは未来がどのように決定されているか、予見されているか知らない。（弁神論、一七一〇年）」

エピローグ

(一)

計算と成果、結果と収穫がすべてというのが現世のありようである。世の中、「私」から見れば「私に都合の良い」ように解釈するのが、ヒトの性というものだ。ヒトに生涯があるように、民族（庶衆人類）にも栄枯盛衰の民生というものがある。人生（生涯を通じて）が喜怒哀楽の繰り返し反復する動きの中にあるように、民生にも「おごれる者も久しからず」の鉄則がある。時代の脈絡から生じる価値観にも減価償却があって、新規投資という改更が必要なのであろう。

中国、戦国時代の思想家に荘周《そうしゅう》（生没年不明）という人物がいた。二十一世紀から見れば二千四百年も以前の人物である。老子の思想を受けて道家思想（タオイズム）を大成したことで「老荘」と並称されている。老荘思想を著したとされる『荘子』（外篇「繕性《ぜんせい》第十六」）で、荘周は次のように記述している。

「……人間の知っている範囲には限りがある。その限りは、知らない範囲に較べれば及びもつかない」

「……夏・殷・周、三代の王が放伐を行って天下を争ったことも、仁人が国家を憂えたことも、治世の士が人民のために労苦したことも、すべてはかなく細々いな人事のことでしかない」

「……人為によって自然をほろぼしてはならない。故意に天性を損ねてはならぬ。…それは己の滅亡を意味するからだ」

また、『荘子』（外篇「知北遊第二十二」）では、

「……自然の運行と調和しつつ、当面の事態に順応していくことが至上の道徳である」

宇宙自然の森羅万象が、総体として一つの真実とする考え方を受容しているのがタオイズム（道家思想）である。他方、真実はただ一つとする考え方もある。このような考え方は、キリスト教、イスラムそしてユダヤ教の根本理念となっている。正しいものは唯一である、とする考え方に間違いはない。しかし、一つの真実が宇宙自然の森羅万象を貫いている絶対的なコトを意味しているわけではない。全体は、相対的関係によって保たれるからだ。全体を構成しているのは部分の機能によってであ

る。自然の示す究極の姿は、部分による全体的協調の和の完成度の中にのみ得られるのである。部分細分のコトは、全体との関係によってのみ意味を持つ。全体の秩序と美は、部分の「部分のためだけの要求」のために、犠牲にされることはない。個々のヒトの自由は認められてしかるべきであろう。社会的に自由主義なる思想を金科玉条とすれば、それは全体（自然）に近づくために役立てられてのみ、光を放つのである。そうでなければ、全体の一部として許容されることはない。

さらに付言すれば、一つ（部分）のコトに拘泥《こうでい》しないで、自然（全体）の流れの中に自己（個）という部分の座標を見出すことが肝要だということである。全体の中における個の座標を軸として、個（部分）の位置と方向を具体的に選ぶ努力が求められるのである。

自然は、一個の整合的総体である。時間の流れのように、かつて在り、現に在り、やがて在るであろうモノが調和結合（ハーモニー）されて全体を構成している。実現された結合は、極限の本質を包括して、最小の支出によって最大の効果が獲得される仕組みになっているのである。

（二）

気になることが一つある。それは、「唯一の真実は正義」とするキリスト教に代表される唯一神思想である。周知の通り、三十年間に及ぶ宗教戦争（一六一八―一六四八年）によって、キリスト教は大きく二つに分かれた。一つはカトリック（旧教派）であり、二つはプロテスタント（新教派）である。先に触れた、大航海時代の発端となった基本理念の一つに「大宣教指令」とも呼ばれるものがあり、『新約聖書』の一節に、その「気になる」ことが隠されているように思える。『新約聖書』には、イエス・

キリストの生涯と記録から、信仰にとって重要と思われる部分をイエス・キリストの弟子たちによって物語化あるいは書簡化し、信仰心という視点からまとめられた「福音書」という書々がある。この福音書の中に「マタイ伝」というのがあって、次の記述がある。

「キリスト復活の約定に従い、弟子たちはガリラヤに出向いた。そしてイエスに会い伏し拝んだ。このとき、イエスは語った『私には天上と地上とのすべての権能が与えられた。そこで、行け。行ってあらゆる異邦人（キリスト教徒以外の）たちを弟子とせよ。彼らに、父と子と聖霊の御名において洗礼を授け、私が指示したすべてのこと（教説）を守るように教えよ。そして見よ、私は世の終わりまで、いずれの日々においても、あなたたちと共にいることを』（マタイ「福音書」二八・一六―二〇）」

気になるといった部分は、特に傍線を引いておいたが、唯一神への信仰を心の糧とする宗教思想は、キリスト教だけではない。イスラムのアッラー神への服従から培われた寛容思想。ユダヤ教のヤハウェ神への忠誠と正義への誓い。いずれも、一神唯一性への思想が信仰の対象である。ユダヤ教は、少数派のそれであるが、キリスト教とイスラムの生みの親である。『聖書』の大部分は旧約聖書からなっているが、この旧約部分は古代ユダヤ史であり、ユダヤ教のエッセンスである。そして、キリスト教徒は世界人口（二十一世紀初六十億余）の三〇パーセント弱を占め、イスラムは二〇パーセント弱ほどのシェアを占める。ユダヤ教徒は、少数派ながらも、技術力や経済力をもって世界経済の準主役級の存在感を示している。

三つのそれぞれの信仰は、唯一神であっても対象とする神は異なる。三者が、それぞれに自己を主張すれば、衝突することはあっても妥協はないと考えざるを得まい。だからこそ、東洋の「仏儒道」習合思想という「三合一体論」が「滴定」として働かなければならない。

（二）

今一度「万能の天才」レオナルド・ダ・ヴィンチにご登場願おう。それはアトランティコ手稿に記された一行文である。

「古代作品の模倣は、現代作品の模倣より称賛に値する」

レオナルドの指摘は、自然のメカニズムの発見がギリシャやオリエントを起源とする古代作品に見られるものの、近（現）代作品はそれらの二番煎じにすぎないと語っているようである。レオナルドが四十歳を迎えた頃は、コロンブスが歴史的大航海に成功している。この時代は、それまで神学一辺倒であったキリスト教徒が、イスラムに触発されて、憧れの東洋（インド、中国）の文物を求めて積極的に活動していたルネサンス（十四―十八世紀）の盛期に当たる。

ルネサンスは、キリスト教神学からの解放を一気に促進させ、「信仰は心の内にあり、聖書の記述のままの儀式の礼ではない」とするプロテスタントを生んだ。それは突然変異ではなく、経済が育んだ滞流が顕在化した流れであった。滞流は長年の経験による蓄積であり、古代ギリシャやイスラムから受け継いでいた占星術や錬金術《れんきん》などのほかに、火薬、製紙法と印刷術、そして羅針盤で代表される古代中国の文明作品が含まれる。歴史にその名をとどめない無名の漢族の数多くの職人たちが発見発明した技術と、ヨーロッパ人（キリスト教徒）の価値観の変節が相乗効果をもたらした結果であった。

ルネサンスを期に、東西の文明を分けた具体的な事例を一つだけ挙げておこう。その事例とは、錬金術と総称される技法の魔術から技術への変容である。

中世ヨーロッパで錬金術と呼ばれた金属の「金」を人工的に造り出す物理学的実験に対し、古代中国で試みられた技法は薬物による「長寿」を目的とし、煉丹術《れんたん》といった。錬金術は金属加工のための技術開発、煉丹術は医食同源を追求する健康維持のための自然薬剤の抽出へと、それぞれの方向で試行錯誤が繰り返されたのである。古代中国での煉丹術は紀元前に遡及《そきゅう》されるが、ヨーロッパでは紀元十五世紀末にスイス人、パラケルスス（一四九三―一五四一年）が本格的に錬金術（古代ギリシャで前七〇〇頃）に取り組んでいる。

多くのヨーロッパ錬金術師は、「金」（ゴールド）を求めた。パラケルススの技法は中国流の医薬を作ることにもあったようだが、真相は明らかではない。ここではただ、東西を同日の談とするためにパラケルススを挙げたまでのことである。パラケルススは、医師であり金属学者であった。鉱山の現場で研究に励んだが、鉱山病で一命を落としたという。ことほど左様にヨーロッパでは錬金術色（金属）が濃い。そこで得られた経験と実験の蓄積が、金属学を大いに発展させたといえるからだ。金属類の強度と研磨の発展は、そのまま強力な武器の開発生産となる。つまり、石器から青銅器へ、そして鉄器へと技術開発は進み、民族の富と権力の象徴となったことは説明するまでもあるまい。鉄は、合金技術で研磨され攻撃的性格を帯びていく。そして、その技術は化学実験用の器具として自然をも破壊する手段の開発に拍車をかけ、驚くべき威力を備えるに至っている。

（四）

極東の列島国日本は僻地《へきち》にあって、東西の文化文明の去就を「おかめ八目」の座居よろしきを得てその手筋を読み、島国という四方周辺を海洋で囲まれた環境にあって、独自の価値観でそれらを取捨選択し、固有の文化に育てあげたのである。「おかめ八目」は、他人の行為を傍観することで、囲碁を局外から傍見するように、対局者（当事者）より八目も先を読み取れる立場や位置を示す。転じて、当事者よりモノゴト（物事）の真相や利害得失が予測できることのたとえである。「八目」は、東西南北の四方と四隅（四方の中位）諸方を表す。言い換えれば、自己を中心に三百六十度の方向に目を向けることができる位置となる。したがって、「おかめ八目」は必ずしも囲碁用語でとどまっているわけではないのである。

さて、本書の狙いは「おかめ八目」ながら、十九路三百六十一交点を示した盤面への旅話であり、その盤面の持つ神秘的な意味を中華思想に的を絞ってする謎解きの試みであった。

盤面の誕生は、「天地人相関」を測る検尺として、古代より試行錯誤を重ねて成長した。そして、一つの結果を得たようだ。「天」つまり「星座の文《あや》」、「地」は平面領域の「域分け」であり、「人」はその天地の狭間にあって集団社会の去就が定まると信じた。そのために工夫されたのが、盤面十九路三百六十一目（交点）であった。天と地は、自然現象を解読できる相関感応を表現する有機体となっていると考えたのである。自然現象を予知することで、集団社会（ヒト）に秩序を与え、生命と財産を保全できると信じて疑わなかったのだろう。このことは、太古の昔から二十一世紀の今日まで変わることはない。もとより、大気（内）と大気（外）は次元の異なる世界である。あえて現代学的な表現を借りれば、大気圏内は気象学、外は天文学の分野として分科されることになろう。両学の境界は、電離層（オゾン層）であることはすでに指摘した。だからこそ、宇宙空間（圏外天体）を日々観察しても「地球温暖化」や「環境ホルモン」などの諸問題解決の糸口は見出せないのである。

ともあれ、盤面の活用目的は「点」と「線」でできる交点に着石し、その軌跡の中で特定される位置関係の変化を測定することであった。

つまり、天地人相関（感応）を明らかにすることによって、未来予測が可能ではないかという点に主眼を据えていたのである。単なる魔術でもなく、占星術でもなく、ただひたすらに予測の技法として工夫されたのが盤面であった、と推理できる。観測から得られるデータは客観的事実として記録される。それは、偶然ではなく必然であり、自然のメカニズムを発見するモメンタム（契機）となるメッセージの発信源であったはずである。偶然性は論外の客観的事実が盤面に記示されていくとすれば、そこに恣意主観的な解釈（ドグマ）の許される余地などない。

しかしながら、盤面に転写記示される「天の文」は、陰陽五行思想で潤色され儒教の根本理念「礼」（法）によって固定化された。たとえ、為政上の目的であったにもせよ、そのように特定してしまったのである。道教を土壌とした諸子百家の見識や議論は、混乱と複雑性から脱して、次第に収斂《しゅうれん》され直線的思想（儒教）に統一されていったからだ。測定基準を盤面上に求めたことに客観性が否定される理由があったともいえる。これには、実社会の記数法（数学）には、目下のところ、遠心力も求心力も働かない「魔方陣」の示す「数」の神秘性も一役かっている。「天の文」と「地の字」の間を繋いだのが数学という科学ではなく、天（神）の啓示という神秘思想であったからである。

合成魔方陣で読めたように、タテ・ヨコ・ナナメの数字合わせで科学を代替してしまったのであろう。盤面へ着石する手順によって描かれる模様が、位相幾何という高次元の数学の入り口に立ちつつ、踏み込めなかったのである。あるいは、魔方陣の示す神秘性をそのままに、儒教の「礼儀」が枠を定めてしまったからである、ともいえる。

社会集団に秩序を付与するために、儒教の「礼」がしっかりと根を張っていたのである。「礼」は、倫理の尊さを重んじ、周代の遺徳を崇め、身分や階級の差、長幼の序（年功序列）、世襲（終身）、親族と他族の区別、文人と職人間の非混交を設けたほか、服装や日用品の使用に及ぶ身分制度にその根拠を持つ。そこでは、試行錯誤の実験や経験を重んじる職人技（技術）の理論的体系化を見出す発想が得られなかったのも故なしとしない。

経験則に従った肉体労務という職人芸（技）は技術だが、経験則の分析で発見される自然のメカニズムを理論的に思弁し、体系化する頭脳の働きがなければ科学は生まれない。その科学を発見した者（科学者）に自ら職人技を操る発想と努力がなければ実験は行われない。技術と科学理論は両輪となって、遠心力を備え、自然を拓《ひら》くものなのである。

魔方陣から生まれた「亀甲占い」は、神秘性と疑似科学の混血児であったわけだが、経験則に従った自然のメカニズムの理論的解明にまで踏み込むことなく、数千年の歳月を重ねていった。神秘をそのままにすれば、そこに生まれる思想は、主観的な教義（ドグマ）であり、客観的な自然則の理論化は等閑視されることになる。たとえ、古代の職人技が現代の科学技術のプロトタイプ（原型）を形成していたとしてもである。

先述の通り、儒教は身分の上下関係を重視した基本理念からなっている。天命を受けたヒト（皇帝）を頂点とし、皇帝の地位と権力は官僚制度を取り入れて、庶衆の生活に「礼をもって尊し」と広く人口に浸透させたまではよい。しかし、「礼」を一家・一族・一国の身分制度まで浸透させ固定化したのみならず、周辺諸異民族に対しても同じドグマで臨み、外交政策の規範（礼）としてしまった。これが、後に国難を招く原因となったのである。

（五）

上下関係の外延的為政は、アヘン戦争（十九世紀）まで続いたのである。清王朝の滅亡から辛亥革命《しんがいかくめい》、「中華民国」（国民党）から「中華人民共和国」（中国共産党支配）へと国号を変え、孫文《そんぶん》や蒋介石《しょうかいせき》、毛沢東《もうたくとう》、華国鋒《かこくほう》、周恩来《しゅうおんらい》、胡耀邦《こようほう》、鄧小平《とうしょうへい》、江沢民《こうたくみん》、そして胡錦涛《こきんとう》へ、そしてさらに次世代へと継ぐ国家首席代表に、始皇帝のその「皇帝」の裏面にある中華思想の影は中国共産党に名を改えていないか。

陰陽五行思想は、天地人からなる漢（中国）民族伝統の価値観である。中国史の系譜は、三皇五帝から始まることは詳説したが、アヘン戦争をモメンタムとして、その歴史認識が劇的な変節をもたらした、と速断できるとは思えない。中国史（文明）の曙は、三皇（天皇・地皇・人皇）であり、伏羲《ふっき》・女媧《じょか》・神農《しんのう》がその代名詞である。そして五行思想（木・火・土・金・水）が統治の原理原則となり、五行は五帝（黄帝・顓頊《せんぎょく》・帝告・尭《ぎょう》・舜《しゅん》）の象徴となっている。そして、実存したと確認されている「夏」王国は、五帝の五番目・舜の後継者・禹《う》の建国になる。繰り返しになるが、「魔方陣」中央の「五」は、禹のヒラメキ（直観）から生まれたとしているのである。

周辺諸異民族に対し、文化・文明上優越していた漢（中国）民族は、比肩さるべき周辺文明不在のなかで、自らの存在感に酔い満たされながら、周王朝時代を迎え、やがて春秋・戦国時代に入った。この乱世から秦・漢王朝にかけて中央集権による統一国家が誕生したのである。陰陽五行思想は、その時潮の渦中で逞しく育ち、思想哲学の次元にまで昇華され固定化されていった。しかし、漢民族は、独善と偏見にまみれた民族ではなかった。少数の異民族の侵攻支配に遭っても、その異民族の指導者の為政が陰陽五行思想に包摂《ほうせつ》されていれば、民族の支配権力を認め、受容してきたのである。民族の差別を度外視して、異民族出自の皇帝を戴くことにやぶさかでなく、開放的な世界主義的側面をも兼ね備えているのが漢（中国）民族の価値観であり、唯我独尊の中華思想ではないといえるだろう。

史上初の中央集権国家「秦」は、偉大な事跡を印しながら短命に終わった。だが、中国の伝統的思想哲学と歴史に示された皇帝を崇拝（願望）する国家観は、三千年以上もの時を刻んでいる。この皇帝中心主義は、是非はともかく、容易に払拭されるほど浅薄ではないだろう。それが、国家と歴史の重みというものである。

洛陽の南方にある城跡・陽城を土中とし、北極星（北斗七星）を天元とする中華思想は、ほぼ三千年の歴史を経て、「朝貢外交」と「条約外交」という民族との接触による衝突、つまり「アヘン戦争」によって変節を得たかのように見える。しかし、古来の道教信仰は、華僑に見られるように、民族の精神的支柱として健在であり、その存在感はいささかも衰えていないのである。

中華思想（伝統的）は、いくばくかは希釈《きしゃく》されるのであろうが、道教思想は儒教とは異なり、二十一世紀の国際市場主義の第一命題である「競争の原理」（適者生存）の原則にあっても、したたかな生命力を顕示すると思われる。

華僑資本は、国際的な「原則自由」「規制撤廃」そして「市場開放」のスローガンの下で、むしろ活性化してくるとも予想される。道教思想のキーワードは、「無為自然」「自由放任」「個人尊守」にある。これらキーワードの示す意味は、政治的には民主主義、経済的には資本主義、そして社会的には自由主義と解される。囲碁という史上希有なゲームを生んだ道教を基底とする中華思想の大道は、決して全人類の頂点に座居する「お山の大将」的思想によるものではない。それは「天と地」の狭間の自己存在と座標を求めてやまない思想というのが、読者と共に推理して得られた結論の一つである。漢族のしたたかな生命力の赴くところ、二十一世紀の国際潮流の渦中を、水を得た魚のように、泳ぎまわることだろう。二十一世紀に注目される集団は、中国共産党でもなく、日本経済の産業集団でもない。

東洋においては華僑、欧米ではユダヤ資本を影《かげ》としたアングロ・サクソン集団ということになろう。国家が主役の時代は終わりつつあると思われる。これについては、筆を改めて読者に問うことにしたい。

あとがき

京都をこよなく愛した秋田娘が、私と世帯を持って三十余年。これから夫婦で旅を楽しもうと思っていた矢先に、妻は、五十三歳の若さで夭逝した。今は、京都の円山公園を枕に、大谷本願寺祖廟《そびょう》で目覚めぬ眠りに入っている。

こんな落胆の極みにあった私に、何かと親身に心配りをくれたのは義姉である。
「どんなふうに過ごしている？　この電話の意味わかるでしょう……」。つまり、亡き妻の後追いとなるような結果を案じての危惧から、である。姉は続けて言う。
「家に閉じこもっていては駄目！　何かやるのよ……確か囲碁が打てたわね」と。一度や二度の電話ではなかった。義姉というのは、実兄の妻（亨子）のことである。実兄奥野弥寿夫は、石神井台（東京都練馬区）の氷川神社の宮司《ぐうじ》であり、茅ヶ崎の拙宅に様子を見に来てくれることもあった。

義姉の忠告に従って、たまたま訪れたのが藤沢市元町囲碁クラブである。ここでクラブ経営を始めて間もない森正夫さんに出会った。正夫さんは、奇しくも妻と同年。その上、彼の御母堂も妻と同じころ逝去《せいきょ》していて、独身である。似たような境遇で、何かと気が合った。つれづれに囲碁を興ずる間に、このゲームの持つ奥行きの深さと、他のゲームに見られない特異性に気づき、中華思想と無関係ではあるまいとの認識を共有していたようだ。では、ルーツは何なんだ、という思いがあったのだろう。

このクラブは、単なる囲碁会所ではなく、教室を開設して初心者や中級者を指導している上に、月々会報も出していた。それに、

「何か記載しないか」の誘いもあり、

「中華思想の正体つまりは、囲碁のルーツの謎解きにトライしてみるか」ということになった。

以上が、本書『おかめ八目』の着筆となった次第である。大学時代には、自然科学（物理）を専攻した正夫さんから諸々示唆され、様々な見地からルーツ解明に挑むことができたといえるだろう。その上、クラブ会報が一年（本書では「プロローグ」にあたる）で終了しても、後続できたのは彼の積極的な協力によるものだ。ここに紙面を借りて、厚くお礼申し上げたい。

最後になったが、一九九六年に著した『これからの歴史観』（近代文芸社）は、史実をもとにキリスト教とイスラムの確執を記述したもので、東洋の哲学思想ともいうべき道教や仏・儒教に論及していない。本書『おかめ八目』は、訪中経験三十数度に及ぶ実兄からの助言と、再三筆者を取材渉猟の中国行への案内があってのことである。

手前ミソで恐縮だが、身近な人々や知己、先輩諸先生方の多分野にわたる研究論文や書籍のおかげで類書のないスケールで著作がモノにできた、と自負している。読者には、そのところを評価してもらいたい、と思い願っている。

奥野　省蔵

平成十五年　初夏

主要参考文献

書名		出版元
中国考古学の新発見	中国社会科学院	考古学研究所 編
史記（全六巻）	司馬遷（中国思想刊行委員会 編）	徳間書店
易経	丸山松幸 訳	徳間書店
漢字学（説文解字）	阿辻哲次	東海大出版会
老子 道徳経（老子）	阿部吉雄 山本敏夫 訳	明治書院
十八史略（上・下）	曾 先之（解説 林 秀一）	明治書院
荘子（上）	市川安司 遠藤哲夫 訳	明治書院
戦国策	守屋 洋 訳	徳間書店
論語	久米旺生 訳	徳間書店
中国の歴史（上・中・下）	貝塚茂樹	岩波新書
中華帝国の危機	並木頼寿 井上裕正	中央公論社
天官書	司馬遷（吉田賢抗 訳）	明治書院
儒教と道教（「世界宗教の経済論理」）	M・ウェーバー（木全徳雄 訳）	創文社

宗教社会学論文集　M・ウェーバー（木全徳雄　訳）　平凡社
道教　H・マスペロ（川勝義雄　訳）　平凡社
タオ自然学　F・カプラ（吉福伸逸　他三名訳）　工作舎
占星術（科学史上の位置）　中山　茂　朝日新聞社
暦と占いの科学　永田　久　新潮社
幾何学　徳山　豪　岩波書店
非ヨーロッパ起源の数学　G・ジョセフ（垣田高夫　訳）　講談社
数学を築いた天才たち（上・下）　S・ホリングデール（岡部恒治　訳）　講談社
電磁波　後藤尚久　講談社
文明の滴定　J・ニーダム（橋本敬造　訳）　法大出版局
中国の科学と文明　R・G・テンプル（牛山輝代　監訳）河出書房
レオナルド・ダ・ヴィンチ　A・ヴェッツオン（高階秀爾　監修）創元社
レオナルド・ダ・ヴィンチの手記（上・下）　杉浦明平　訳　岩波文庫
ライプニッツ著作集　山下正男　他三名訳　工作舎

著者プロフィール

奥野　省蔵（おくの　しょうぞう）

1938年　中国・大連生まれ
1962年　早稲田大学第一政治経済学部卒業
　　　　アラビア石油㈱入社後、在ベイルート（レバノン）英国外務省付属中東アラブ研究所（通称メカス）に留学。帰国後、諸プロジェクト業務に従事
1993年　㈶中東協力センター参与（～1995年）
　　　　神奈川県茅ケ崎市在住

著書：『これからの歴史観～信仰心理の謎を解く』（1996年、近代文芸社）

おかめ八目《はちもく》　中華思想の正体と碁盤の目の謎を解く

2003年7月15日　初版第1刷発行

著　者　奥野 省蔵
発行者　瓜谷 綱延
発行所　株式会社文芸社
　　　　〒160-0022　東京都新宿区新宿1－10－1
　　　　　　　　　　電話　03-5369-3060（編集）
　　　　　　　　　　　　　03-5369-2299（販売）
　　　　　　　　　　振替　00190-8-728265

印刷所　株式会社フクイン

ISBN4-8355-5709-3 C0095